Über dieses Buch Paul Veyne legt hier eine folgenreiche neue Deutung der Gedankenwelt von Seneca sowie der geistigen und gesellschaftlichen Orientierung der Stoa vor. Er zeigt, wie sehr die Philosophie damals mit Lebensbewältigung und persönlichem Streben nach Glück verknüpft war. Anders als herkömmliche Geschichten der Philosophie beschreibt Veyne die Stoa als Lebensstil und -kunst, zu der sich kultivierte Römer »bekannten«. Es gelingt ihm, die Schriften von Seneca als Dokumente des römischen Zeitgeistes um 60 n. Chr. zu entziffern. Plastisch kommt darin zum Vorschein, welche Einstellungen die Menschen zum Leben und zum Tod, zur Politik und zur sozialen Umwelt während der neronischen Herrschaft hatten.
Weisheit und Altruismus läßt sich als sozialgeschichtliche Studie des Römischen Reiches ebenso wie als kenntnisreiche Einführung in die Philosophie Senecas lesen.

Der Autor Paul Veyne, geboren 1930, studierte an der Ecole Normale Supérieure und lehrt seit 1976 Römische Geschichte am Collège de France in Paris. Er veröffentlichte zahlreiche Untersuchungen zur römischen Geschichte und zur Geschichtstheorie, u. a. *Der Eisberg der Geschichte. Foucault revolutioniert die Geschichte* (1981), *Glaubten die Römer an ihre Mythen?* (1987) und *Brot und Spiele* (1988). Im Fischer Taschenbuch Verlag erschien von ihm 1988 *Die Originalität des Unbekannten. Für eine andere Geschichtsschreibung* (Bd. 7408), bei S. Fischer hat er 1989 den ersten Band der *Geschichte des privaten Lebens* herausgegeben.

PAUL VEYNE

WEISHEIT UND ALTRUISMUS

Eine Einführung in die
Philosophie Senecas

Aus dem Französischen von
Holger Fliessbach

FISCHER TASCHENBUCH VERLAG

4.–5. Tausend: November 1993

Deutsche Erstausgabe
Veröffentlicht im Fischer Taschenbuch Verlag GmbH,
Frankfurt am Main, Mai 1993

Titel der französischen Originalausgabe:
SÉNÈQUE. ŒUVRE

Veröffentlicht mit Unterstützung der Fondation
des Sciences de l'Homme, Paris, und
des französischen Kulturministeriums.
Umschlaggestaltung: Buchholz/Hinsch/Hensinger
Gesamtherstellung: Clausen & Bosse, Leck
Printed in Germany
ISBN 3-596-11473-X

Gedruckt auf chlor- und säurefreiem Papier

Dem Philosophen
Gérard Lebrun,
im Gedenken an
Stéphane Lebrun
(1960–1987)

Inhalt

Vorwort

Kurz vor Beginn unserer Zeitrechnung geboren, gab Seneca sich 65 n. Chr., mit vierundsechzig Jahren, den Tod – auf Befehl Kaiser Neros, dessen Lehrer er gewesen war und dessen »Freund« er blieb. (»Freund« war ein offizieller Titel; die römischen Kaiser hielten in ihren Palästen nicht hof, sondern empfingen amtlich bestallte Gastgenossen.) Fünfzehn Jahre lang war das Schicksal Senecas mit jenem Neros und dem der Kaiserinmutter Agrippina verknüpft: Sein Leben und sein Sterben sind ein wahrer Roman aus neronischer Zeit.

Doch hatte er noch andere Seiten. Bei uns muß das ideale Schriftstellerschicksal, zumindest seit der Französischen Revolution, drei Kapitel haben, deren jedes einer edlen Betätigung geweiht ist: dem Schreiben, der Liebe und der Politik (so schon bei Chénier und Shelley, so noch bei Malraux und Sartre). In Rom aber hatte Cicero, hundert Jahre vor Seneca, ein anderes Vorbild aufgestellt: Ein vollendeter Mensch mußte Senator, Literat und Philosoph in einem sein. Seneca war Ciceros großer Nachfolger in dieser dreifachen Rolle, und seine Zeitgenossen haben ihn als solchen begrüßt. Er war ihr großer Schriftsteller durch sein reichhaltiges essayistisches Schaffen, mit dem wir uns noch befassen werden, und durch seine Tragödien, die ihn in den Augen seiner Landsleute den griechischen Tragikern an die Seite stellten. Er trat dem Senat bei und gehörte diesem »Establishment« an, das das Reich regierte und imperiale Größe und Tradition verkörperte; daneben gründete er eine der großen Kreditbanken seiner Zeit. Und schließlich war er der Philosoph, als den wir ihn kennen.

In der griechisch-römischen Welt lag die Philosophie, nicht anders als im Fernen Osten, in den Händen von Sekten. Ein Philosoph interessierte sich nicht für »die« Philosophie als solche, sondern er war Platoniker oder Pythagoreer, Epikureer oder eben, wie Seneca, Stoiker. Die Philosophie war kein akademisches Unterrichtsfach, sondern ein höheres Studium, das reiche Amateure wie Seneca anzog und Privatlehrern einen Lebensunterhalt bot. Viele interessierten sich nur aus kultureller Neugier für sie (ein kultivierter Mensch muß eine Ahnung von Philosophie haben); wer aber ein rechter Philosoph sein wollte, der mußte nach der Lehre seiner Sekte leben, sie in seinem Verhalten, ja in seiner Kleidung bewähren und bereit sein, für sie zu sterben. Für die Lebensführung und Spiritualität einer Elite hatten die philosophischen Sekten jene Bedeutung, die in anderen Gesellschaften der Religion zukommt. Die Philosophen waren eine Art weltlicher Klerus, dem die imperiale Macht Respekt zollte wie jedem Klerus, den sie aber auch mit Hohn und Spott bedachte und zuweilen mit Argwohn beäugte. Diese Erfahrung sollte auch Seneca machen; er starb an seiner Philosophie, nachdem er ein Leben lang versucht hatte, sie mit seinen anderen Berufen als Mann der Politik und steinreicher Günstling des Kaisers in Einklang zu bringen.

Sektenwissen, nicht akademisches Fach; Spiritualität und Lebensführung, nicht Kulturobjekt; Laienklerikat – diese Charakteristika antiker Philosophie sind bekannt. Eine antike Philosophie war durchaus, wie bei uns, als System allgemeiner Ideen über Welt, Mensch und Erkenntnis konzipiert; sie enthielt eine Metaphysik, eine Naturphilosophie, eine Logik usw. Aber die stoische Lehre war auch – und vielleicht vornehmlich – Lebenskunst und Weisheit, worin sie bei Seneca praktisch aufgeht.

Der Leser hat recht gelesen: Wir haben »Lebenskunst« gesagt, nicht »Sittenlehre«. Man kann das nicht nachdrücklich genug betonen. Die Stoa steht fälschlicherweise im Ruf des Moralismus und Voluntarismus; in Wirklichkeit war sie reiner Intellektualismus und hatte nichts mit einer Sittenlehre zu tun. Auch hier sei an den Fernen Osten erinnert: Wie so manche fernöstliche »philosophische« Sekte war auch die Stoa im wahrsten Sinne des Wortes ein *individuelles Glücksrezept*, freilich nicht im Sinne der Lebensklugheit des weisen Montaigne, sondern als eine *Methode der Selbstverwandlung*. Wie wir sehen werden, hatte Seneca am Ende seines Lebens dieses Ziel der Selbstverwandlung in einen Weisen fast erreicht und fand die Kraft zu einem heroischen Tod.

Das philosophische Werk Senecas – genauer gesagt: das, was davon auf uns gekommen ist – gliedert sich in zwei Teile: die *Dialoge*, die keine Dialoge sind und eher »Unterhaltungen über verschiedene Gegenstände« heißen könnten, und die berühmten *Briefe über Ethik an Lucilius*, das Hauptwerk seiner dramatischen letzten drei Lebensjahre. Wenn wir dem Leser eine Anregung geben dürfen, so beginne er mit diesen Briefen, und zwar aus verschiedenen Gründen.

Der erste ist ihr moderner Stil. Die Sätze sind knapp und prägnant, pointiert und treffend und wissen zuweilen schwierige Fragen durch eine blitzartige Metapher zu erhellen. Es ist der Stil unserer Gedankenprosa seit Montesquieu, der Stil unserer großen Journalisten. Im Altertum freilich stand dieser Stil in krassem Gegensatz zu jenem, den man für den »großen« hielt: Beredsamkeit und weit schwingende ciceronianische Perioden, deren Anfang der Leser, sobald er an ihr Ende gelangt ist, oft schon vergessen hat; das machte freilich nichts, da die antike Beredsamkeit im allgemeinen eine Art *belcanto* war und wie dieser zahllose Liebhaber anzog.

Immerhin gab es Ausnahmen wie Demosthenes, dessen Methode es nicht war, seine Zuhörer zu bezaubern, einzulullen, zu verführen, sondern auf ihre Nerven zu wirken und sie zu elektrisieren. Der Stil Senecas bewegt sich auf derselben Linie.

Und noch etwas: Trotz seiner *clarté* ist Seneca philosophisch ernst zu nehmen; die Zeiten sind vorbei, da man in ihm nur einen philosophisch angehauchten Literaten sah, dessen Studium man den Latinisten überließ. Hinter seiner vordergründigen *clarté* sind sehr kompakte Grundgedanken zu erkennen, und zwar die der griechischen Stoa in ihrer authentischen Form. Seneca war weder ein *décadent*, noch war er ein Popularisator, der den angeblichen »praktischen Geist« der Römer angesprochen hätte.

Es gibt noch einen weiteren Grund, das Senecastudium mit den *Briefen an Lucilius* zu beginnen: Sie entfalten die stoische Philosophie von einem »Ich« aus, dem Ich des Neophyten Lucilius, dem sie einen geschickt aufgebauten Lehrgang in Stoizismus und eine Reihe von Übungen zur Selbstüberredung bieten; sie gehen von dem Interesse des Ichs aus, stoisch zu werden, und lassen das Ich fühlen, daß es allmächtig ist, daß es allein zählt und daß es sich selbst genügen kann. Damit Tod und Unglück nicht mehr zählen, genügt es, sie für nichts zu achten. Und die Welt: ist sie feindselig? Es genügt, sie zu vernachlässigen; das Ich vermag das, und so bleibt ihm das einzige, was zählt: es selbst ... Das ist so schön, daß man es gerne glauben würde, und darum sind die *Briefe an Lucilius* von den ersten zehn oder zwanzig Seiten an eine fesselnde Lektüre.

Es gibt also eine moderne Nutzanwendung des Stoizismus, und zwar eben jene, welche die Briefe nahelegen, die ja an einen Schüler gerichtet sind: den egozentrischen Stoizismus ... Es ist kein Zufall, daß die moderne Seneca-Renaissance, jedenfalls in Frankreich, vor vier oder fünf Jahren ihren Ausgang von einem gewissen literarischen Zirkel nahm, der

Michel Foucault nahestand und mit der Bedrohung durch Aids leben mußte: Vor dem Tod ist ein Ich, das die Verneinung setzen kann, die einzige Waffe, die uns bleibt.

So ist die Stoa für uns eine Philosophie des aktiven Rückzugs des Ichs auf sich selbst, der konsequenten Verneinung einer bedrohlichen und gefährlichen Welt geworden. Zu seiner Zeit war sie das keineswegs; aber die *Briefe an Lucilius* erlauben es uns, sie so zu sehen. Sie wird zu einer antiken Philosophie, altmodisch und rührend, in einer Welt, in der das Sein von unerträglicher Leichtigkeit geworden ist, weil es keine Autorität mehr gibt, die Gebote erließe oder glaubwürdig wäre: weder Natur noch Gott, noch Tradition oder kategorischer Imperativ. Allein das Ich kann sich Gesetze geben, es bleibt der einzige Bezugspunkt; alles entschwand, doch ich bleibe mir, sagt Medea – ich im Angesicht dessen, was mich negiert: des Todes – eines Todes, der nichts ist, wenn das Ich zu dem Schluß kommt, daß er für es nichts sei. Man weiß, welche Rolle diese Umdeutung der Stoa im Seelenhaushalt Michel Foucaults gespielt hat, als er sein letztes Buch schrieb: den Entwurf einer Ethik für unser nachchristliches, nietzscheanisches Zeitalter.[1]

Wir wollen gewiß nicht behaupten, daß man einen Gedanken auf jede beliebige Weise »lesen« könne und daß die Stoa das sei, was wir aus ihr machen, zumal man sehr leicht die Kluft bezeichnen kann, die die echte Stoa (wie sie in dieser Einleitung abgehandelt wird) von ihrer modernen oder postmodernen Umdeutung trennt; wir wollen sogar ausdrücklich betonen, daß wir uns dieses Mißbrauchs bewußt sind. Dennoch haben wir das Recht, antike Gedanken, die uns erfüllen, nachzuträumen, so wie man in der Renaissance die Säulen eines eingestürzten heidnischen Tempels in eine christliche Kirche eingebaut hat.

Das Paradoxe besteht in folgendem: Der Stoizismus, das heißt die für den modernen Menschen unglaubwürdigste Philosophie (ein intellektualistischer, optimistischer Naturalismus, überzeugt von der Einheit des Ichs), erregt die Sehnsucht und Begeisterung eben dieses modernen Menschen, und zwar dank eines entscheidenden Punktes: seiner Lehre vom Ich als tätigem Subjekt, ohne Gott (denn der Gott der Stoa ist nach dem Bild des Menschen geformt) und ohne Herrn. Und da das Ich der Punkt ist, wo man den Hebel ansetzen muß, wird der Stoizismus für den modernen Menschen zur Methode des Überlebens in einer Welt, in der es weder Gott noch Natur mehr gibt (alles ist kulturelle Willkür), weder Tradition noch Imperativ (denn der kategorische Imperativ ist nichts anderes als die Sublimierung der sozialen Verpflichtung). Wo die Stoa Fülle und glücklichen Ausgang des menschlichen In-der-Welt-Seins hervorhob, sehen wir Leere und die Monotonie der immer gleichen Kartenverteilung im menschlichen Spiel. Das Paradoxe besteht darin, daß ein einziger Punkt der stoischen Lehre – die Autonomie des Ichs und dessen Möglichkeit, an sich selbst zu arbeiten – für uns zur Methode des Überlebens wird, auch wenn alles andere, was die Stoa als existent gesetzt hatte: Natur, Gott, Einheit des Ichs, verschwunden ist.

Der Stoizismus ist für uns im biologischen Sinne des Wortes ein »Immunsystem«. Der einzelne hat keine andere Stütze als sich selbst, um sich gegen eine Welt zu wappnen, die (anders als die optimistisch verstandene Welt der Stoa) nicht für ihn gemacht ist.[2] Es bleibt ihm nur der Gedanke oder der Glaube, daß, trotz Freud, die Verleugnung keine Illusion ist und daß man nur sagen muß, »für mich existiert das Unglück nicht«, damit es wirklich nicht existiere.

Anmerkungen

1 Zu der in Frankreich vielumstrittenen Ethik Foucaults sehe man das sehr präzise Buch Wilhelm Schmids *Auf der Suche nach einer neuen Lebenskunst: Die Frage nach dem Grund und die Neubegründung der Ethik bei Foucault*, Frankfurt am Main 1991.

2 Ebensowenig, wie ich, im Unterschied zu Bouveresse, Foucault für Spengler nehme, fällt es mir ein, in der neustoizistischen Wiederkehr des Ichs denselben »Zeitgeist« am Werk zu sehen wie in einer Immunmedizin, die nicht mehr um Krankheiten und pathogene Faktoren, sondern um die Abwehrkräfte des Individuums zentriert ist. Hier waltet schlichter Zufall, gewiß, nicht ein tiefer liegender gemeinsamer »Diskurs«; aber doch ein amüsanter Zufall. Man vergleiche das schöne Buch von Anne-Marie Moulin, *Le dernier langage de la médecine: histoire de l'immunologie, du Pasteur au sida*, Paris 1991.

I. PROLOG

Von den Anfängen bis zur großen Enttäuschung

(1–63 u. Z.)

Die soziale Bahn Senecas hat etwas Außergewöhnliches. Als reicher Bürger der römischen Provinz Andalusien gelangte er in den Senat und sogar zu dem Titel »Konsul«; soweit wir wissen, gehörte er damit zu den ersten vier oder fünf »Provinzlern«, die es zu dieser höchsten Ehre[1] brachten, die normalerweise Italienern vorbehalten war. Senecas Weg erinnert an den des »Emporkömmlings« Cicero hundert Jahre zuvor. In beiden Fällen war die literarische Berühmtheit von Vorteil: Das römische Reich war stolz auf seine Kultur.

»Ich, aus dem Ritterstand und einer Provinzstadt kommend, werde unter die Großen des Staates gezählt?« soll Seneca sich eines Tages verwundert gefragt haben.[2] Man konnte sich also wohl darüber mokieren, daß Seneca aus dem Kleinadel kam und außeritalienischer Herkunft war; aber wie man sieht, fragte niemand danach, ob er von italienischen Pflanzsiedlern, die sich in Spanien niedergelassen hatten, oder von spanischen Ureinwohnern abstammte und ob in seinen Adern römisches oder iberisches Blut floß. Der antike Rassismus war ein anderer als der unsere. Die größere Wahrscheinlichkeit spricht dafür, daß Seneca spanisches Blut hatte; in den Provinzen des römischen Reiches stammten die meisten römischen Bürger aus mächtigen lokalen Familien, die Rom durch Verleihung des Bürgerrechts zu politischen Verbündeten gemacht hatte.[3] Von Bedeutung war das kaum: Ob Seneca von einem italienischen Veteranen oder von einem iberischen Duodezfürsten abstammte, er war Römer; weiter fragte man nicht.

Das Guadalquivirtal und der Süden Spaniens waren, gut ein halbes Jahrhundert vor der Provence, der älteste Schauplatz der Romanisierung des Reiches gewesen. Es war eine freiwillige Romanisierung: Die einheimischen Notabeln übernahmen die Zivilisation, die wir die »römische« nennen und die nichts anderes war als die große »Welt«-Zivilisation jener Zeit, nämlich die hellenische in ihrer lateinischsprachigen Ausprägung; das zivilisierte Italien gab jetzt die griechische Zivilisation an die Barbaren im Westen weiter. Der Vater Senecas entstammte der städtischen Elite Cordubas; die Mutter kam aus einer Notabelnfamilie in einem Nachbardorf.[4] Um das Jahr 1 u. Z. wurde Seneca in Corduba geboren. Dieser große Ort, in dem der römische Statthalter residierte, war seit hundertfünfzig Jahren eine römische Stadt; es fehlte nicht an einem kulturellen Leben, während es in Rom, fünfzig Jahre vor Senecas Geburt, nicht an mildem Spott über die lateinischen Dichter aus Corduba fehlte, diese Iberer, die man zu römischen Bürgern gemacht hatte.[5] Indes: Um als Römer zu gelten, brauchte man lediglich »à la romaine« zu leben. Senecas eigener Vater war sehr auf Kultur bedacht, er ging nach Rom – seine Frau scheint er in Corduba zurückgelassen zu haben –, schrieb die Geschichte seiner Zeit und begeisterte sich für die Redekunst, ein literarisches Genre, das damals sehr in Mode war, eine Art kulturell-humoristisches Gesellschaftsspiel. Das öffnete ihm die Türen zu den höchsten Adelskreisen Roms, die so kulturbeflissen waren, wie man das jetzt sein mußte. Denn mehr als die Manieren markierte die Kultur den sozialen Unterschied zwischen den Menschen, so wie allein Lebensweise und Zivilisation ihre Nationalität ausmachten.

Ein wenig konnte dergleichen dazu beitragen, den Zugang zu einer Ämterlaufbahn und zum herrschenden Adel des Reichs zu erleichtern. Um diesen außergewöhnlichen Aufstieg zu schaffen, mußte man viel Ehrgeiz haben und viel Geld, vor allem aber brauchte man die Protektion hochgestellter Persönlichkeiten. Die Klientelverhältnisse beherrschten alles; sie waren ebensosehr Auswahlmechanismus, wie sie schlichte Günstlingswirtschaft waren. Man begünstigte diesen oder jenen jungen Mann und nicht zwanzig andere, die es vielleicht genauso verdient hätten; aber man entschied sich nicht auf gut Glück für ihn. Der Schützling mußte politische Fähigkeiten besitzen, er mußte Patriotismus und dynastischen Sinn in einem von seinen Standesgenossen gebilligten und nicht anstößigen Ausmaß beweisen, und er mußte monarchische Treue zum Kaiser zeigen. Eine notwendige, aber keineswegs hinreichende Bedingung war ferner, daß er aus einer reichen Familie stammte. Für Senecas Vater traf das ohne Zweifel zu: Er war zum Kleinadel, das heißt zum römischen Ritterstand zugelassen worden; er konnte es sich leisten, nach Rom zu gehen und dort seine soziale Stellung zu behaupten; und seine Schwägerin war zwar nicht mit einem Senator, aber doch mit einem sehr hohen Funktionär des Reichs, nämlich dem Statthalter von Ägypten, verheiratet.[6]

Senecas Vater hätte zwar gerne eine große Ämterlaufbahn eingeschlagen, wie er unumwunden in einem seiner Bücher zugibt; aber im Innersten zog er doch die Belletristik vor, oder er fürchtete die Gefahren, die im Kaisertum untrennbar mit öffentlichen Ehren verbunden waren, wie er selber erklärt.[7] Seine Söhne waren weniger vorsichtig und machten alle drei eine große Karriere, da die Klientelbindungen bzw. der Nepotismus ganze Familienclans begünstigten. Der älteste, Gallio, ist aus der Apostelgeschichte bekannt; er wurde Senator und Statthalter von Griechenland, wo er eines Tages auch den Apostel Paulus abzuurteilen hatte. Aus politischen Gründen nahm er sich unter Kaiser Nero im Jahr 65 das Leben. Der jüngste wurde hoher Funktionär, vielleicht Senator, und wählte in demselben Jahr ebenfalls den Freitod. Der mittlere Sohn, unser Seneca, brachte es noch weiter; auch er tötete sich im Jahr 65. In den Tod folgte ihm sein Neffe Lukan – Senator, großer Dichter und lange Zeit Tischgenosse Neros.

So erlosch diese andalusische Dynastie, die so reich an Talent, ja Genie gewesen war; sie verkörperte die lateinische Literatur und das griechische Denken, mögen ihre Ahnen auch frisiert gewesen sein wie die Dame von Elche.[8]

Der Vater Senecas war von den Geistesgaben seines Sohnes nicht sonderlich beeindruckt; er hielt ihn für einen Ehrgeizling – weniger intelligent und weniger der Literatur ergeben als sein älterer Bruder Gallio.[9] Das ist leicht zu erklären: Der Vater verstand sich von seiner Kultur her noch auf das Gesellschaftsspiel der Deklamation oder Beredsamkeit; er sah nicht oder wollte nicht sehen, daß sein Sohn von seinen Anlagen und seinem Charakter her mehr der Philosophie zuneigte. Rhetorik gegen Philosophie: Dieser Konflikt währte bereits vierhundert Jahre, seit den Tagen des Sokrates, und noch einmal vierhundert Jahre später machten die Christen sich aus ihm noch immer ein Gewissen. Auf der einen Seite der Zauber der Eloquenz, die Schönheit der menschlichen Stimme und einer kunstvoll modulierten Rezitation; auf der anderen Seite die würdevolle Schwere des Gedankens und die Verinnerlichung einer dringenden Botschaft.[10] Seneca schrieb später als treuer Sohn die Lebensgeschichte seines Vaters und rühmte darin dessen historische Begabung, doch sind Charakter und Stil dieser Biographie himmelweit davon entfernt, rhetorischer Selbstzweck zu sein.

Die Kunst der Deklamation war Höhepunkt und Abschluß jeder vornehmen oder, wie man sagte, »liberalen« Erziehung. Vater Seneca schickte seine drei Söhne nach Rom, wo man die besten Redner hören und bei den besten Lehrern studieren konnte. Der junge Seneca besuchte einen Deklamator, den sein Vater bewunderte, der sich aber im Alter von der Rhetorik ab- und der Philosophie zugewandt hatte und streng nach seinen Überzeugungen lebte, was dem Jüngling imponierte. Seneca hatte noch andere Lehrer; doch verlieren wir uns nicht in Einzelheiten, sondern geben wir ihm selbst das Wort: »Ich jedenfalls, wenn ich Attalos gegen Fehlhaltungen, Irrtümer, Lebensübel sprechen hörte, empfand oft Mitleid mit dem Menschengeschlecht und glaubte, er sei erhabener und höher als menschlicher Rang. Wenn er gar die Armut zu preisen anfing, mochte man die Schule arm verlassen. Wenn er begann, unsere Gelüste bloßzulegen, mochte man in ihre Grenzen verweisen Gaumen und Bauch. Davon ist mir manches geblieben, Lucilius: Von da an verzichtete ich für das ganze Leben auf Austern und Pilze. Von da an enthalten wir uns für das ganze Leben des parfümierten Salböls. Von da an meiden wir für das ganze Leben das warme Bad. Zu loben pflegte Attalus eine Matratze, die den Körper nicht einsinken ließ: solch eine benutze ich auch noch als alter Mann. [Sotion] erklärte, weshalb [Pythagoras] sich des Fleischgenusses enthalten habe. Pythagoras legte dar, es bestehe Verwandtschaft aller Lebewesen mit allen und ein Austausch der Seelen. Aufgrund dieser Hinweise begann ich damit, mich tierischer Nahrung zu enthalten. Du fragst, warum ich damit aufgehört habe? In die erste Zeit des Kaisers Tiberius fiel meine Jugend: Ausländische Kulte wurden damals entfernt, aber zu den Beweisen des Aberglaubens wurde auch gerechnet, sich des Genusses gewisser Tiere zu enthalten. Auf Bitten des Vaters – er fürchtete verleumderische Anklage nicht, aber haßte die Philosophie – kehrte ich also zu der früheren Gewohnheit zurück. Das erzähle ich dir, um dir verständlich zu machen, welch heftigen ersten Drang ganz junge Menschen gerade zum Guten und Schönen entwikkeln.« Das sind ausgewählte Stellen aus dem 108. Brief an Lucilius. Bis zum letzten Atemzug hielt Seneca die Reinheit und den Idealismus seiner Jugend in Ehren.[11]

Seine Lehrer haben Seneca die Philosophie nicht beigebracht; sie haben weniger und doch sehr viel mehr getan: Sie haben ihn zu ihr bekehrt. Der eine sprach ihm von Pythagoras, ein anderer unterwies ihn im Rigorismus, und zwar ausgehend von der Lehre eines gewissen Sextius, des Begründers der einzigen philosophischen Sekte, die nicht griechischen, sondern römischen Ursprungs war (und bald unterging). Seneca betont, daß dieser Sextius im Grunde Stoiker gewesen sei, was allerdings der Meister selbst in seinen Schriften bestreitet. Schließlich hatte Seneca noch einen echten Stoiker zum Lehrer, einen Griechen aus Alexandria namens Attalus, dessen Unterrichtssprache sehr wahrscheinlich Griechisch war (wie alle Vornehmen seiner Zeit war Seneca absolut zweisprachig). Attalus begeisterte seinen jungen Schüler, der als erster zum Unterricht erschien, als letzter ging und den Lehrer sogar um Privatstunden bat. Auf seine alten Tage hat Seneca gern von Attalus erzählt und sich andächtig an seinen Unterricht erinnert. Der Hauptakzent bei diesem Unterricht scheint auf der Sittenlehre gelegen zu haben, während der fabelhafte metaphysische und logische Apparat der Stoa beiseite blieb.[12] Das geschah mit gutem Grund: Erstens war Seneca noch zu jung, und zweitens kam es seinem Lehrer nicht darauf an, ihn Lehrsätze auswendig lernen zu lassen, sondern sein Leben zu ändern. Von der sittlichen Glut entflammt, die Attalus in ihm entzündet hatte, erlebte Seneca bereits in seiner Jugend das, was man damals eine »Konversion« nannte. Darunter verstand man die Bekehrung zur Philosophie; man sprach sogar von Initiation in die frommen Mysterien der Weisheit.[13]

Seneca mochte jetzt zwanzig Jahre alt sein. Aus den folgenden fünfzehn Jahren wissen wir nichts von ihm; seine Ämterlaufbahn begann erst, als er über fünfunddreißig war. Ob er geschrieben hat? Wir wissen nicht, wann er seine Tragödien verfaßt hat, die man heute in Frankreich wieder zu entdecken beginnt und die auch von den Landsleuten Shakespeares sehr geschätzt werden. Es steht jedoch fest, daß Seneca sich in diesen fünfzehn Jahren ganz allein die Arcana der Stoa angeeignet hat, und zwar durch Lektüre der griechischen Texte dieser Sekte. (Griechisch war die Sprache der Philosophie; so führte Marc Aurel sein Tagebuch mit Selbstbetrachtungen auf griechisch.) Die Lektüre guter Autoren war eine jener geistlichen Exerzitien der Stoa, die Seneca bis an sein Lebensende befolgt hat. Übersehen wir aber vor lauter Bäumen den Wald nicht! Seneca ist in diesen fünfzehn Jahren das geworden, was man einen Philosophen nannte; er hatte die stoische Philosophie, wie man sagte, »zu seinem Beruf gemacht«. Das ist das Entscheidende. Das älteste auf uns gekommene Werk von ihm, die *Trostschrift an Marcia*, wendet sich an eine große Dame; Seneca nimmt darin den Ton eines Mannes an, der seine Autorität hinter sich weiß: die Philosophie. Es war selbstverständlich, daß Philosophie das Recht und die Pflicht zur Beratung einzelner Menschen und ganzer Städte hatte (damals galt es noch nicht als demütigend, einen Rat zu empfangen). Die *Trostschrift* schließt mit einem Ausblick auf die Zyklen der ewigen Wiederkehr des Gleichen, die in regelmäßigen Abständen unterbrochen werden vom Untergang des Kosmos – eine spezifisch stoische Lehre, die Seneca ohne erkennbaren Vorbehalt wiedergibt: Er spricht bereits im Namen seiner Sekte.

Wer war ein Philosoph? Derjenige, der in seinem Inneren wie in seinem Verhalten philosophisch lebte[14], selbst wenn er nichts schrieb und nicht unterrichtete. Noch weniger mußte er ein eigenes Gedankengebäude errichten – er hatte das seiner Sekte. Bei »Sekte« darf man nicht an eine organisierte Gruppe denken; es war lediglich die Gesamtheit jener Menschen überall in der Welt, die für sich den Stoizismus, den Epikureismus usw. zu ihrem Beruf gemacht hatten und in dieser gemeinsamen Überzeugung verbunden waren. Sie bekannten sich zu dieser Überzeugung, und die Öffentlichkeit gestand ihnen dieses Etikett zu, das ihnen im Prinzip viel Respekt eintrug. Man gab ihnen den Ehrentitel »Philosoph«, ja der eine oder andere wurde sogar mit dem Namen »Konsul und Philosoph« geehrt. Der Beruf des Philosophen zählte zu dem, was wir heute die »freien Berufe« nennen. Von Sekte darf man sprechen, weil jede Zugehörigkeit zu der einen Sekte die zu einer anderen ausschloß und weil die einzelnen Sekten einander heftig befehdeten – sehr zum Gaudium der Spötter, an denen es natürlich nicht fehlte.

Seneca seinerseits war eine breit angelegte, vielschichtige Persönlichkeit. Es genügte ihm nicht, Philosoph zu sein, und so ließ er sich schließlich auf eine Ämterlaufbahn ein, was ihm den Ruf der Doppelzüngigkeit und Heuchelei eintrug – der übliche Preis der Vielschichtigkeit. Er wollte Politik treiben, aber als Philosoph, was in seinen Augen nur heißen konnte: als rechtschaffener Mensch. Spekulative, utopische, ideologische Politik war nicht die Stärke der Römer. Außerdem enthielt der Stoizismus auch keine politische Lehre (einzelne seiner Anhänger hielten es mit der Kaiserherrschaft, während andere im Senat die sogenannte stoische Opposition bildeten). Im Altertum verhielt es sich mit diesen Dingen anders als bei uns. Wir Modernen können bei jedem Denker die Frage stellen: »Zu welchen politischen Schlüssen gelangt er? Steht er links oder rechts?« Der Römer hingegen ließ sich vom Widerspruch zwischen Worten und Taten in der Politik nicht sonderlich stören. Er gab gerne zu, daß Politik die Kunst des Möglichen sei und daß man zu bestimmten Zwecken bestimmte Mittel einsetzen müsse. Der Philosoph Seneca gab es gelassen zu. Er hatte die Fähigkeit, mehrere schwer miteinander vereinbare Dinge gleichzeitig zu tun, was die Öffentlichkeit (der die Philosophie im Grunde herzlich gleichgültig war, die sich aber trotzdem gern eine idealistische Vorstellung von den Philosophen machte) ihm kaum verzeihen konnte. Zu seiner Entlastung muß man sagen, daß dieser Emporkömmling, dieser »homme nouveau«, der mit seiner Herkunft haderte (und harte Worte gegen den Hochmut des alten Adels fand), seine Karriere nicht, wie es in seinem Jahrhundert fast schon gang und gäbe war, auf Schmeicheleien, Denunziationen und den Justizmord an Standesgenossen gegründet hat.[15]

Es war eine späte Karriere, aber dann eine sehr rasche, die freilich bald von einer Katastrophe unterbrochen werden sollte. Kurz vor seinem vierzigsten Lebensjahr gelang Seneca endlich der Einzug in den Senat, und zwar, wie er selbst erwähnt, dank seiner Tante, die mit dem Ägyptenpräfekten verheiratet war. Überdies hatte er durch sein rhetorisches Talent aufhorchen lassen – auf jener Bühne, die in Rom die Gerichtssäle waren. Hier ging es kaum weniger literarisch als juristisch zu, und wie jeder, der bekannt werden wollte, hatte Seneca hier ehrenamtlich die Rolle des Sachwalters versehen.

Mit der herrschenden Familie verbunden, reüssierte Seneca. Sein Gespräch war, wie die antiken Geschichtsschreiber berichten, geistreich und mokant, dabei höchst liebenswürdig, vornehm und höflich. Ronald Syme[16] hat den Nagel auf den Kopf getroffen: Seneca gefiel den Prinzessinnen. Namentlich gefiel er den drei Schwestern des Kaisers Caligula – stolzen, etwas scheuen Frauen, wie sie in der römischen Aristokratie keine Seltenheit waren. Es ist reizvoll, sich einen Philosophen in einem Kreis von Frauen vorzustellen, die seine gewandte Zunge wie sein Talent als Virtuose der Innerlichkeit herausforderten - ein stoischer hl. Hieronymus oder Franz von Sales, umringt wie ein christlicher Heiliger von vornehmen Büßerinnen.

Er war bereits damals und blieb zeitlebens wohlgelitten im kaiserlichen Palast. Er empfand tiefe Liebe und Bewunderung für einen großen Mann namens Passienus Crispus, einen scharfen, gebildeten Geist und aufrechten Charakter – ein Mensch, der seinen Freunden treu war, wie Seneca schreibt, und der sich nicht leicht vom Schein der Tugend blenden ließ. Seneca hatte diesen Freund buchstäblich geerbt: Die Väter der beiden waren, trotz ihres ungleichen Ranges, durch eine literarische Freundschaft verbunden gewesen. Verheiratet war Passienus nacheinander mit der Tante des späteren Kaisers Nero und mit dessen Mutter, der Prinzessin Agrippina, die ihrerseits die Schwester des herrschenden Kaisers Caligula war. So entstand eine Laufbahn, so bildete sich ein Schicksal.

An den Händen Caligulas klebte viel Blut, und jeder römische Senator war ein potentieller Todeskandidat. Der Kaiser redete sich darauf hinaus, er sei verrückt geworden, reif für das Tollhaus. Als seine Tyrannei endlich durch seine Ermordung die verdiente Strafe fand, atmeten alle auf. Leider betrachtete der neue Fürst, Claudius, es als eine seiner dringlichsten Pflichten, Seneca des Ehebruchs mit einer Prinzessin, der Schwester Agrippinas, anzuklagen. Die verhängte Todesstrafe wurde in Verbannung abgemildert, Seneca mußte auf der halb barbarischen Insel Korsika ins Exil gehen. Dort hatte er acht lange Jahre auszuharren; leicht hätte er den Rest seiner Tage dort verbringen können. Er las viel, er publizierte und interessierte sich für die Natur und die Ethnographie des Landes (die Stoiker trieben von jeher Naturkunde); aber die Einsamkeit quälte ihn. Und seine Laufbahn hatte einen Knick bekommen. Was deren so verheißungsvollen Beginn betraf, so war einer der Gründe der gewesen, daß der Stoiker Seneca nicht daran dachte, sich der stoischen Opposition im Senat anzuschließen, sondern streng monarchistisch gesinnt war. Der Grund seiner Verurteilung aber dürfte gewesen sein, daß der neue Herrscher an der einflußreichen Stellung seines Dieners im Palast Anstoß nahm.

Wenn man will, daß die politische Biographie Senecas sich nicht in Einzelheiten oder Anachronismen verliert, muß man den despotischen Charakter des Caesarismus und das psychotische Verhältnis der einzelnen Caesaren zu ihren Ratgebern im Senat deutlich machen.

Senecas Leben spielte sich unter vier aufeinander folgenden Kaisern ab: Tiberius, Caligula, Claudius und Nero. Von diesen war der zweite geisteskrank, der vierte litt an einer echten Megalomanie. Alle vier erlagen gegen Ende ihrer Regierungszeit dem Wahn, durch Justizmorde den Senat »säubern« zu müssen; sie wollten aus ihm alle Nachkommen des alten Adels entfernen, die im Verdacht standen, den Zeiten des alten Freistaats nachzutrauern, da noch die Adelsoligarchie geherrscht hatte und nicht bereits von einer einzigen Familie ihrer Machtfülle beraubt worden war. Das Regime im römischen Reich war alles andere als liberal; es war (trotz des römischen Rechts) nicht einmal ein Rechtsstaat. Es war eine Diktatur, die sich ihrer eigenen Legitimität nicht sicher war; das julisch-claudische Haus war eine kleine Clique, die sich des Staates bemächtigt hatte. Gleichwohl galt dasjenige Familienmitglied, das gerade Herrscher war, als oberster Ratsherr Roms und als primus inter pares der Senatoren. Immerhin war der Princeps auch der ungekrönte König, dem die aufrichtigen Gefühle des Volks entgegenschlugen und um den sich ein veritabler Kult wie um einen altorientalischen Potentaten rankte (Abbildungen des Kaisers waren heilig wie Ikonen). Die Rolle des Caesar war von einer Ambiguität, die den Amtsinhaber um den Verstand bringen mußte. Auch Stalin ist ja verrückt geworden; war er doch gleichzeitig der geniale Führer und Gegenstand eines Personenkults, der Genosse Stalin und primus inter pares im Kreis der übrigen Genossen und endlich der legitime Staatschef im Auftrag des Proletariats. Dieser Genosse und der erste Ratsherr von Rom entwickelten denselben psychotischen Bestrafungs- und Verdächtigungswahn gegen ihre Standesgenossen, die sie schon kaltgestellt hatten, während sie noch im Amt waren; daher die Säuberungen in den Reihen der alten Bolschewiken wie in denen der Senatorenfamilien. Das Drama währte bereits gut dreißig Jahre, als Seneca zu Beginn der Herrschaftszeit Neros glaubte, endlich den jungen Fürsten gefunden zu haben, der den Teufelskreis durchbrechen würde. Was die Senatoren betraf, so hatten auch sie ihren – sehr differenzierten – psychotischen Wahn: Sie hatten sich damit abgefunden, daß realiter der Princeps die Macht ausübte, sie hatten sich auch damit abgefunden, ihm ihre Verehrung zu bezeugen – aber nur unter der Bedingung, daß er diese Verehrung nicht explizit einforderte, sondern so tat, als weise er sie von sich und sehe in den Senatoren seinesgleichen. Diese Feinheit unterschied die »guten« Kaiser von den »schlechten«.

Gegenüber einer schlecht abgesicherten Legitimität bleibt den Menschen nichts anderes übrig, als einander in Ergebenheitsbezeugungen zu überbieten – das ist das Wesen des Personenkults oder der »Schmeichelei«. Die Schmeichelei war ein schlichtes Gebot des monarchischen Stils, zugleich aber auch strenge Verpflichtung. Wer sich ihr entzog, machte sich des Hochverrats verdächtig; zumindest verdarb er sich die Aussicht auf Ehren und Pfründe einer guten Laufbahn. Selbst die mutigsten stoischen Oppositionellen konnten nicht anders, als in der Sprache der Schmeichelei das Wort ergreifen. Wenn man das vergißt, findet man manche Handlungsweise Senecas kriecherisch und sieht in seiner *Trostschrift an Polybius* nur eine Platitüde – den Versuch, indirekt um Begnadigung und Rückrufung aus der Verbannung zu bitten. Der Versuch war umsonst; Seneca mußte noch warten und kehrte erst als knapp Fünfzigjähriger nach Rom zurück. Agrippina, mittlerweile die Frau des Kaisers, hatte 49 u. Z. seine Begnadigung erwirkt, und zwar, wie Tacitus schreibt, »in der Erwartung, das werde erfreulich auf die Öffentlichkeit wirken wegen der Berühmtheit seiner literarischen Werke; auch sollte der junge Domitius [Nero] unter einem solchen Lehrmeister heranwachsen, und man wollte sich seiner Ratschläge bei den Absichten, die jener auf den Thron hatte, bedienen; denn Seneca werde, so glaubte man, treu gegen Agrippina sein in dankbarer Erinnerung an ihre Hilfe und feindselig gegen Claudius aus Erbitterung über das erlittene Unrecht«.[17] Die Kaiserin vertrat die Interessen Neros, ihres Sohnes aus einer früheren Ehe, gegen die Interessen des jungen Britannicus, der einer früheren Ehe des Kaisers entstammte und dessen präsumtiver Nachfolger war.

Claudius hatte nur noch fünf Jahre zu leben. Der Seneca aber, der nach Rom zurückkam, wurde der berühmteste Bürger seiner Zeit: der größte lebende Prosaist und Lyriker, der größte Name in der Literatur seit dem Goldenen Zeitalter am Beginn des Jahrhunderts, der Günstling der machtbewußten Kaiserin. Wie später Voltaire ging er für gut zehn Jahre, unter Claudius und in den ersten Jahren der Regierungszeit Neros, mehreren Tätigkeiten gleichzeitig nach. Er veröffentlichte ein umfangreiches Œuvre, er wurde der Apostel seiner Philosophie, und er mehrte sein enormes Vermögen – nicht so sehr aus Geldgier, als um seine angeborene Geschäftstüchtigkeit zu üben. Daneben spielte er den Landwirt alten Stils, so wie Voltaire, »der Bauer von Ferney«, wie er seine Briefe unterschrieb. Erwähnt sei noch die zu einem unbekannten Zeitpunkt geschlossene Ehe mit der sanftmütigen, reichen Paulina, einer »Provinzlerin« aus Arles, die ihm später in den Tod nachfolgen sollte. Seneca war das literarische Tagesgespräch: Bei den Buchhändlern auf dem Argiletum, die Neuerscheinungen ausstellten,[18] konnte man seine Schrift *Über die Standhaftigkeit des Weisen* und später *Über die Seelenruhe* erwerben; oder man verfolgte, wie sich sein Verhältnis zu einem hohen Funktionär entwickelte, den die stoische Philosophie anzog und dessen Seelenführer er geworden war. Rom hatte also einen Denker, der es mit den Philosophen Griechenlands aufnehmen konnte. Mitunter ließ er, um dem Minderwertigkeitskomplex seiner römischen Mitbürger aufzuhelfen, eine fremdenfeindliche Wendung einfließen, mit der er zu verstehen gab, daß auch die Griechen nicht vollkommen waren und ihre Albernheiten besaßen. Auch pochte Seneca auf die geistige Unabhängigkeit von den Stiftern seiner Sekte.[19]

Mit der Zeit wurde unser Philosoph sehr reich, und als Nero auf den Thron gelangte und seinen alten Lehrer mit Immobilien und anderen Beweisen seiner königlichen Gunst überschüttete, wurde er steinreich. Senecas Vermögen war eines der gewaltigsten seiner Zeit: Es belief sich auf 75 Millionen Denare (die dreißig Denare – »Silberlinge« –, die Judas für seinen Verrat bekam, entsprachen einem ordentlichen Monatslohn). Dieses Kapital entsprach zehn oder sogar zwanzig Prozent der jährlichen Staatseinkünfte Roms.[20] Noch heute erregt das Schauspiel eines Philosophen, dessen stoisches Herz nichts von dem Geldsack in seiner Hand weiß, immer wieder Anstoß, doch wurde Seneca schon unter Nero in einem öffentlichen Prozeß wegen seines Reichtums angefeindet. Wir haben nicht die Absicht, uns unter dem Deckmantel der Herausgeberschaft zum Verteidiger Senecas aufzuwerfen (zumal der Tod des Beschuldigten bereits vor 1900 Jahren dem Walten der irdischen Gerechtigkeit zuvorgekommen ist); wir möchten nur auf einige Punkte der Wirtschaftsgeschichte hinweisen.

1. Der römische Adel, weit davon entfernt, um seine Würde zu bangen, hegte sehr bürgerliche Vorstellungen. Es galt als überaus löblich, wenn man sich zu bereichern und sein Erbe zu mehren verstand. Den Mann, der nicht geschäftstüchtig war, verachtete man.

2. Die sozialen Klassen wurden nicht durch die Produktionsverhältnisse voneinander geschieden. Es gab kein Bürgertum, das auf geschäftliche Transaktionen spezialisiert gewesen wäre. Die Adligen trieben ebenso Handel wie Plebejer, die über Kapital verfügten; sie beschäftigten dabei ein Heer von Experten, das sich aus Sklaven und Freigelassenen rekrutierte.

3. Die Superiorität eines Menschen war eine generelle, keine punktuelle. Wer sozial höher stand, war damit auch reich, hatte die Pflicht, sich um die öffentlichen Dinge zu kümmern, galt als gebildet usw. Wer in ein höheres öffentliches Amt aufrückte, hatte die Pflicht, sich zu bereichern. Senecas Schüler Lucilius begann sogleich nach seiner Ernennung zu einem hohen Funktionär in der Finanzverwaltung damit, Geschäfte zu treiben, und faßte den Vorsatz, ein Patrimonium zu erwerben, das seiner Stellung entsprach.

4. Der Kaiser hatte die Pflicht zur Prachtentfaltung und mußte sich

mit ebenso glänzenden »Freunden« umgeben. Aus diesem Grund überschüttete er sie mit Reichtümern. Die Geschenke Caesars zurückzuweisen, wäre eine Beleidigung und ein politisches Armutszeugnis gewesen. Seneca wußte das genau und hat es wiederholt gesagt.

5. Bei ihren Geschäften nutzten und mißbrauchten Seneca wie Lucilius ihren ganzen Kredit, ihre Autorität in der Gesellschaft und alle ihre Beziehungen, um immer neue Möglichkeiten der Bereicherung aufzutun. Die Eroberung Britanniens lag nicht weit zurück, und Seneca machte sich zum Gläubiger dieses Landes und streckte ihm zehn Millionen Denare vor – als Freund des Kaisers konnte er sicher sein, sein Kapital von den Schuldnern zurückzuerhalten.

6. Wie in ganz Europa noch bis ins 19. Jahrhundert galt es auch im alten Rom als ganz normal, daß hochgestellte Persönlichkeiten sich bereicherten. Ein seltenes Tugendmuster war Cicero: Als Statthalter einer Provinz schob er in einem Jahr »nur« zwei Millionen in die Tasche und sorgte dafür, daß alle Welt es erfuhr.

7. Eine weitere Quelle der Bereicherung waren Testamente. Der Brauch verlangte, daß Adlige einen beträchtlichen Teil ihres Patrimoniums an Standesgenossen, einschließlich des Kaisers, verteilten. Wichtige Persönlichkeiten wurden am meisten bedacht, doch auch die großen Schriftsteller kamen nicht zu kurz. Die beiden großen Redner der Generation nach Seneca, die Senatoren Tacitus und Plinius, maßen den Grad ihrer Berühmtheit an der Höhe der Legate, die ihre Standesgenossen ihnen vermachten. Auch Seneca hat bedeutende Vermächtnisse erhalten.

8. Jeder, der über ein gewisses Kapital verfügte, befolgte das biblische Gebot, mit seinen Pfunden zu wuchern, und verlieh sein Geld auf Zinsen. Rom war eine Gesellschaft, in der jedermann jedermanns Bankier war; Bankgeschäfte waren noch nicht die exklusive Spezialbeschäftigung einiger Experten. Die wichtigsten Geldverleiher scheinen die Adligen gewesen zu sein. »Ich beziehe Einkünfte aus meinen Ländereien und verleihe auch ein wenig Geld auf Zinsen«, erklärte ungeniert Senator Plinius (der im übrigen ein selbstloser Mann war; denn seiner Schwiegermutter lieh er Geld, ohne Zinsen zu nehmen). Seneca war als der teuerste Geldverleiher seiner Zeit bekannt, weil er der reichste war.

9. Das Geldverleihen auf Zinsen galt nicht als Beruf, sondern als Privatbeschäftigung des einzelnen. (Auch mußte man hierbei taktvoll verfahren: Plinius verlieh nur »ein wenig« Geld.) Die Folge war, daß die Römer in Seneca einen schamlosen Wucherer sahen; wir würden sagen,

er habe die bedeutendste Kreditbank seiner Zeit geschaffen. Natürlich beschäftigte er an der Spitze seiner Bank ein Heer fachkundiger Sklaven; er selber mußte sich darauf beschränken, das Ganze zu überwachen.

10. Seneca war geschäftstüchtig, und er interessierte sich, ohne hochmütigen Dünkel zu hegen, für jeden, der es auch war. Sein 101. Brief wirkt in dieser Hinsicht sehr modern.

11. Zwar möchte Seneca dem Leser das Schauspiel seiner eigenen Persönlichkeit gönnen, doch vermeidet er es, von seinen Bankgeschäften zu reden. Lieber gefällt er sich in der altehrwürdigen, patriarchalischen Rolle des auf Weinbau spezialisierten Landwirts; das sei sein »Arbeitsgebiet«, sagt er im 112. Brief an Lucilius, unter lauter philosophischen Erwägungen. Mauriac sprach gern von seinen Weinstöcken – falls er nicht gerade von seinem vergilbten Pascal sprach. Berühmt war das Weingut, das Seneca in Mentana, vor den Toren Roms, besaß.

Der springende Punkt ist der, daß die Bedeutung von Kapital und Kredit für die Gesamtgesellschaft, für das Wirtschaftswachstum und für die Hebung des Lebensstandards ein Konzept ist, das unter der Bezeichnung »Kapitalismus« erst im 19. Jahrhundert Gestalt gewann. Bis dahin wurden Kapital und Kredit mit Geiz, Geldgier und Egoismus gleichgesetzt; das Verleihen von Geld galt noch als durch den Produzenten getätigter, direkter Verkauf eines materiellen Guts an den Verbraucher. Zwar war dieser Tausch mit harten Bedingungen verbunden, aber die getauschte Ware war doch wenigstens sinnlich faßbar, und die tauschenden Parteien standen einander von Angesicht zu Angesicht gegenüber. Unentschuldbar dagegen und nur mit blankem Gewinnstreben erklärbar war die Tätigkeit des Mittelsmannes, des Wiederverkäufers, des Kaufmanns, der sich zwischen Hersteller und Käufer schob und die Preise in die Höhe trieb. Denn dieser Mittelsmann – sei er nun Makler (*proxeneta*, ja *pariarius* – diese Bezeichnungen stehen schon bei Seneca), Händler oder Bankier – verkauft selber ja nichts, es sei denn (wie wir heute sagen würden) Marktinformationen, falls er Makler ist, Raum, wenn er mit fernen Produkten handelt, Zeit, wenn er Geld auf Zinsen verleiht. Aber Informationen, Zeit und Raum sind keine Dinge; wie die Luft gehören sie allen (oder sollten doch allen gehören). Von einem Ortsunkundigen, der nach dem Wege fragt, verlangt man auch kein Entgelt für die Auskunft. Daher mißbraucht der Mittelsmann, der Wiederverkäufer, der Geldleiher seine Macht; er ist ein Erpresser. Nur ein Laster, der Geiz, kann ihn zu diesem Mißbrauch treiben.

Im übrigen war Reichtum vom moralischen Standpunkt aus ganz unterschiedlich zu bewerten; besser gesagt: An ihm wurden zwei verschiedene Moralen zugleich offenbar. Versteht man unter Moral die Haltung des einzelnen, der weiß, war er tun darf und was nicht, dann war der Besitz großen Reichtums Beweis von Skrupellosigkeit und Geiz. Versteht man hingegen unter Moral den unausgesprochenen Verhaltenskodex, der in dem Betragen, das in der Gesellschaft allgemein als normal gilt, implizit enthalten ist, dann war Reichtum eine Sache des Prestiges und sein Besitz für jeden Senator nachgerade Pflicht. Jede große Persönlichkeit hatte die Pflicht, reich zu sein; denn Reichtum bedeutete Glück, und Glück war bewundernswert; Autorität aber mußte bewundert werden können.

Um sich vorzustellen, was die Zeitgenossen Senecas von ihm und seinem Reichtum hielten, braucht man übrigens nur an die französischen Bischöfe zur Zeit des Ancien régime zu denken: Das waren große Herren in vornehmen bischöflichen Palais, und sie hatten die Pflicht zur Wahrung ihres Ranges, der auch der Rang der Kirche war. Zugleich waren es Christen, die als Seelsorger der Gemeinde beispielhafte Armut vorleben mußten. Wären sie nur vornehme Herren gewesen, hätte man ihren Reichtum keineswegs anstößig, sondern legitim gefunden; ihre seelsorgerische Funktion aber gab ihren Gegnern die Möglichkeit, diese falschen Christen anzuprangern, die im Reichtum schwammen. Ebenso hatte ein römischer Senator das Recht und die Pflicht, Pracht zu entfalten; gab dieser Senator sich aber zugleich als Philosoph aus, so bot er der Bosheit Angriffsflächen.

Wie dem auch sei: Seneca fand es offenbar sehr angenehm, Stoiker und gleichzeitig reich zu sein; er wendet viel Dialektik auf den Nachweis, daß man reich und trotzdem ein Philosoph sein kann. Von einigen symbolischen Gesten abgesehen, hat er nichts von einem Asketen an sich. So wird es später, in der Anfangszeit des Christentums, so manchem christlichen Bischof leichter fallen, das Keuchheitsgelübde abzulegen, als sich von seinem Reichtum zu trennen. Zwei Wege standen ihnen offen, dem heidnischen Philosophen wie dem christlichen Bischof: eine Moral der goldenen Mitte, die es mit keiner Seite verdarb, oder ein moralischer Maximalismus. Die christlichen Maximalisten waren die Asketen, die stoischen Asketen waren die Kyniker. Die Sekte der Kyniker bildete nämlich gleichsam den linken Flügel der Stoa; wer sein Gelübde zum Kynismus abgelegt hatte, lehnte den Reichtum ab – jedenfalls, wenn er der Lehre treu war. Es fehlte nicht an Spöttern, die behaupteten, daß das nicht immer der Fall sei; Seneca selber macht eine solche Andeutung in seinem Werk *Über die Wohltaten* (II, 17). Die Kyniker entschlugen sich ihrer Reichtümer, oder, was wahrscheinlicher ist, sie waren arm geboren und besaßen keine; waren sie ihrem Gelübde treu, so wiesen sie die kostbaren Präsente der Großen zurück, wie es zum Beispiel Demetrius tat, ein Kyniker, dessen Umgang Seneca sehr schätzte. Der hatte es gewagt, ein Geschenk Caligulas zurückzuweisen, und lebte in größter Mittellosigkeit. Doch war er taktvoll genug, Seneca nicht wegen seines Reichtums zu beschimpfen (das Beschimpfen der Leute war die Hauptbeschäftigung der Kyniker), wofür Seneca ihn vorbehaltlos bewunderte und seine Armut in höchsten Tönen pries. Der Kyniker wies Reichtum nicht zurück, um ihn den Armen zu überlassen, sondern weil er überflüssig und der Natur in ihrer gänzlichen Nacktheit fremd war. Seneca ist Maximalist nur in puncto Freitod, nicht in puncto Politik oder Geld. Nur eine maximalistische Ethik erweckt den Eindruck der Aufrichtigkeit, weil der einzelne alles dem aufopfert, wozu er sich bekannt hat. Er wird zum Vorkämpfer seiner Berufung und hinterläßt damit eine unvergängliche »Erinnerung« an sich – man könnte auch sagen einen »Rekord«. Die Ethik des Maximalismus, die Ethik des Kämpfertums, die Ethik der Aufrichtigkeit – sie sind ein und dasselbe; es sind Ethiken der Vereinheitlichung und Vereinfachung des Ichs.

Die Öffentlichkeit erwartete von der Philosophie, von ihrer selbstverliehenen Autorität und ihren großen Versprechungen, daß der Weise ein selbstloser Asket war und in der Politik den Mut besaß, den Mächtigen sogar um den Preis des eigenen Lebens die Wahrheit zu sagen. Aber es gab eben auch eine mittlere Moral des Reichtums, die vom Philosophen nichts anderes forderte als von jedem anderen Menschen: eine Moral des Erweisens von Wohltaten. Seneca war schon ein alter Mann, als in Rom ein stoischer Prediger namens Musonius von sich reden machte, der zwar römischer Ritter und aus der Toskana gebürtig war, aber auf griechisch schrieb. Dieser Mann sagte über den Luxus: »Das sind die überflüssigen und unnötigen Dinge, die nur eine Menge Verdruß schaffen; mit all diesem Geld könnte man vielen Menschen, einzeln oder insgesamt, Gutes tun; ist es nicht edler, Geld für menschliche Wesen auszugeben als für Marmorskulpturen oder Holzschnitzereien? Ist es nicht mehr wert, zahlreiche Freunde zu erwerben als einen großen Palast? Das Erweisen von Wohltaten aber schafft diese Freunde.«[21] So dachte auch Seneca (seine Abhandlung *Über die Wohltaten* entwickelt diese Gedanken), und danach scheint er allem Anschein nach auch gehandelt zu haben. Das fragliche Erweisen von Wohltaten bestand nicht darin, den Armen oder Bedürftigen zu geben, sondern denen, die eine Hilfeleistung erbaten und die die Wohltat erwidern konnten (denn zum Erweisen der Wohltat gehörte zwingend deren Anerkennung), also Personen, die aus demselben sozialen Milieu kamen wie der Wohltäter.[22] Die dem Wohltäter zu Dank Verpflichteten wurden seine »Freunde«, seine Getreuen; das Erweisen von Wohltaten und das Erzeugen von Klientelverhältnissen gehörten eng zusammen. Das Erweisen von Wohltaten war darum nicht weniger die Tugend einer Elite; nicht jeder verstand sich auf die große Geste, mit der man Bittsteller verpflichtete, ohne ihren Stolz zu verletzen. Seneca bewies diese Tugend in seiner Eigenschaft als Mäzen verschiedener Philosophen und armer Schriftsteller,[23] aber auch bei seiner Tätigkeit als Bankier, die er ohne Habgier ausübte.

Seneca war also Bankier, doch auch Senator und Philosoph: Senator, weil Philosoph, und mehr Philosoph als Senator. Ihm fehlte der »Senatorenton« (so wie man vom »Ton« des Quai d'Orsay spricht); hier hatte ein Intellektueller die Macht. Er ging an das schwierige Werk – an das unlösbare, unfruchtbare Problem –, seine Politik zu philosophieren, wie wir noch sehen werden; er machte praktische Zugeständnisse, wenn es um politische Kompromisse oder Kompromittierung ging, aber niemals Zugeständnisse im Denken. Was er schreibt, schreibt er als Philosoph, nicht als Senator; niemals schlägt er den Wichtigkeitston gegen den Leser an. Allerdings trug sein Senatorendünkel kein Bedenken, sich insgeheim über die religiösen und moralischen Überzeugungen zu mokieren, die er propagierte, um sie dem Volk von Rom einzuimpfen. Cicero nicht anders als die beiden Auguren, von denen er spricht, belächelte still die Staatsreligion und dachte, man hätte die Götter erfinden müssen, wenn es sie nicht gäbe (und für ihn gab es sie schwerlich). Der spätere Kaiser Augustus belächelte den frommen Aberglauben des Volkes – in einem Edikt, das diesen Aberglauben ausdrücklich in Schutz nimmt.[24] Tacitus, der gestrenge Senator, war niemals glücklicher, als wenn er von einem Kollegen sprechen mußte, dessen politische Geltung groß und dessen Lebenswandel locker war; dieses Paradoxon eines »energischen Weichlings«, das allen Gemeinplätzen widersprach, erhob den Senat auf das angenehmste über das gemeine Volk. Es ist gut, wenn die breite Masse der Bürger einer ordentlichen Moral huldigt und glaubt, daß man kein großer, in der Öffentlichkeit wirkender Mann sein kann, wenn man nicht ein Privatmann mit strengen Sitten ist; doch ist es eines Senators würdig, über die Moral, die er bekennt, erhaben zu sein, und ein energischer Weichling im Senat schmeichelt allen seinen Kollegen. Dergleichen wird der Intellektuelle Seneca niemals schreiben; er spaßt weder mit der Moralphilosophie noch mit der theologischen Philosophie.

Im Gegensatz zu dem anderen großen lateinischen Schriftsteller und Philosophen, seinem Vorgänger und Rivalen Cicero, versteht sich und wirkt Seneca als Intellektueller; bei Cicero hingegen macht der Philosoph sich zum Anwalt von Überzeugungen und Einstellungen, die er von anderswo übernommen hat. Ich behaupte nicht, daß Cicero nur Ideologe ist, während das Denken Senecas von allen sozialen Vorurteilen frei wäre; ich sage auch nicht, daß die Ideen Senecas wahrer oder gar reiner wären. Man spürt nur beim Lesen beider Autoren, daß die geistigen Teilungen, die ihr Gehirn vornimmt, unterschiedliche sind. Bei Seneca schieben sich die philosophischen Überlegungen vor seine Überzeugungen, oder besser gesagt: Zwischen beidem gibt es keine Trennung. Dagegen bemerkt man bei Cicero eine gewisse Doppelung: Die Philosophie überhöht seine Überzeugungen und überzieht sie wie eine Politur.

Indes war der Philosoph Seneca wie Cicero gleichzeitig auch Schriftsteller, was man daran erkennt, daß beide, obgleich Philosophen, auf lateinisch und nicht auf griechisch geschrieben haben. In Rom war die Fachsprache der Philosophie wie der Medizin das Griechische; so wird später Marc Aurel das Tagebuch seiner Selbstbetrachtungen auf griechisch führen. Auch der einzige Römer, der es, eine Generation vor Seneca, gewagt hatte, den Griechen ihren Vorrang in der Philosophie streitig zu machen und wie sie eine Sekte zu gründen, jener Sextius nämlich, dessen gut römische Sittenstrenge Seneca bewunderte, hatte griechisch geschrieben. Wenn ein römischer Mediziner oder Philosoph auf lateinisch schrieb, dann deshalb, weil er »weniger Philosoph oder Mediziner als philosophischer, medizinischer oder naturwissenschaftlicher Schriftsteller war«.[25] Der Mediziner Celsus schrieb in einem Latein von seltener Eleganz eine Enzyklopädie der Heilkunst, die alles andere als eine Fachpublikation ist. Cicero und Seneca entscheiden sich für das Lateinische, weil sie ihre schriftstellerischen Fähigkeiten spüren: Sie wollen die Nationalliteratur bereichern, die Einengung auf einen Kreis von Spezialisten vermeiden und ein großes, gebildetes Publikum ansprechen.

Seneca, der Erfolgsautor in der literarischen wie in der politischen

Welt, wird sich später selber für einen großen Schriftsteller halten – zumindest gegen Ende seines Lebens, als er die Briefe an Lucilius schreibt. Ich habe meinen persönlichen Stil, meint er zu Lucilius; ich drücke allem, was ich schreibe, meinen Stempel auf. Gleichwohl hält er sich nicht für originell, wie sich überhaupt niemand zur damaligen Zeit (und bis zur Romantik) für originell hielt. Ich präge allem, was ich links und rechts des Weges gesammelt habe, meinen Stempel auf, schreibt er wie selbstverständlich, und zwar so gut, daß man meine Muster nicht mehr erkennt. So gibt er, ein wenig taktlos, dem Leser zu verstehen, wofür er gerne gelobt werden möchte; zu diesem Zweck verfällt er sogar auf den Umweg, Lucilius, der selber schreibt, den Rat zu dieser persönlichen Prägung zu geben. Bezeichnend für den Zustand der Künste in der griechisch-römischen Welt, daß er im 84. Brief von seinem Schüler erwartet, er werde über diesen Rat verwundert sein: »Was also? Nicht wird man erkennen, wessen Rede du nachahmst? Wessen Beweisführung? Wessen Gedankengänge?« Uns mag diese Befürchtung widersinnig scheinen, aber beispielsweise unsere klassischen Maler hätten sie wohl fast ausnahmslos geteilt: Sie wären kaum begeistert gewesen, hätte der Amateur nicht erkannt, daß sie nach altehrwürdigem Rezept Michelangelos Zeichnung mit Tizians Kolorit, Correggios Weichheit mit Raffaels Harmonie vermählt hatten.[26] Ein großer Künstler sein heißt, seinen Stempel einer klugen Auswahl von Vorbildern aufgedrückt zu haben. Wäre Seneca sich seines Genies weniger sicher gewesen, er hätte sich nicht geschmeichelt, seine Nachahmungen unkenntlich zu machen; er hätte nur gehofft, die philosophischen Werke Ciceros gut getroffen zu haben.

Wir haben vorgegriffen; kehren wir zurück zu Seneca, dem Lehrer des jungen Nero zur Zeit des Kaisers Claudius. Da der Sohn, den dieser aus erster Ehe hatte, zu jung war, hatte Claudius Nero adoptiert, der damit seinen Namen annahm und zu seinem ältesten Sohn und präsumtiven Thronfolger wurde. Das römische Familiensystem war völlig anders als das unsere; der Name zählte mehr als das Blut, und juristische Verwandtschaftsverhältnisse wogen ebenso schwer wie die sogenannten natürlichen. Der Zögling Senecas war zum künftigen Kaiser geworden. In einer Monarchie kreisen die Ambitionen schnell um den Thronerben, und dessen Charakter wird zum Gegenstand aller möglichen politischen Spekulationen. Die folgenden Ereignisse scheinen darauf hinzudeuten, daß Seneca die Originalität und Begabung seines Schülers erkannt und in ihm einen kultivierten Menschen vermutet hatte, den die Politik mit ihren Konflikten nicht interessierte. Diese vermeintliche apolitische Haltung war ein gutes Vorzeichen: Ein Intellektueller auf dem Thron bliebe wohl unberührt von jenem infernalischen Kräftemessen zwischen einem mißtrauischen Kaiser und einem ehrpusseligen Senat, das die vorangegangenen drei Regierungszeiten blutrot gefärbt hatte. – Im Jahre 54 gab Claudius seinen Geist auf, und Nero bestieg, siebzehnjährig, den Thron. Seneca glaubte den Augenblick gekommen, den Gang der Geschichte zu ändern. Die Öffentlichkeit hielt ihn für allmächtig; was aus seiner Feder kam, konnte als offizielle Doktrin gelten. So veröffentlichte er 56 eine an Nero persönlich gerichtete Abhandlung *Über die Milde,* in der er empfahl, ein neues politisches Bündnis zu schließen, die Mißverständnisse und Fehler der Vergangenheit auszuräumen und das Kaisertum auf neue, sichere Grundlagen zu stellen. Im Laufe der neun Jahre, die Seneca noch zu leben blieben, erlebte er zunächst die dauerhafte Umsetzung seiner Hoffnungen, danach die ersten Alarmsignale, Zweifel und Kompromittierungen und endlich den Ausbruch einer unvorhersehbaren politischen Katastrophe ohne Beispiel.

Über die Milde gibt sich als Ratschlag, der, gestützt auf die Autorität der stoischen Philosophie, Nero erteilt wird; im Grunde aber soll die Abhandlung die Öffentlichkeit darüber aufklären, daß Nero bereits ein milder Fürst *ist;* denn das Gesetz dieses Genos verlangt, Ratschläge nur dem zu geben, der geeignet ist, sie zu befolgen. So entsteht der Anschein, daß Milde viel mehr ist als eben nur Milde; sie allein reicht hin, eine Tyrannis von der als selbstverständlich gedachten, idealen Herrschaft eines Guten Königs zu unterscheiden. Seneca zögert nicht, das Wort »König« hinzuschreiben, das den Römern verhaßt war. Er will die Öffentlichkeit daran gewöhnen, mit den alten Tabus zu brechen und die Wirklichkeit der Monarchie zu akzeptieren – einer Monarchie, an welcher Bürgerstolz sich nicht zu stoßen braucht; denn Nero wird als milder König herrschen. Das, scheint es, ist ein Argument, das alles erklärt.

Es gibt nichts, was ratloser macht als die politischen Philosophien von gestern. Der Text *Über die Milde* ist in einer Sphäre angesiedelt, die ebenso ätherisch ist wie etwa der *Gesellschaftsvertrag,* und doch ist es nicht dieselbe Sphäre; denn das antike Denken folgt stillschweigend einer anderen Spielregel. Es geht weder um die Souveränität des Volks noch um die Menschenrechte, die soziale Gerechtigkeit oder dergleichen. Die Meinung ist vielmehr diese: Freie Menschen können als Herrn über sich nur den dulden, der Herr über sich selbst ist – fähig, seine Leidenschaften zu zügeln, mit einem Wort: moralisch achtbar.[27] Quintessenz der Politik ist, summa summarum, die innere Einstellung des Princeps. Seneca verkündet, daß ein neues Zeitalter angebrochen sei: Seit den ersten Regierungsjahren des ersten Augustusnachfolgers hat man kein so gutes Regiment erlebt und keinen so milden Fürsten wie Nero.

Königtum und Tyrannis, fährt Seneca fort, haben denselben verfassungsmäßigen Gehalt, sie schmücken sich sogar mit demselben Namen; allein die Milde macht den Unterschied zwischen ihnen aus. Seneca bezeichnet als Milde nichts anderes als das, was man gewöhnlich unter diesem Begriff versteht: die nötige Strenge des Gesetzes nicht übertreiben, das Strafen nicht lieben; ihm scheint nichts anderes vorzuschweben, er verliert kein Wort über Steuern, Eroberungskriege, Institutionen, den Senat.[28] Das hat einen einfachen Grund: Der Willkür des Princeps gebot nicht ein Rechtsstaat Einhalt, sondern allein die Achtung des Princeps selbst vor der Würde und dem Leben von seinesgleichen. Das Wort »Milde« war damals ebenso vollmundig-nichtssagend, wie es heute die Worte »Demokratie« oder »Menschenrechte« sind.

Es sei daran erinnert, daß die Politik des Reiches einfach und routinemäßig war, so, wie man häusliche Pflichten erledigt: die Niederschlagung eines Aufstands hier, eines Barbareneinfalls dort, die Beantwortung von Bittschriften... Von wirtschaftlicher Entwicklung, von Umverteilung und anderen Fragen von ethischem Gewicht sprach man nicht. Wenn Seneca der Milde eine übertriebene Bedeutung beizumessen scheint, dann deshalb, weil sie in den einzigen Handlungsspielraum fiel, in dem der Herrscher seinen Charakter und seine Mäßigung beweisen konnte: bei der Behandlung von Tätern, die ihm oder einem seiner Untertanen nach dem Leben getrachtet hatten. Die Milde ist der kleine, verräterische Unterschied. Ein König, der nicht milde ist, verrät damit, daß in ihm die Seele eines Tyrannen wohnt; seine Untertanen werden es nicht aushalten, einer solchen Seele zu gehorchen, und Seneca warnt Nero, daß das Ende eines Tyrannen sein Sturz oder seine Ermordung ist.

Die Lehre aus der Abhandlung *Über die Milde* ist letzten Endes diese: Rom muß dieses monarchische Regime, das seit fast einem Jahrhundert Realität ist, akzeptieren; denn im Endeffekt ist es »die Natur, die das Königtum erfunden hat«. Dafür wird der Princeps sich als guter König erweisen, er wird seine Grenzen kennen und respektieren, und er wird bedenken, daß er der Diener seines Volkes, nicht sein Herr ist. Und

Nero hat schon zwei Jahre lang genügend Proben von diesem neuen Geist des Kaisertums gegeben.

In der Tat, er hatte sie gegeben, und er sollte weitere geben; die ersten fünf Regierungsjahre Neros, bis zur Ermordung Agrippinas durch ihren Sohn, gelten nach einmütiger antiker Tradition als Glücksperiode – bis auf einen krassen Schönheitsfehler: die Ermordung von Neros Halbbruder Britannicus, der um seine Thronansprüche gebracht und drei Monate nach Neros Regierungsantritt vergiftet wurde.

»Fast alle Dynastien«, schreibt Plutarch[29], »haben den Kinder-, Mutter- und Gattenmord gekannt, und auch die Hinrichtung von Brüdern war allgemeiner Brauch, eine Art Postulat, gleich den Postulaten der Mathematiker, das man den Königen im Hinblick auf ihre Sicherheit zugestand.« In Persien wurden zur Zeit François Berniers allen Brüdern des neuen Schah nach dessen Machtantritt die Augen ausgestochen. Man hat sich gewundert, daß Seneca an Nero schrieb: »An deinen Händen klebt kein Blut«, aber er konnte nicht die offizielle Lesart desavouieren, wonach Britannicus einem galoppierenden Fieber erlegen war. Man hat sich gewundert, daß er die Stirn hatte, die Schrift *Über die Milde* zu verfassen; aber die Öffentlichkeit hatte den Mord an Britannicus mit einer Mischung aus Entsetzen, Fatalismus und Erleichterung aufgenommen; sehr viele Menschen, berichtet Tacitus, entschuldigten die Untat, »wenn sie an die Zwietracht unter Brüdern in der alten Zeit und an die Unteilbarkeit des Thrones dachten«.[30] In den alten Monarchien freute man sich über Geburten in der königlichen Familie und zitterte bei dem Gedanken an eine Regentschaft; die nicht gesicherte Thronfolge und der Streit der Prinzen untereinander ließ vor den Menschen das Gespenst des Bürgerkriegs aufstehen. So schändlich es war: Über den Tod des Britannicus mußte Rom erleichtert sein. Es war zur dynastischen Tradition geworden, daß der neue Herrscher bei seinem Machtantritt den potentiellen Rivalen beseitigte.[31]

Das Kaisertum stützte sich auf die Ergebenheit einer starken Prätorianergarde und ruhte auf dem Überdruß der Menschen an den dreißigjährigen Bürgerkriegen und der monarchisch gesinnten Sympathie des Volks für die herrschende Familie. Es behauptete sich gegen die alten republikanischen Institutionen, indem es sie in seinem Sinne umfälschte, und war in erheuchelter Ergebenheit und ebenso erheuchelter Servilität mit den 600 Senatorenfamilien verbunden, aus denen jedes Jahr 120 Statthalter, Generäle und hohe Beamte kamen, dazu 60 hohe Beamte der Finanzverwaltung, die vom Kaiser aus dem ritterlichen Kleinadel ausgewählt wurden (einer von ihnen war Senecas Briefpartner Lucilius). Solcherart ist das soziale Umfeld Senecas; ein anderes kennt er kaum. Eine Ausnahme sind die Sklaven und Freigelassenen in seinem Haushalt.[32] Ebenfalls eine Ausnahme ist seine aufrichtige Freundschaft zu den Philosophen, deren Armut und Selbstlosigkeit er bewundert und deren Umgang er duldet.

Wenn das kaiserliche Regime eine Legitimation, eine rationale Tünche sucht, so besteht diese darin, Politik auf die Beziehung freier ethischer Gewissen zueinander, auf eine moralische Haltung gegenüber den Beherrschten zurückzuführen. Seneca hatte Nero die Legitimation durch die Schrift *Über die Milde* geliefert. Er hatte schon den Bericht über den Machtantritt des jungen Prinzen verfaßt; er war, wie Miriam Griffin sich ausdrückt, »Neros PR-Mann«, und zwar mit so großem Erfolg, daß die Öffentlichkeit ihm später auch die kaiserliche Abhandlung zur Rechtfertigung des Mordes an Agrippina zutrauen wird. Hat Seneca, zumindest in den fünf guten Jahren zu Beginn von Neros Herrschaft, eine nachhaltigere politische Rolle gespielt?

Der Senator und ehemalige Lehrer des Kaisers war 56 u. Z. mit dem Titel »Freund des Princeps« und dem Konsulat zweiter Klasse (*suffectus*) ausgezeichnet worden; ein offizielles Amt bekleidete er nicht. Alles, was wir über seinen möglichen politischen Einfluß wissen, sind zwei oder drei allgemeine Umstände. Zu Beginn der Abhandlung *Über die Milde* sehen wir ihn mit Burrus bei einer jener Beratungen, zu denen die Kaiser nach Gutdünken Männer einluden, die mit wichtigen Geschäften betraut waren oder die sie einfach um sich haben wollten. Wie Tacitus berichtet, war Seneca eng mit dem Gardepräfekten Burrus befreundet. In der Tat verfaßte Seneca eine bewegende Lobrede auf ihn. Tacitus setzt hinzu, beide hätten den jungen Fürsten gelenkt, und erwähnt auch, mit dem Tode des Burrus 62 u. Z. sei die Machtstellung Senecas bei Hofe gebrochen gewesen. Was darf man aus alledem vernünftigerweise schließen? Burrus, aus Vaison (Vasio Vocontiorum) stammend, war niemals der alte Soldat gewesen, als welchen Racine ihn sieht (er brachte es nie weiter als bis zum »Tribun« oder Oberst), sondern vor allem Finanzprokurator.[33] Er bekleidete als Chef der Prätorianergarde nicht nur eine strategische Schlüsselstellung; der Prätorianerpräfekt war auch das Faktotum der Kaiser, ihr faktischer Stellvertreter und Großwesir.[34] Seneca, mit juristischen und finanziellen Vollmachten ausgestattet, hatte die Pflicht, an den Beratungen teilzunehmen, sooft Nero ihn rief, und dabei Burrus zu stützen und sich auf Burrus zu stützen.

Man täusche sich nicht über die Einflußmöglichkeiten, die Seneca hatte! Unsere Quellen schreiben ihm keine einzige konkrete Entscheidung oder politische Initiative zu. Auch ist nicht die Rede von einer noch so bescheidenen Mitwirkung an den Beschlußfassungen des Senats. Die berühmten fünf guten Jahre vergingen mit der Erledigung der laufenden Geschäfte und der Berufung von Beamten. Es ist kaum übertrieben, wenn man sagt[35], die kaiserliche Politik habe vor allem darin bestanden, den Status quo zu bewahren oder wiederherzustellen; sie war nicht gewillt, sich immer aufs neue auf eine immer wechselnde Lage einzulassen. Eine Welle der Reformen hat es in den fünf Jahren nicht gegeben. Es war eine Zeit der guten Verwaltung, die sich darauf beschränkte, frei von Mißbrauch und Verbrechen zu bleiben. Insoweit waren es vortreffliche Jahre. Doch wäre es reine Rhetorik, wollte man alles, was in diesen Jahren geschehen ist, einer von Seneca betriebenen »stoischen Politik« anrechnen. Wie Maurach sagt: Wir erfahren nichts über politische Initiativen Senecas, weil man von ihnen nichts wußte, und man wußte von ihnen nichts, weil es sie nicht gab: »Denn auch dieses Schweigen der Quellen, die doch sonst so sensationslüstern sind, ist beredt.«[36] Übrigens gab es für Seneca auch gar nichts zu tun: Die stoische Philosophie hat nur den Inhalt, dem König das Tyrannisieren seiner Untertanen zu verwehren, und enthält kein Reformprogramm. Nicht weniger vergeblich würde man in der Politik Marc Aurels nach Originalität suchen.

Der vielleicht größte Dienst, den Seneca seinem Lande geleistet hat, war, daß er besser als jeder andere den achtzehnjährigen Princeps zu zügeln verstand. Nero hatte manchmal ebenso generöse wie drollige Anwandlungen, etwa, wenn er die indirekten Steuern abschaffen wollte[37]; sein bestürzter Ratgeber lobte seine Seelengröße und konnte im übrigen die Katastrophe rechtzeitig abwenden. Doch hatte man mit dem Kaiser noch ernstere Sorgen: Er war dabei, sich die Hörner abzustoßen, und unternahm nach dem Brauch der *jeunesse dorée* nächtliche Streifzüge, auf denen er Passanten anpöbelte und Damen in Herrenbegleitung belästigte. Doch »Jugend hat keine Tugend«, und die römische Aristokratie schmunzelte nur und erklärte solche Eskapaden für das gute Recht der jungen Leute.[38] Aber Nero überspannte den Bogen. Man bemerkte an ihm außer seiner vermeintlich unpolitischen Gesinnung, die seiner Umgebung erfreulich freie Hand ließ, etwas Befremdendes, Unheimliches.

Wenn man Tacitus Glauben schenken muß, so suchte Seneca den Kaiser durch dessen Konkubine, eine Freigelassene namens Acte, zu lenken; später wird Seneca schreiben, daß der Weise die Ausschweifung zwar verachtet, sich ihrer aber als Mittel bedienen muß, wenn der Zweck löblich ist.[39]

Eines Tages – es war 59 u. Z., und Seneca ging auf die sechzig zu – erfahren Burrus und Seneca, von einem kopflosen Nero dringend herbeizitiert, es sei das Schlimmste zu befürchten: Agrippina ist dabei, das Volk und den Senat gegen Nero aufzubringen, die Prätorianergarde zur Meuterei aufzurufen oder die ihr ergebenen Sklaven zu bewaffnen, um den Kaiser zu ermorden. Sie erfahren ferner – oder ahnen –, daß Nero versucht hat, seine Mutter umzubringen, und daß die Untat fehlgeschlagen ist. Nun mußte man Agrippinas Rache fürchten. Burrus versetzte, niemals werde die Garde die Hand gegen eine Prinzessin von Geblüt erheben. Nero fand schließlich einen willfährigeren Täter, der Agrippina die Kehle durchschnitt. Dem offenbar verzweifelten Burrus blieb nur übrig, den Schaden aus dieser verunglückten Hofkabale zu begrenzen und der Garde zu erklären, Agrippina habe ihren Sohn töten wollen, doch Nero befinde sich, den Göttern sei Dank, bei bester Gesundheit. Das war die offizielle Lesart, und die Öffentlichkeit, leichtgläubig oder nicht, nahm sie hin. Die Menschen kamen in Scharen, um Nero zu beglückwünschen und den Göttern in ihren Tempeln zu danken: Der Herr ist der Herr, man glaubt alles, was er sagt, und sucht seine Wünsche zu erraten.

Das Irritierendste ist die Sinnlosigkeit dieses Mordes; es war, seit der Thronbesteigung Neros, fünf Jahre her, daß man Agrippina aus ihrer Machtstellung verdrängt hatte. Rom hatte kaum die letzten »Säuberungen« im Senat hinter sich, die die Stadt in eine noch exotischere, den Gebildeten nur zu vertraute Katastrophe gestürzt hatten – in jene der Tragödien des Palasts, die zweihundert Jahre zuvor die Annalen der Dynastien im griechischen Orient gefüllt hatten und den Geschichtsschreibern jetzt blutig-schaurigen Stoff nach Herzenslust boten.

Was Nero anging, der mit dem Mord an seiner Mutter er selber geworden war, so gab er nach und nach zu erkennen, daß an politischen Gedanken mehr in ihm steckte, als man erwartet hatte. Er war jetzt einundzwanzig, und bald sollte sich zeigen, daß kein Kaiser vor ihm oder nach ihm so machtbesessen war wie der gekrönte Komödiant, für den man Nero hielt.

In Zeiten, da ein König schwerer wog als das Volk, waren die Utopien das Werk gekrönter Häupter, nicht der kollektiven Phantasie. Nach dem Tod Agrippinas kommt die neronische Revolution in Gang; Schauspiele und Verteilungen an das Volk nehmen zu, Wettkämpfe nach griechischer Art werden eingeführt, in Rom werden Thermen gebaut, die gleichzeitig Gymnasion nach griechischem Muster sind... Nero tritt als Sänger, Musiker und Wagenlenker auf (freilich noch nicht ungeniert in der Öffentlichkeit).

In unseren Tagen verstand sich Prinz Norodom Sihanouk ebensosehr als Filmschauspieler wie als Staatschef. Er hatte in Phnom Penh Filmfestspiele gegründet, die ihm jedes Jahr den großen Preis verliehen, er zwang seinen Untertanen seine Filme auf wie eine Zwangsabgabe und wurde von den kambodschanischen Zeitungen als bester Cinéast, bester Schriftsteller und bester Journalist des Landes gefeiert. Für seine Untertanen schrieb er Lieder, die er den Bauern auf dem Lande vorsingen ließ. Trotzdem könnte man nicht sagen, Sihanouk habe keinen Geschmack an der Macht gefunden. – Nero hatte vom Kaisertum drei Vorstellungen. *Erstens* ist ihm zufolge der Kaiser als solcher gewaltiger als sein Reich, das nur Spiegel und Appendix seiner Persönlichkeit ist (so wie, nach Malebranche, Gott alles in der Welt nur zu Seiner höheren Ehre geschaffen und geordnet hat). *Zweitens* zieht der Kaiser seine Legitimation nicht aus der politischen Funktion, die er erfüllt, und erzwingt seine Macht auch nicht mit Gewalt: Er herrscht, weil er er selbst ist, dieser einzelne, der daher das Recht hat, der Öffentlichkeit seine persönlichen Gaben als Kitharode und Wagenlenker aufzuzwingen. Nero ist kein billiger Possenreißer, der vergißt, daß er Kaiser ist – ganz im Gegenteil. Seit Neros ersten halb-öffentlichen Auftritten ahnte jeder dunkel, was in ihnen sich bekundete: eine überaus persönliche Macht, eine individuelle Macht, deren Inhaber sich für den Nabel der Welt hält und, weit davon entfernt, die Königswürde zu desavouieren, als Souverän den öffentlichen Raum für sich selbst reklamiert – unter dem Deckmantel eines unschuldigen gemeinsamen Musikgenusses, den er für sich und seine Untertanen schaffe. Und da *drittens* der Zufall es wollte, daß Vorlieben und Begabungen Neros ihn zu den Künsten führten, wird er daraus eine Umwertung der traditionellen römischen Werte herleiten.

Das ist weder eine »ästhetische Konzeption der Macht« (man begreift ja, daß Macht mit ästhetischen Betätigungen einhergehen kann, aber man sieht nicht, wie sie ästhetisch ausgeübt werden könne), noch ist es eine »Legitimation durch das Talent«. Nero hielt sich für hinreichend legitimiert dadurch, daß er er selbst war. Auch hat er seine außerkünstlerische Größe nicht vernachlässigt: Durch Rekognoszierungstrupps und Kartographen, die er nach Äthiopien und Transkaukasien geschickt hatte, bereitete er die Eroberung und Einverleibung dieser legendären Gegenden vor, die an die sagenhaften Quellen des Nils bzw. an die endlosen Steppen um Wolga und Don stießen. Nero war nicht mehr Philhellene aus Prinzip (er war er selber und kämpfte nicht für Werte): Er war Philhellene aus Überzeugung, weil er persönlich Gefallen an den visuellen, szenischen und musikalischen Künsten fand.[40] Noch weniger interessiert ihn das Lancieren einer Kulturrevolution um ihrer selbst willen. »Kaiser der Plebs?« Nicht mehr; einer Plebs, die nicht philhellenisch war, schenkt er ein Gymnasion *à la grecque*, den Gladiatoren zieht er die Pantomime vor (eine Art Oper). Plebejer hätten von ihm, wie Malebranche von Gott, sagen können: »Er liebt uns nur durch die Liebe, die er für sich selbst und seine verschiedenen Vollkommenheiten empfindet.« Es bleibt aber festzuhalten, daß die Plebs von ihm begeistert war und ihm noch jahrhundertelang ein frommes Andenken bewahrte: Nero hatte sie mit Schauspielen beglückt und den Geschmack der Plebs den seriösen Werten vorgezogen. Er hatte die Großen gedemütigt, das Volk dem Senat vorgezogen und, die engen Grenzen der Politik überschreitend, das Tor zu einer chiliastischen Hoffnung aufgestoßen. Zuallermindest hatte er die relative Bedeutung der Politik und damit der Aristokratie geschmälert. Kein Souverän hat solches Schaugepränge zelebriert wie er, keiner hat so viel gebaut; aber das Schaugepränge war nicht das Ceauşescus, es hatte nichts Pompöses oder Offizielles; vielmehr war es der Luxus eines megalomanen Einzelgängers mit gutem Geschmack. Es war frei von Ideologie.

Ein gewöhnlicher Tyrann, dem Gewaltstrukturen genügen, hätte nicht versäumt, sich als lebender Gott anbeten zu lassen – eben hieran erkannte man die Tyrannen. Ausgerechnet Nero aber unternimmt nichts, um sich vergöttlichen oder als Sonnenkönig anbeten zu lassen[41]; er verlangt nicht die Sakralisierung seiner Macht, sondern die Durchsetzung gerade jener Merkmale seiner Individualität als öffentliche, die in der politischen Sphäre wie in den Machtbeziehungen die befremdendsten waren. Das stellte alles auf den Kopf, was als »Ernst des Lebens« gegolten hatte; Nero fand an nichts anderem Gefallen als an Vergnügungen, an der Kunst. Ein Fürst kann die Beredsamkeit oder die Philosophie pflegen – diese Fächer sagen die Wahrheit und wenden sich an alle Menschen;

aber er kann nicht Künstler sein; denn die Kunst ist ein individuelles Vergnügen. Nero liebte die Philosophie nicht, während der Stoizismus alles verabscheute, was Nero liebte. Seneca kann in seinen Briefen so aktuelle Gegenstände wie die Schauspiele oder das Dampfbad nicht berühren, ohne Gefahr zu laufen, scheinbar gegen Nero zu polemisieren. Nero hatte nicht die Grausamkeit des klassischen Tyrannen, und in einem Punkt hatte Seneca sich nicht getäuscht: Die »Säuberungen« im Senat schienen nicht wieder beginnen zu sollen. Nero hegte keinen Argwohn gegen den Senat, aus dem einfachen Grund, weil er zu narzißtisch war, um zu bemerken, was um ihn herum vorging. Wenn er sich im Spiegel ansah, fand er sich liebenswert und unterstellte, daß der Senat nicht anders könne, als ihn anzuhimmeln. Als 65 u. Z. eine Verschwörung aufgedeckt wird, die, von Dutzenden von Senatoren angezettelt, seine Ermordung bezweckt, ist es für den versteinerten Nero das Ende eines langen Traums, und Seneca wird mit vielen anderen Senatoren Opfer der nun erfolgenden Repression werden.

Seneca war gescheitert; *Über die Milde* hatte offenbart, welch große Hoffnung er in den neuen Herrscher gesetzt hatte und bei allen Untertanen hatte wecken wollen. Das Kaisertum erlaubte kein Gleichgewicht der Kräfte, und der Senat bildete kein Gegengewicht gegen den Princeps; er spielte lediglich die Rolle, die der jeweilige Kaiser ihm zugestand, und verfiel dabei nur allzu oft in jenen panegyrischen Ton, den man auch gegenüber den »guten« Principes anschlagen mußte. Seneca hatte sich nicht geirrt, wenn er in der Schrift *Über die Milde* seine ganze Hoffnung auf die Selbstbeschränkung eines tugendhaften Königs gesetzt hatte. Nur war Nero himmelweit davon entfernt, sich selbst zu beschränken. Den zeitgenössischen Historikern zufolge suchte er immer weniger den Rat jener Art von Geistlichkeit, zu der in seinen Augen auch sein philosophischer Lehrmeister gehörte, dem er den Ruhm des größten lebenden Schriftstellers neidete.

Erschwert wurde Senecas Stellung durch den Umstand, daß die Öffentlichkeit jetzt in zwei Lager zerfiel (was normalerweise nicht der Fall war). Nero hatte begeisterte und kämpferische Parteigänger in allen Klassen der Gesellschaft: in der Plebs, aber auch in den gebildeten Ständen und im Senat. Seine Gegner aber waren offenbar zum Schweigen verurteilt (das waren sie auch unter den »guten« Kaisern). Ein Gedicht aus dieser Zeit[42] demonstriert eindringlich die Heftigkeit dieser Polemiken. Eine ihrer Zielscheiben war Seneca; man warf ihm vor, sich zum Richter über die künstlerische Begabung seines Zöglings aufzuwerfen. Die Stoiker wurden zwar nicht (oder noch nicht) verfolgt, aber sie wurden scheel angesehen: Aus dem einfachen Grund, daß es jetzt eine offizielle, kaiserliche Weltanschauung gab, wurde jede andere, philosophische Anschauung zur Opposition. Menschen, die damals jung waren, sollten sich später an diese Zeit als an die Periode erinnern, da alle Studien, die sich über die einfachste Gelehrsamkeit erhoben, verdächtig waren, weil sie Nero übergingen.[43]

Die Begeisterung für Nero wurde zu einem obligatorischen Gefühl, das bei jeder Gelegenheit gleichsam ununterdrückbar hervorzubrechen hatte. In normalen Zeiten dagegen war das »Schmeicheln« des Kaisers auf rituelle Anlässe beschränkt wie beispielsweise öffentliche Danksagungen, das Ende einer Unterredung oder die Antwort des Senats an den Princeps, dessen kanonische Tugenden man lobte. Bei Nero kam es darauf an, diesen Kanon entweder zu brechen oder zu forcieren; er war kein Princeps wie jeder andere. Die Begeisterung für ihn war weithin echt. Vor allem die gebildeten Stände erwärmten sich für einen Fürsten, der zugleich Künstler war. Das galt – einstweilen – auch für Lukan, den Neffen Senecas; mit seinen ganzen 23 Jahren glühte er für Nero, der sein Freund und nur wenige Monate älter war als er.[44] Heutzutage würde man von einer Jugendrevolte und einem Generationenkonflikt sprechen; in Rom, wo man kaum zwanzigjährig seine Laufbahn antrat, war davon keine Rede.

Senecas Werk ist Ausdruck des neuen Klimas, das sich nun ausbreitete. Vor 63 u. Z. war es ihm nicht eingefallen, auch nur zwei Zeilen zum Lobe eines herrschenden Kaisers zu veröffentlichen, obwohl das auch unter den »guten« Kaisern fast ein Gebot der Treue war. Aber noch regierte der Schrecken nicht. Mehr noch: In den ersten Jahren unter Nero, von dem er mit Reichtümern überschüttet worden war, hatte Seneca in der Schrift *Über die Wohltaten* schreiben können, ohne sarkastisch zu erscheinen, daß man sich für die Geschenke eines »Tyrannen« nicht erkenntlich zu zeigen brauche. Und zweifellos dachte er nicht im Traum daran, sarkastisch sein zu wollen; trotzdem hätte anderen Kaisern dieses Wort allein genügt, Seneca wegen Majestätsbeleidigung zum Tode zu verurteilen. 63 oder 64 muß Seneca dann, ungeachtet seiner realen Würde, einlenken; er veröffentlicht jetzt seine *Naturbetrachtungen*, in denen er nicht weniger als viermal einen der begabtesten Verse Neros zitiert, des Kaisers Liebe zur Erkenntnis und alle seine übrigen Vortrefflichkeiten preist und einen Kometen feiert, dessen Erscheinen den Segen des Himmels für das neue goldene Zeitalter meldete. Übrigens wird man, um es gleich zu sagen, in Senecas nächstem Buch, den *Briefen über Ethik an Lucilius*, mit denen er beim Erscheinen der *Naturbetrachtungen* bereits begonnen hatte, kaum noch Schmeicheleien finden.[45] Um dieses Jahr 63 ist also etwas vorgefallen: Seneca hat, wie wir an entsprechender Stelle sehen werden, die innere Emigration gewählt.

64 spitzt sich alles zu. Zum erstenmal produziert Nero seine Gesangskunst in aller Öffentlichkeit. Das furchtbare Gesetz über Majestätsbeleidigung tritt wieder in ganzer Härte in Kraft und kostet den ersten Senatoren das Leben. Schon zwei Jahre lang hatte Seneca sich bemüht, seine hohen Funktionen abzugeben. Wir sind versucht zu sagen, daß das wohl das mindeste war; schon seit der Ermordung Agrippinas hätte er die Würde haben müssen, zurückzutreten. Leider war das nicht so einfach. Gewiß, von einem idealen Standpunkt aus sähe man Seneca gerne als Gründer einer Oppositionspartei, die durch Erlangung der Senatsmehrheit Nero stürzen sollte... Aber so liefen die Dinge in Rom nicht ab. Zwar hatte Seneca zufällig um 61 u. Z. den Dienst im Senat quittiert, aus dem man obligatorisch mit sechzig Jahren ausschied[46]; aber er war immer noch Freund des Kaisers, und auf diese Würde konnte man nur mit ausdrücklicher Einwilligung des großen Freundes verzichten.[47] Das warf, neben der Frage der Zivilcourage, auch ein politisches Problem auf.

Seneca war realistisch und geschickt, bewahrte aber dabei seine Würde. Er machte sich keine Illusionen mehr über den Beruf eines »Freundes des Königs und jener, die ihn zum Vorbild nehmen«; schon in der Schrift *Über die Wohltaten* räumte er ein, daß sogar Augustus, der beste aller Kaiser, es übel aufnahm, wenn seine Freunde ihm die Wahrheit sagten.

Aber nun hatte er einmal diesen Beruf als Freund des Princeps und als Senator; war man in ihn eingetreten, konnte man aus ihm nicht wieder ausscheiden. Man demissionierte nicht aus dem Senat; durch Fernbleiben von den Sitzungen hätte man sich verdächtig gemacht; Frontalangriffe gegen den Princeps wären Selbstmord gewesen, der niemandem nützte. Ein römischer Senator ist kein Parlamentarier, der jederzeit sein Mandat niederlegen und nicht mehr erscheinen kann; er ist den öffentlichen Dingen und der Protokollierung der kaiserlichen Entscheidungen verpflichtet wie einem Priesteramt.

Höchstwahrscheinlich sah Seneca sich weder durch die Ermordung Agrippinas noch durch die Tyrannei Neros persönlich kompromittiert; wie alle seine Mitbürger war er völlig abhängig von einem Tyrannen, der für alles allein die Verantwortung trug. Was sollte er tun? Der alte Reflex war, das Ende des politischen Winters abzuwarten und zu hoffen, daß Neros Nachfolger besser sein werde als dieser. Die einzige andere Möglichkeit statt der Gewaltherrschaft war die Beseitigung des Tyrannen durch eine Kehrtwendung seiner Garde, ein Komplott seiner Kammerherrn, den Putsch einer der Armeen, die an den verschiedenen Grenzen des Reiches standen, oder die Dolche einer Gruppe von Senatoren. Das war ein gewagtes Unterfangen, und schon der bloße Gedanke daran weckte bei vielen (so bei dem Historiker Tacitus) hochmoralische Skrupel, die vielleicht sogar ehrlich waren. Und wenn es um Heldentum um seiner selbst willen ging, um Zeugenschaft, auch wenn sie ohnmächtig war, um den Einspruch des menschlichen Gewissens, so war das eine Haltung, die man wohl von einem Philosophen erwartete (so wie jene, die die Kirche noch ernst nehmen, sie von einem souveränen Pontifex erwartet hätten), die aber bei Senatoren ungewohnt war.

Man braucht nur Tacitus wiederzulesen, um sich ein Bild machen zu können von der Gewissensqual und dem heimlichen Groll, die die Senatoren im Jahrhundert Senecas durchlitten. Sie können sich nicht von dem Eid auf die Ehre des Kaisers entbinden und nicht von dem Schwur, seine Entscheidungen zu achten. Wird einer von ihnen der Majestätsbeleidigung angeklagt, so müssen seine Kollegen zum Hohen Gericht zusammentreten, ihn zum Tode verurteilen und es dem Princeps überlassen, nach dem Freitod seines Opfers zu erklären, er sei zu dessen Begnadigung bereit gewesen. Was also tun? Sich nach Möglichkeit absentieren, die Sorge um die eigenen Ländereien vorschieben, aber so, daß nicht ein Wohlmeinender mit dem Finger auf den Abwesenden zeigt und die Aufmerksamkeit seiner Kollegen und des Kaisers auf ihn lenkt. Sogar die stolzesten Senatoren, die Anführer der »stoischen Opposition«, machen es wie alle anderen: Wenn sie protestieren können, ohne ihr Leben zu gefährden, tun sie es; einer von ihnen hat beim Tod Agrippinas protestiert. Wird die Gewaltherrschaft schlimmer, retten sie ihre Ehre, indem sie zwar die skandalösen Entscheidungen genehmigen, aber ohne ihr Votum zu begründen oder es in Schmeicheleien zu verpacken; oder sie genehmigen sie ohne ein Wort. Ihr verzweifelter Anführer kam endlich zu einem großen Entschluß: Von 63 an hörte er auf, in den Senat zu gehen und sich an den feierlichen Neujahrswünschen für den Kaiser zu beteiligen. Vorher hatte er noch, zum Feind des Kaisers erklärt, seine Schmeicheleien verdoppelt, um wieder in Gnaden aufgenommen zu werden. Einem hitzköpfigen jungen Senator riet er, sich nicht einzumischen; damit werde er den Kollegen nicht retten, sich selber aber den Tod bringen. Er für sein Teil hatte sich in sein Schicksal ergeben; ein Jahr nach Seneca wählte er den Freitod.

Wie entgeht man der Ehrlosigkeit und zugleich dem Verdacht der Majestätsbeleidigung? Ein Senator zog sich einmal mit einem geistreichen Bonmot aus der Affäre.[48] Tacitus beschwört jene dunklen Jahre herauf, da er und seine Kollegen gezwungen waren, für den Tod eines der Ihren zu stimmen. Um so mehr Gehässigkeit beweist er gegen den sinnlosen Opfermut der stoischen Opposition, die er mit arroganter Herablassung behandelt. Bei der Lektüre seines Berichts über die unglückliche Verschwörung von 65 kann man sich des Eindrucks nicht erwehren, daß noch der geringste Satz perfide, ironisch oder abschätzig ist. Die Ermordung des Tyrannen, der trotz allem der Souverän ist – nach Tacitus ist sie unerlaubt.[49] Man könne auch unter einem despotischen Kaiser ein großer Mann sein, schreibt Tacitus, sofern man es verstehe, Mäßigung und Ehrerbietung zu zeigen. Die Selbstmorde der Stoiker seien nichts anderes als »Selbstmorde aus Überheblichkeit« *(mors ambitiosa)*. Was zu seinem Groll beiträgt, ist die Tatsache – die er an anderer Stelle auch ausspricht –, daß nur die Unterwürfigkeit gegen den Princeps die Aussicht auf eine gute Amtslaufbahn eröffnet; zumindest erlaubte sie, in den Senat einzuziehen und damit eine der sechshundert Stützen der römischen Gesellschaft zu werden. Tacitus beklagt nämlich die Herabwürdigung des Senats nur um der hohen Meinung willen, die er vom Senat hat; und Seneca hat eine nicht weniger hohe.[50]

Wenn man sich, wie Tacitus oder Seneca, in einem tragischen Konflikt befindet, aus dem es keinen befriedigenden Ausweg gibt und in dem man nicht mehr weiß, was tun, geschieht es, daß man für sich selbst eine Grenze zieht, die man nicht zu überschreiten beschließt: die Grenze, wo die Politik an einen rein ethischen Imperativ stößt. Das wäre, um zeitgenössische Beispiele zu geben, etwa die Anwendung der Folter in einem Kolonialkrieg oder der Status, der den Juden durch Pétain aufgezwungen wurde. Diese Grenzziehung, die wir Heutigen den Menschenrechten entnehmen, entnahmen die Alten der Religion. Man konnte wider jede Menschlichkeit eine besiegte Stadt zerstören, falls die politische Notwendigkeit es gebot, aber nur, wenn man ihre Heiligtümer schonte.[51] So berichtet Tacitus, daß Nero, der seinem Prachtaufwand zuliebe bereits die Staatsfinanzen zerrüttet hatte, sich anschickte, das Reich auszuplündern und die Heiligtümer ihrer Schätze zu berauben, und daß Seneca sich dann entschloß, um Urlaub zu bitten, »um die üble Nachrede des Tempelraubs von sich abzuwenden«. War das wirklich das wahre Motiv des Philosophen? Es war auf jeden Fall nicht das erste Mal, daß Seneca darum bat, von seinen Verpflichtungen als Freund des Princeps entbunden zu werden, und sein Hauptgrund war, daß er sich ganz der Philosophie widmen wolle.[52]

Schon 62 u. Z. (und, wie wir meinen, wohl bald nach seiner Verabschiedung aus dem Senat) hatte Seneca Nero gebeten, ihn von seinen Verpflichtungen als Freund des Kaisers zu entbinden und die Reichtümer, mit denen der Princeps ihn überschüttet hatte, zurückzunehmen. Was bei diesen Unterredungen, die ohne Zeugen verliefen, gesagt worden ist, entzieht sich zwangsläufig unserer Kenntnis, und Tacitus, der sie demungeachtet wiedergibt, weiß es natürlich auch nicht. Die Antwort aber, die er Nero in den Mund legt, klingt plausibel: »Nicht deine Mäßigung, wenn du dein Vermögen zurückgibst, noch dein Wunsch nach Ruhe, wenn du den Princeps verläßt, sondern meine Habsucht, deine Furcht vor meiner Grausamkeit werden in aller Munde sein.«[53] Seneca selber wird bald darauf schreiben, daß man nicht auf Distanz zu seinem Fürsten gehen kann, ohne dadurch den Anschein eines Vorwurfs zu erwecken. Nero nahm also den Rücktritt seines »Freundes« nicht an, und Seneca folgte ihm weiter auf seine langen Reisen, um jederzeit zur Verfügung zu stehen. Kurz vor dem großen Brand Roms, den böser Wille fälschlicherweise dem Kaiser in die Schuhe schob, war Nero öffentlich in Neapel aufgetreten, einer griechischen Stadt in Italien, und aus derselben Zeit datiert Seneca seine Briefe aus Neapel, wohin er seinem Fürsten also offenbar gefolgt ist.[54]

War nun Seneca gezwungen, Nero überallhin zu folgen, so war Nero nicht verpflichtet, ihn als Gastgenossen zu sich zu laden, und zweifellos hatte er ihm auch nichts Besonderes zu sagen. Auf die Nachricht von dem Brand hin kehrte Nero eilends in seine eingeäscherte Hauptstadt zurück. Seneca, fern von Rom und ohne die Möglichkeit, auf seine Ländereien zurückzukehren, ließ sich in einer Villa nieder, die er vor den Toren Neapels besaß, und führte das Leben eines Menschen, der sich von der Gesellschaft zurückgezogen hat. Seine Studien und seine schlechte Gesundheit vorschützend, verschloß er sich vor der Welt; bei den wenigen Malen, die er einen Besuch machte oder gesellschaftlichen Verpflichtungen nachkam, verzichtete er auf das prächtige Gefolge von Domestiken, das den Passanten eine hochgestellte Persönlichkeit verriet. Er trat nicht länger als der Mann auf, dessen soziale Ausstrahlung seinen hohen Rang beweist, und lehnte es fortan auch ab, Morgen für Morgen die ganze Schar seiner Günstlinge zu empfangen. Denn hätte er dies weiter getan, so hätte er den Eindruck erweckt, als sei er nach wie vor an der Regierung des Reiches beteiligt; denn letzten Endes waren die treibenden Kräfte dieses Staates weniger seine paar hundert hohen Beamten und Federfuchser als die Angehörigen des herrschenden Adels mit dem Netz ihrer Freunde, Bekannten und Klienten.[55] Um eine Staatsangelegenheit zu regeln oder aus der Ferne eine politische Entscheidung durchzusetzen, bediente man sich eines Klienten bzw. eines Beschützers, den man dort hatte. Nach dem Sprachgebrauch der Zeit – und Senecas – wurde Macht mit Hilfe von »Wohltaten«, durch den Austausch von Diensten, ausgeübt.

Ein oder zwei Jahre vor dem Brand von 64 hatte Seneca begonnen, die *Briefe über Ethik an Lucilius*[56] zu schreiben, aus denen die Gründe für seinen Rückzug von der Welt klar ersichtlich werden. Das politische Geschehen ist weit entfernt, und so kann er sich einem arbeitsamen Müßiggang ergeben und in ihm die geistige Sicherheit finden, die ihn auf das Schlimmste vorbereitet. Auch findet er in der praktischen Anwendung der Weisheit einen Weg, um seinen Mitmenschen zu dienen und die Politik mit anderen Mitteln fortzusetzen. Er findet in ihr den Weg, seine Tage in der Begeisterung und der Empfindung für das Erhabene zuzubringen. Die Philosophie, schreibt er im Frühjahr 64, läßt einen riesigen Abstand zwischen uns und den übrigen Menschen entstehen, sie läßt uns allen Sterblichen weit voraus sein, so daß selbst die Götter keinen großen Vorsprung vor uns haben. Und: »Mir jedenfalls pflegt viel Zeit wegzunehmen die bloße Betrachtung der Weisheit: nicht anders betrachte ich sie voll Staunen als bisweilen das All selbst, das ich oft gleichsam als neuer Zuschauer sehe.«[57] Seither liebt Seneca allein seine Philosophie, die ihn reichlich belohnt. Wir werden sehen, warum.

Anmerkungen

1 A. N. Sherwin-White, *The Roman Citizenship*, Oxford 1973, S. 239f.

2 Tacitus, *Annalen*, XIV, 53.

3 Die Vorfahren Senecas stammen mütterlicher- wie väterlicherseits aus dem Guadalquivirtal. Gebürtig sind sie aus Córdoba (dem Hauptort der Provinz Südspaniens) und aus Urgavo (heute Arjona). Sie können alles mögliche gewesen sein: Nachfahren römischer oder italienischer Veteranen, die sich in Spanien angesiedelt hatten; Einheimische, die gleichzeitig mit den in ihrer Stadt als Kolonisten angesiedelten Veteranen das Bürgerrecht erhielten; italienische Einwanderer, die die reichen Bodenschätze des Guadalquivirtals angelockt hatten (Arjona ist nicht weit von dem Bergbauzentrum Castulo, dem heutigen Linares, entfernt); einheimische Notabeln und »Kollaborateure« der römischen Herren, die in dieser Eigenschaft das Bürgerrecht erhielten; Mischehen zwischen Italienern und einheimischen Frauen; die Nachkommen freigelassener Sklaven von Römern und Italienern, die sich in Spanien niedergelassen hatten; (seltene) italienische Einwanderer, die in Spanien Pflanzer geworden waren (doch war Spanien keine Besiedlungskolonie): Einheimische, die man zu Bürgern gemacht hatte, damit sie in den Heeren eines Sertorius, Pompeius oder Caesar ihren Kopf hinhielten... Siehe Theodor Mommsen, *Römische Geschichte*, Achtes Buch, 2. Kapitel (»Spanien«); D. Nony in Cl. Nicolet, *Rome et la conquête du monde méditerranéen*, Paris 1978, Bd. 2, S. 664–677; M. Roldán in J. M. Blazquez und anderen, *Historia de España antigua*, Madrid 1988, S. 197–223.

4 Zu der Inschrift Corpus II, 2115 siehe A. Vassileiou in *Revue de philologie* 47, 1973, S. 299; J. M. Gleason in *Classical Philology* 97, 1975, S. 278; H. G. Pflaum in *L'Année épigraphique* 1977, Nr. 438.

5 Cicero, *Pro Archia*, 26; Seneca d. Ä., *Suasoriae* VI, 27; vgl. *Controversiae* I, *praef.* 16. Doch täusche man sich nicht: Die Ironie galt den »Provinzlern«, die fern der Hauptstadt und ihrer Kultur lebten, nicht den »Eingeborenen«, die es den Zivilisierten gleichzutun suchten. Genauso mokierte man sich über die Redeweise des Titus Livius, einem Sproß der fernen Stadt Padua...

6 R. Syme, *Tacitus*, Bd. II, S. 536.

7 Seneca d. Ä., *Controversiae* II, praef. 3–4.

8 Der Internationalismus der antiken Kultur läßt den Fall Seneca alltäglich erscheinen. Zenon, der Begründer des Stoizismus, war hellenisierter Zypriot. Die drei ältesten römischen Schriftsteller kamen aus Völkern, die seit gut zwanzig Jahren besiegt waren (Plautus, Ennius), bzw. aus einem feindlichen Volk (der Karthager Terenz), und Latein war nicht ihre Muttersprache.

[Die »Dame von Elche« ist eine aus dem 4. oder 1. Jh. stammende, bemalte Kalksteinbüste einer Ibererin; sie befindet sich im Prado. – *A. d. Ü.*]

9 *Controversiae* II, praef. 4. Eine andere Stelle beim älteren Seneca spricht Bände über das Kaisertum: Er wollte zwar, daß seine jüngeren Söhne eine öffentliche Laufbahn einschlügen, aber nur unter der Bedingung, daß sie tugendhaft blieben. Viele Sowjetmenschen, die nicht unbedingt jugendliche Idealisten waren, hatten dieselben Skrupel unter Stalin oder Breschnew.

10 Um das ganze Gewicht dieser Debatte zu verstehen, muß man wissen, daß in der Antike die Deklamation ebenso eine eigene Kunst war wie bei anderen Völkern das Haikai, das Ikebana oder die Kalligraphie und daß sie einen beachtlichen Platz im kulturellen Leben einnahm. Rhetoren und Philosophen wetteiferten miteinander um das Herz der Jugend (H. von Arnim, *Dio von Prusa*, Berlin 1898, S. 4–114). Sogar die Gesten des Deklamators waren genauso streng kodifiziert wie bei uns die Figuren des klassischen Tanzes.

11 Seneca, *Briefe an Lucilius*, 108, 13–23. Die pythagoreischen Dogmen, die bloß den Fehler hatten, nur Parteigänger zu kennen, konnten eben darum nur bei Gottlosen und Libertins auf Widerstand stoßen; es war eine »konsensuelle« Lehre, die sogar Kindern zusagte; Seneca hatte »als Knabe« (Brief 49, 2) seine Lehrer pythagoreische Vorschriften predigen hören (Brief 198, 17–21); er war nicht der einzige (Buecheler, *Carmina epigraphica*, Nr. 434).

12 Vgl. G. Maurach, *Seneca, Leben und Werk*, S. 23.

13 A. D. Nock, *Conversion: The Old and the New in Religion from Alexander the Great to Augustine of Hippo*, Oxford 1933, S. 168 und 182.

14 P. Hadot, *Exercices spirituels et philosophie antique*, Paris 1987, S. 225. Über den Platz der Philosophie im Unterricht: Ilsetraut Hadot, *Arts libéraux et philosophie dans la pensée antique*, Paris 1984, S. 215–261; über den Philosophen in der Gesellschaft: Johannes Hahn, *Der Philosoph und die Gesellschaft*, Stuttgart 1989.

15 R. Syme, *Tacitus*, Bd. II, S. 571 und 581. – Vor seinem Eintritt in den Senat hatte Seneca mindestens ein – heute verlorenes – Buch veröffentlicht, und zwar eine Abhandlung über Erdbeben (*Questiones Naturales* VI, 4,2). Er hatte es »als junger Mann« *(juvenis)* geschrieben, was heißen sollte »in dem Alter, wo man noch nicht eine öffentliche Laufbahn eingeschlagen hat« (mochte man auch schon eine ansehnliche Zahl von Jahren erreicht haben). Seneca hat sich zeitlebens für die Naturwissenschaften interessiert.

16 *Tacitus* Bd. II, S. 536.

17 Tacitus, *Annalen*, XII, 8.

18 Sie wurden in der Tat ausgestellt; siehe Martial I, 117 (118), 10, und Buecheler, *Carmina epigraphica*, Nr. 1111, 14. Dieser Teil des Argiletum wurde wenig später zum Forum Domitiani (oder Nervae), wo die Buchhändler ihre Läden hatten; weiter oben entsprach das Argiletum der heutigen Via della Madonna de' Monti, einer Parallelstraße zur Via Cavour.

19 *Über die Kürze des Lebens*, 13, 2; Briefe 69, 7; 82, 8; 113, 1; Brief 33, 4.

20 Die beiden Neffen Christi, zwei Bauern, fristeten mit ihren Familien ein kümmerliches Dasein auf Gütern, die 9000 Denare wert waren (Eusebius III, 20, 2–3, 7).

21 Musonius XIX, S. 108 Hense.

22 A. R. Hands, *Charities and Social Aid in Greece and Rome*, S. 30f.

23 So unterstützte er den Stoiker Annaeus Cornutus, einen Provinzler aus Tripolis, den er mit dem Kreis um Nero in Kontakt brachte. Cornutus trug den Namen der Familie Senecas, Annaeus, sei es, weil er ein freigelassener Sklave Senecas war, sei es, weil er als »Eingeborener« durch Senecas Protektion das römische Bürgerrecht erworben hatte.

24 Reskript des Octavius, bei Joyce Reynolds, *Aphrodisias and Rome*, S. 102; über die religiöse Skepsis als heimlicher Geisteshaltung des Senats C. Koch, *Religio*, Nürnberg 1960.

25 J. Kaimio, *The Romans and the Greek Language*, Helsinki 1979, S. 268.

26 Ein köstliches Beispiel hierfür bei R. Wittkower, *Art et architecture en Italie, 1600–1750*, Hazan 1991, S. 64. Aber um 1905 avantgardistisch sein, hieß, erkennbar Cézanne imitieren. – Bei diesem System handelt es sich nicht um Eklektizismus; es handelt sich darum, zu entscheiden, welchem Vorbild die persönliche Begabung des Künstlers zuneigt. Es kommt nicht darauf an, der Mode zu folgen, sondern die eigene Begabung zu prüfen (A. Blunt, *Théorie des arts en Italie*, S. 243).

27 Für die Beherrschten wiederum heißt zu gehorchen wissen: die angeborene Aufsässigkeit zügeln und Herr seiner selbst sein können (Philostratos, *Vita Apoll.*, II, 11).

28 So schreibt B. Mortureux (*Aufstieg und Niedergang der römischen Welt*, XXXVI, 3, S. 1679: »Seneca präsentiert das in der Wirklichkeit Vorfindliche nur in schematisierter Form; er zeigt uns eine einzige Tugend, die Milde, die als Nexus einer extrem vereinfachten Welt fungiert, in der es nur zwei diametral entgegengesetzte Kategorien von Menschen gibt.« Ein allmächtiger Princeps wird sich gegenüber der Masse seiner Untertanen als Despot erweisen, wenn er nicht Herr seiner selbst ist. Es ist bezeichnend, daß Seneca sowohl über die Milde als auch über den Zorn geschrieben hat; die Abhandlung *Über die Wohltaten* belehrt zugleich in dieser Gesellschaft der Klientelverhältnisse die Patrone, sich als Wohltäter zu erweisen.

29 Plutarch, *Leben des Demetrios Poliorketes*, III, 5.

30 Tacitus, *Annalen*, XIII, 17.

31 Tiberius, kaum auf dem Thron, veranlaßt (oder verhindert nicht) den Tod des Agrippa Postumus; erstes Mordopfer Caligulas ist Tiberius Gemellus, sein Vetter und stellvertretender Erbe des Reiches (Philon, *Legatio ad Gaium*, 22–31); Claudius hatte niemanden, den er töten mußte: Er war der letzte der Gens Claudia, während von seinem Bruder Germanicus nur drei Frauen, darunter Agrippina, überlebten. So erklärte sich auch die Ermordung des Silanus (55 u. Z.; Tacitus, *Annalen*, XIII, 1): Er war ein Ururenkel des Augustus und potentieller Thronkandidat. – Manche modernen Historiker glauben trotzdem, daß Britannicus einer Krankheit erlegen sei (die Chancen, daß das stimmt, stehen 1 zu 10 oder 1 zu 100, wie man gerechterweise zugeben muß); einer von ihnen hat sogar einen Brief seines Arztes veröffentlicht. Wenn die Hohe Fakultät gesprochen hat, muß man sich verneigen. Aber meine Frau, die selber Ärztin ist, macht sich anheischig, eine Be-

scheinigung auszustellen, wonach sie die Zustimmung zur sofortigen Einäscherung des Britannicus niemals erteilt hätte.

32 Der reiche Händler aus Brief 101 gehörte mit Sicherheit dem Ritterstand an. Seneca ignoriert die andere Hälfte des Reiches, nämlich eine Unzahl halb autonomer Stadtstaaten, in denen eine lokale Oligarchie reicher Notabeln über zahllose freie Bauern herrschte. Die Zentralregierung überließ ihnen die Verteilung der Steuern und kümmerte sich kaum darum, ob dabei die armen Bauern über Gebühr belastet wurden oder nicht.

33 Syme, *Tacitus*, Bd. II, S. 591.

34 Mommsen, *Staatsrecht*, Bd. II, S. 1113–1122.

35 Ungeachtet der Kritik J. Bleickens (*Zum Regierungsstil des römischen Kaisers*, Wiesbaden 1982) scheint uns die These Fergus Millars (*The Emperor in the Roman World*, Cornell 1977) der Wahrheit nahezukommen.

36 G. Maurach, *Seneca*, S. 40; M. Griffin, *Seneca, a Philosopher in Politics*, S. 67–128; Syme, *Tacitus*, S. 262, 387, 591.

37 Zu dieser komischen Episode (in der manche Nero als Vorläufer des Wirtschaftsliberalismus sehen wollten, während andere das Verdienst an diesem Vorstoß eher Seneca zuschrieben) siehe Syme, *Tacitus*, S. 416 f.

38 Vgl. P. Veyne, *La société romaine*, 1991, S. 85 f.

39 Seneca, Fragmente 19–20 Haase; wir kommen hierauf zurück.

40 Miriam Griffin, *Nero, the End of Dynasty*, S. 190.

41 Miriam Griffin, *a. a. O.*, S. 215–220.

42 Das zweite der *Carmina Einsiedlensia*, das wir, im Unterschied zu seinem letzten Herausgeber (Korzeniewski, *Hirtengedichte aus neronischer Zeit*, 1971), als Verspottung der Feinde Neros verstehen (das Gedicht ist weder unvollendet noch verstümmelt: Es schließt mit einer Steigerung, einer Klimax). Man sieht einen Schäfer, der einem anderen seine Sorgen klagt, deren Grund aber nicht sagen will. Bedrängt, muß er schließlich fast gegen seinen Willen zugeben, daß Bürgerfriede und das goldene Zeitalter herrschen. – Mit dem »dreifachen Sturm« in Vers 33 scheinen mir die Schlachten bei Pharsalos [48 v. u. Z.], Philippi [42 v. u. Z.] und Actium [31 v. u. Z.] gemeint zu sein.

43 Plinius d. J., *Briefe*, III, 5, 5.

44 Zur anfänglichen Nerobegeisterung Lukans siehe etwa Gordon Williams, *Change and Decline: Roman Literature in the Early Empire*, 1978, S. 164; Veyne in *Annuaire de Collège de France*, 1985/1986.

45 Die einzige Ausnahme ist eine nicht-namentliche Anspielung auf die Milde dessen, der den Gladiatorenspielen beiwohnt, nämlich der Kaiser (*An Lucilius*, 7, 5).

46 Dieser Umstand ist zum Verständnis der politischen Entwicklung Senecas entscheidend. Es war wenig hilfreich, den Rücktritt des Kaiserfreundes zu fordern, wenn dieser durch die Pflichten als Senator weiter gebunden war. Zur Sache selbst R. J. A. Talbert, *The Senate of Imperial Rome*, Princeton 1984, S. 153; M. Griffin, *Seneca*, S. 36; G. Maurach, *Seneca*, S. 15.

47 Eine weitere Tatsache, die ich für entscheidend halte und die durch Plinius, *Panegyricus*, 86, bezeugt ist; vgl. Marc Aurel, I, 16.

48 Tacitus, *Annalen*, XI, 4; Plinius d. J., *Briefe*, I, 5; vgl. III, 11. Siehe K. Christ in *Historia* XXVII (1978), S. 455, sowie die in unserer bibliographischen Übersicht zitierten Untersuchungen von P. A. Brunt und K. A. Raaflaub; ferner Syme, *Tacitus*, S. 24 f.

49 Tacitus, *Agricola*, 42, 5–6. Doch mag es sich hierbei um eine verbale Vorsichtsmaßregel handeln; kein Princeps, sagt Tacitus anderswo, liebt den Tyrannenmord. Dieselbe verbale Vorsichtsmaßregel bei dem Stoiker Epiktet, I. 29.

50 Über das Ansehen, das der Senat bei Seneca genießt, siehe Talbert, S. 25.

51 Siehe vor allem Polybios V, 9–12 und VII, 14 (Zerstörung der Heiligtümer im ätolischen Thermoi während des Bundesgenossenkrieges).

52 Tacitus, *Annalen*, XV, 45. Über die Plünderungen vgl. Plinius d. Ä., *Naturgeschichte*, XVIII, 35: »Sechs Grundbesitzern gehörte halb Tunesien. Nero ließ sie hinrichten.« Die Konfiskation, von der Dion von Prusa, VII, spricht, wird man ebenfalls Nero (und nicht Domitian) zuschreiben.

53 Tacitus, *Annalen*, XIV, 56.

54 M. Griffin, *Seneca*, S. 359. Ein »Freund« muß dem Princeps auf seine Reisen folgen, wie Marc Aurel, I, 16, schreibt.

55 R. MacMullen, *Corruption and the Decline of Rome*, Yale 1988, S. 99 (französische Übersetzung durch Spiquel und Rousselle, *Le déclin de Rome et la corruption du pouvoir*, 1991, S. 158 f.). Unter Tiberius schwankt der Gardepräfekt Seianus, der den Kaiser verdrängen will, zwischen zwei Taktiken: Soll er seine Klienten empfangen, deren Zahl täglich steigt (aber dann wird Tiberius erkennen, daß Seianus' Einfluß zunimmt), oder ihnen sein Haus verschließen (aber dann wird dieser Einfluß schwinden)? Tacitus, *Annalen*, IV, 41, 1.

56 Zur Chronologie dieser Briefe siehe P. Grimal, *Sénèque ou la conscience de l'Empire*, S. 315 ff. [= *Seneca*, S. 315 ff.]

57 *Briefe über Ethik an Lucilius*, 53, 11, und 64, 6.

II. SENECA UND DER STOIZISMUS

Einführung

Um die Landschaft der stoischen Philosophie mit einem Blick zu erfassen, genügt es, das erste Kapitel im VII. Buch der Abhandlung *Über die Wohltaten* zu lesen. Die Natur selber, betont Seneca da, hat uns die wichtigste Lehre zur Verfügung gestellt; diese Lehre lautet: »Wenn der Geist Zufälliges verachtet hat, wenn er sich über die Furcht erhoben hat und nicht in gieriger Hoffnung das Grenzenlose umarmt, sondern gelernt hat, von sich selbst zu verlangen Reichtum; wenn er die Furcht vor Göttern und Menschen von sich geworfen hat und weiß, nicht viel ist von einem Menschen zu fürchten, von einem Gotte nichts; wenn der Mensch, Verächter aller Dinge, von denen das Leben gequält wird, indes es zugleich von ihnen verschönert wird, zu dem Punkt gekommen ist, daß ihm deutlich ist, der Tod ist keines Übels Grundlage, vieler Übel Ende; wenn er die Seele der sittlichen Vollkommenheit geweiht hat und den Weg, wohin immer sie ihn ruft, für eben hält; wenn er, das auf Gesellung angewiesene Lebewesen und für die Gemeinschaft geschaffen, die Welt gleichsam als ein einziges Haus aller betrachtet [...]: entzogen den Stürmen steht er auf festem und heiterem Grund und hat zusammengefaßt das Wissen, das nützlich und notwendig. Das übrige ist Vergnügen der Muße [...], wenn die Seele schon in Sicherheit gebracht ist [...].« Das Wort »Sicherheit« sagt alles. Der Natur gehorchen, um zur Vollkommenheit zu gelangen, ist für den einzelnen der einzige Weg, um im sicheren Hafen zu landen und den Stürmen des Daseins zu entrinnen. Die Pflicht gegen den Nächsten, die Moral, wird nicht vergessen: Jeder einzelne betrachtet alle Menschen als Angehörige seiner eigenen Familie. Wichtiger als alles andere aber ist die Sorge um sich selbst; der Stoizismus ist weniger eine Ethik als eine paradoxe Anweisung zum Glücklichsein. Er vergißt nie, daß wir in ausweglos scheinender Lage stets ein unfehlbares Mittel zur Hand haben: den Freitod, den Seneca (der ein oder zwei Jahre nach Niederschrift der zitierten Stelle selber von eigener Hand sterben mußte) mit sichtlichem Wohlgefallen ins Auge faßt.

Dies alles, auch den Freitod, lehrt uns die Natur. Der Leser wird hier ohne Zweifel stutzen: Sind derartig forcierte Haltungen wirklich natürlich? Und wenn die Natur selber diese guten Lehren erteilt hat: Wie kommt es, daß als einzige die Stoiker sie verstanden haben? Das Zufällige zu verachten ist eine Chimäre und widerspricht dem glühendsten Verlangen des Lebewesens, das immer begehrt und leidet. Aber das war nicht die Ansicht der Stoiker; nach ihrer Meinung war das »sehr einfach. Es bestand darin, der Natur gemäß zu leben. Schwierig wird es durch die Torheit der Menschen: Wir stoßen einander gegenseitig vom rechten Wege herunter.«

Jeder Mensch – einer wie der andere Opfer und Täter zugleich – lebt fern der Natur, im Irrtum und in der Täuschung. Nicht daß die Stoiker die Menschen für böse halten; ihre Lehre ist eher eine Arznei als eine Moral. Aber sie stellen fest, daß die Menschen buchstäblich Geisteskranke sind. Man gebe ihnen die Vernunft wieder, und sie werden glücklich sein. Sie werden das Glück haben, den großen Namen »Mensch« zu verdienen. Wenn alles verloren scheint, bleibt das einzige, was zählt und was handelt: das Ich. Es mag seltsam erscheinen, daß ein solch egoistisches Ziel wie die Sicherheit als etwas Erhabenes gefeiert wird und daß das Streben nach diesem Ziel mit Rechtschaffenheit oder Sittlichkeit gleichgesetzt wird. In Wirklichkeit jedoch ist das nicht seltsam: Man kann unter Sittlichkeit alles verstehen, was Mühe kostet. Auf etwas niedrigerem Niveau, in den Sekten, die den Verzicht auf Alkohol und Tabak predigen, geht Askese häufig mit angestrengter Körperpflege und einer hypochondrischen Angst vor Krankheiten einher.

Die stoische Philosophie ist dreihundert Jahre vor Seneca entwickelt worden, etwa seit 300 v. u. Z., das heißt hundert Jahre nach dem Tod des Sokrates und in der Periode nach dem Tod Alexanders des Großen. Die Namen der einzelnen Begründer – Zenon[1], Kleanthes und Chrysipp – werden häufig von Seneca erwähnt. Er hatte seine Autoren gelesen und viel über sie nachgedacht – auch dort, wo er ganz spontan zu schreiben scheint und die zugrunde liegende technische Präzision seiner Ausführungen verborgen bleibt. Diese Treue zu einer dreihundert Jahre alten Lehre mag erstaunen; sind wir doch gewohnt, die Philosophien einander in ihrer Aktualität viel schneller ablösen zu sehen. Aber die Lebensdauer antiker Lehren ist eher mit der von Religionen zu vergleichen als mit derjenigen unserer Philosophien. Wenn freilich in mancherlei Hinsicht die Philosophien jenen Rang einnahmen, den sonst die Religion einnimmt, so waren sie doch nicht das Äquivalent einer Religion – weder inhaltlich noch in ihren Zielen, noch auch in ihrer Wirkung, die auf eine gebildete Elite beschränkt war.

Die Stoa nimmt zwei Traditionen des griechischen Denkens auf: das Problem des Glücks und das Ideal des Weisen. Einige Jahre vor Gründung der Stoa hatte Epikur eine andere Sekte gegründet, die lediglich eine andere Version derselben beiden Traditionen war. Es ging für ihn wie für Zenon darum, die von der Natur verbürgte Formel zu finden, die es erlaubt, glücklich zu leben. Der epikureische Weise fürchtet weder den Tod noch die Götter, noch das Leiden, und er hat gelernt, Reichtum und Größe zu verachten, um von der Freundschaft, frischem Wasser und einem Stück Brot zu leben. So ist auch er zum sterblichen Ebenbild der Götter geworden. Der wesentliche Unterschied war der, daß der Epikureismus vor allem danach trachtete, die Menschen von ihren falschen Bedürfnissen und ihren grundlosen Ängsten zu befreien, während die Stoa sie lehrte, geduldig ihre Kräfte anzuspannen, um nach und nach die schädlichen Denkgewohnheiten abzulegen, die sie von Geburt an behindern. Der Individualismus reduziert sich auf das Bemühen jedes einzelnen, das zu werden, was nach dem Willen der Natur jeder Mensch werden soll: glücklich und frei.

»Der Inbegriff des glücklichen Lebens ist eine festgegründete Sicherheit«, *summa vitae beatae est solida securitas*. Was ist das Glück? Süße Ruhe und Vergessen? Ausdehnung und Entfaltung? Nein, sondern ein Zustand der Sicherheit, ja der absoluten Sicherheit (wir werden sehen, womit diese Gesamtversicherung erkauft wird). Man gelangt in den Genuß der Sicherheit, indem man sich durch ständiges Üben die Überzeugung aneignet, daß Unglück, Demütigung und Tod nichts sind, und sich auf die natürlichen Bedürfnisse – ein wenig Nahrung und Wasser – beschränkt oder, ist man so reich wie Seneca, sich, wenigstens in Gedanken, für den Fall des Ruins, auf diese Beschränkung vorbereitet. Genügt es aber, daß unser Verstand diese Zusammenhänge begreift, damit es uns wie Schuppen von den Augen fällt und unser Wille der Vernunft folgt? In der Tat, es genügt, das begriffen zu haben; dann wird der Wille folgen. Freilich um den Preis einer unermüdlichen Übung, Tag für Tag, ja Minute für Minute. Es ist eine Frage der Zeit. Sich üben (das, was man auf griechisch *askêsai* nennt) und sich beschränken: Das stoische Glück ist das Glück des Asketen.

Im Zuge dieses Übens gesellt sich zu unserer wachsenden Sicherheit ein neues Gefühl: die Freude, die Erhebung des Geistes, der nun immer sicherer wird, mit dem höchsten Glück des Menschen rechnen zu dürfen. Man genießt dasselbe Glück wie die Götter, das vollkommen und durch nichts zu erschüttern ist. So entsteht das erhabene Bild des *Weisen*; denn die Menschen, die auf diese Art, buchstäblich, sterbliche Götter werden, heißen Weise. Der Stoizismus ist eine Methode der Selbstverwandlung. Gleichwohl sind solche sterblichen Götter äußerst selten; aber es genügt, diesem Zustand nahezukommen, um sich bereits sehr glücklich und (was nicht weniger befriedigend ist) fast vortrefflich zu fühlen. Man hat die absolute Sicherheit erreicht, die einzige, die der Stoiker gelten läßt; denn, wie es im 92. Brief heißt, sie ist »das einzige Gut, das niemals gebrochen wird«. Wir werden versuchen, Senecas »Ethik« in diesem Horizont der absoluten Sicherheit zu sehen. Denn mögen vor jedem anderen Horizont auch die Einzelheiten stimmen – das Ganze wird falsch: Die Fotografie zeigt den falschen Ausschnitt.[2]

Das Glück, ein Mann von Wert zu sein

Angenommen, der Leser hätte sich von der hier zusammengefaßten Lehre verführen lassen; oder auch angenommen, er hätte zwar kein Wort davon geglaubt, aber irgend etwas daran hätte seine wohlwollende Phantasie beschäftigt oder erregt. In beiden Fällen erwarten ihn eine Gefahr und eine Gunst: die Gefahr, sich einlullen zu lassen von den großen Worten über das Glück und die Vortrefflichkeit, die auf jeder Seite Senecas zu finden sind, und die Gunst, das Unklare und Widersprüchliche in ihnen nicht zu erkennen.

Beginnen wir bei Seneca selbst. Er predigt seinem Schüler keine Moral; er verleitet ihn dazu, sich seines persönlichen »Glückes« zu versichern. Er wiederholt aber auch mit größter Beharrlichkeit, daß der Weise, der gefoltert wird und diese Qual stoisch erträgt, als ebenso »glücklich« gerühmt werden muß, wie wenn er nicht gefoltert worden wäre, weil die Vortrefflichkeit (oder »Tugend«) genügt, um das Glück zu stiften, und sie allein es zu stiften vermag. Und das soll vorzuziehen, das soll glücklich sein? Ist es nicht Haarspalterei, was Seneca hier treibt? Sind das nicht Wortspielereien mit dem Begriff »Glück«?

Seneca liefert uns noch einen weiteren Grund, über ihn zu erstaunen: Es geschieht ihm gelegentlich (wenn auch selten), daß er Glück und

Vortrefflichkeit nicht mehr an der persönlichen Sicherheit ausrichtet, sondern behauptet, auch Sittlichkeit gehöre zum Glück. Der Weise wird ein guter Sohn, ein guter Gatte, ein guter Staatsbürger sein, und diese Pflichten siedelt Seneca auf derselben Ebene an wie die Suche nach persönlicher Sicherheit durch eine innere Haltung der Todes- und Schicksalsverachtung; ja er scheint zwischen beidem nicht einmal einen Unterschied zu machen. Haben wir es mit einem ganz gewöhnlichen Tugendprediger zu tun, getarnt als Theoretiker des Glücks? Die Sittlichkeit ist *eine* Sache, das Glück eine ganz andere. Das Glück ist ein innerer Zustand, der von den Umständen, vom Zufall und von der Stimmung abhängt, oft nicht faßbar ist und ohne ersichtlichen Grund kommt oder geht; es kommt vor, daß man »alles hätte, um glücklich zu sein«, und es dennoch nicht ist.

Das antike Denken freilich sucht nicht so weit. Es fragt nur, welcher Mensch alles hat, um glücklich zu sein, und was der Mensch braucht, um glücklich zu sein. Es stellt diese Frage nicht ohne Grund: Das Glück, das das Altertum meinte, war kein inneres Gefühl, über das nur der Betreffende selbst zu urteilen vermag. Es waren die anderen – die Gemeinschaft der Mitmenschen oder die Weisen der Völker –, die darüber entschieden, ob ein Mensch glücklich zu nennen sei oder nicht. Der Lobende muß nicht bezahlen und ist anspruchsvoller anderen als sich selbst gegenüber. Es genügt nicht, daß man glücklich im Schoß seiner Familie lebt, um von jenen glücklich genannt zu werden.

Es ist eine historische Tatsache, die man als solche hinzunehmen hat: Das antike Glück ist nicht das Glück, das die Modernen meinen. Wie konnte man auf der Folter glücklich sein? Die Antwort lautet: dadurch, daß die anderen unisono erklärten: »Glücklich, wer für eine gute Sache zu leiden gewußt hat!« und alle dieses Ich-Ideal verinnerlichten. Und inwiefern gehörte die Sittlichkeit (zum Beispiel die Tugend der Gerechtigkeit) zum Glück? Insofern, als in der antiken Philosophie das Streben nach dem Glück als Beweggrund alles menschlichen Handelns galt. Mit dem Vorhandensein anderer Beweggründe hat diese Philosophie nicht gerechnet, und daher konnte sie tugendhaftes Verhalten nur auf dieses Streben nach dem Glück zurückführen. Einige Beispiele mögen diese historische Tatsache veranschaulichen.

Käme ein moderner Dichter auf den Gedanken, das glückliche und lyrische Leben der Grillen zu besingen, so würde er etwa schreiben: »Wie glücklich du bist, o Zikade!« Ein kleines griechisches Gedicht zum

Ruhme desselben Insekts beginnt so: »Wir nennen dich sehr glücklich, o Zikade!« Es geht dabei um mehr als nur um den einfachen Unterschied in der Wortwahl. Jemanden glücklich, ja sogar »sehr glücklich« zu nennen war ein Akt der Reflexion, ein Thema, über das man diskutierte. Man nannte das *eudaimonismos* oder *makarismos*, was wir, unter Abschwächung der Wortbedeutung, mit »Beglückwünschung« übersetzen. »Glücklich nennen wir die Götter und jene unter den Menschen, die den Göttern am ähnlichsten sind«, schreibt Aristoteles. Man kann sich gut vorstellen, wie in den griechischen Städten die alten Leute abends auf der Bank vor ihrem Haus saßen und Gespräche führten, die sich leicht ins Philosophische erhoben. Sie bekräftigten immer wieder, das Schicksal bringe so viel Unerwartetes, daß man niemanden vor seinem letzten Atemzug glücklich nennen dürfe. Sie diskutierten, um herauszufinden, ob man diesen oder jenen Mitbürger glücklich nennen könne, und fragten sich, ob es der Reichtum sei, der das Glück ausmache, oder vielmehr der persönliche Wert und zumal der soldatische Mut, diese »Tugend« par excellence. So wurde das Glück zu einem Gegenstand öffentlichen Philosophierens.

Die Autorität in diesen Dingen waren die Weisen, die berühmten sieben Weisen Griechenlands. So hatte, dreihundert Jahre vor dem Entstehen der Stoa, der weise Solon dem reichen König Kroisos seine Aufwartung gemacht, und der König hatte nicht unterlassen, die große Frage zu stellen. »Muß man nicht mich den glücklichsten der Menschen nennen?« fragte er Solon, als er ihm seine Schätze zeigte. Der Weise erwiderte, in seinen Augen sei der glücklichste Mensch ein gewisser Tellos gewesen, der bescheidenen Reichtum besessen, vier gute und tugendhafte Söhne großgezogen und den Ruhm erworben habe, für das Vaterland zu sterben, das ihm dafür öffentliche Ehre hatte zuteil werden lassen.[3]

Ein glückliches Los war ein Los, das ein rechtschaffener Mensch beneidenswert gefunden hätte: So stellten die Griechen das Problem. Wir würden uns scheuen, einen Schurken glücklich zu nennen; es würde uns ekeln, in seiner Haut zu stecken. Lieber als die Vorstellung, in der Haut Eichmanns aufzuwachen, wäre einem dann doch die Vorstellung, in die Gaskammer zu gehen. Das ist ein löbliches Gefühl, aber es weicht dem Problem aus; denn Eichmann selbst empfand keinen Ekel vor sich. Wir sind es, die für ihn entscheiden.

Zu dem universalen Gefühl der Sittlichkeit trat der sehr griechische

Sinn für Ruhm, der Geschmack an der Vortrefflichkeit und an jeglichem Kräftemessen. Es galt als löblich, gelobt werden und beneidenswert heißen zu wollen. Ein Schüler des Sokrates hat das exemplarische Leben des Abenteurers Agesilaos aus Sparta nacherzählt, den man im Mittelalter den besten Ritter seiner Zeit genannt hätte. Die Biographie schließt mit den Worten: »Glücklich kann man mit Recht diesen Mann nennen, der von klein auf den Ruhm geliebt, am meisten sich auszuzeichnen getrachtet und die Niederlage nicht gekannt hat.« Derselbe Schüler des Sokrates weiß auch, daß man, um Ruhm, Glück und Vortrefflichkeit zu erwerben, üben muß, wie es die Athleten bei den olympischen Wettkämpfen taten; man müsse sich »in der Frömmigkeit, der Gerechtigkeit, der Mäßigung üben«, schreibt er.

An diesem Punkt unserer Darstellung konstatieren wir zweierlei: In der kleinen, militanten Bürgergruppe, als die jeder griechische Stadtstaat sich darstellte oder verstand, suchte die Herrschaft der öffentlichen Meinung den einzelnen davon zu überzeugen, daß sein persönliches Glück mit dem Wohl des Staates, dem soldatischen Mut und den sittlichen Werten überhaupt zusammenfalle. Sogar die Ruhmsucht spielte dabei mit: Manche Menschen trachten nicht danach, sich über andere zu erheben und sie zu knechten, sondern sie suchten das asketische Kräftemessen um die Palme der höchsten Sittlichkeit. Nun geschieht etwas Entscheidendes: Die Philosophie tritt auf den Plan, zumindest seit Sokrates, und nimmt das Erbe dieser Glückskonzeption in eigene Regie, systematisiert es und gibt ihm für etliche Jahrhunderte dogmatische Gestalt.

Die Philosophie war eine Errungenschaft der hohen Kultur, die Beschäftigung einer Elite, die sich ihrer Andersheit bewußt war. Die Philosophie besaß jene intensive Macht, die in anderen Jahrhunderten den religiösen Überzeugungen von Sektierern zukam. Ihre Lehre war, in vier Punkte gefaßt, die folgende. *Erster* Punkt: Allein Askese bewirkt das Glück, auch wenn die Menge das nicht weiß. Die sokratische Lehre, weit davon entfernt, das Privileg der Stoiker zu sein, wird von fast allen Sekten übernommen – Platonikern, Aristotelikern, Kynikern und sogar Epikureern. Zitieren wir den ältesten Autor, Platon, wegen seiner prägnanten Sprache: »De[r] Sieg über die Lustbegierden: wer ihrer Herr wird, dem ist ein glückliches Leben beschieden; wer ihnen unterliegt, dem das entgegengesetzte Los.« Nach der Askese kommt, *zweitens*, die Sittlichkeit: Einer mag reich, gesund, stark und tapfer, ja sogar unsterblich sein und von keinen sogenannten Übeln heimgesucht werden, dabei aber Ungerechtigkeit und Frevelmut im Herzen tragen, so wird er unfehlbar unglücklich sein. *Drittens*: Die Tugend bedeutet wirklich das Glück im üblichen Sinn des Wortes: »Man muß also das sittlich beste Leben loben, nicht nur weil es uns durch den Eindruck des Wohlgefälligen, den es macht, einen guten Namen verschafft, sondern auch deshalb, weil es, wenn man seiner teilhaftig werden will und ihm nicht schon in der Jugend den Rücken gekehrt hat, auch entscheidend ist für das, wonach wir alle streben, nämlich, solange wir leben, mehr Freude zu haben als Schmerz. Daß dies aber wirklich der Fall sein wird, wenn man sich eines solchen Lebens in rechter Weise befleißigt, wird alsbald völlig klar werden.« *Viertens* aber: Der gewöhnliche Mensch weiß das nicht, er kann diese Lehre nicht glauben. Er gibt zwar zu, daß ein Tyrann und Wüstling ein schändliches Leben führt; daß dieses schändliche Leben aber nichts Angenehmes habe, das zuzugeben fällt ihm viel schwerer. Er weigert sich kategorisch zu glauben, daß Gerechtigkeit und Glück eins sind.[4]

Die philosophischen Sekten sollten künftig nur um so eifersüchtiger auf diesen Lehren beharren. Der Geschmack am Kräftemessen war ihnen keineswegs fremd. Es war schon immer selbstverständlich, daß ein Weiser, ein Philosoph, anders war und höher stand als ein gewöhnlicher Mensch. Der antike Weise ist eine Art weltlicher Heiliger – jene Art Mensch, die der Barbarenwelt überlegen ist.

In unseren Augen gibt es nichts Willkürlicheres, nichts Überholteres als diese antike Glücksvorstellung, die kaum mehr als den Namen gemein hat mit dem, was wir unter Glück verstehen – vorausgesetzt, wir verstehen darunter wirklich etwas Konkretes und Greifbares. Der glückliche griechische Bürger ist ein Mensch, den seine Mitbürger im Interesse der Allgemeinheit als solchen dekretieren. Die Philosophen wiederum dekretieren als glücklich jenen Menschen, der ihrer Vorstellung von der Bestimmung des Menschen entspricht. Der glückliche Mensch der Philosophen entspricht zunächst einmal den Geboten der allgemeinen Moral, er ist ein Mann von Wert im üblichen Sinn des Wortes; denn es ist selten, daß eine Philosophie die sozialen Gebote ihrer Zeit außer acht zu lassen wagt (so wie es selten ist, daß in einer christlichen Welt eine Philosophie es wagt, nicht von der Existenz Gottes auszugehen). Erst auf der Voraussetzung der allgemeinen Moral wird der Glückliche sich ein erhabenes und großartiges Ideal, das des Weisen, zum Ziel setzen. Man darf es den antiken Moralphilosophien auch nicht allzusehr verargen, daß sie die

Moral einem so selbstsüchtigen Ziel wie dem Glück zugeordnet haben: Es ist eine Art Ängstlichkeit des Denkens, was sie veranlaßt, die Sittlichkeit als eine Vorbedingung des Glücks zu postulieren.

Der eigentlich erhabene, großartige Teil des philosophischen Glücks hat kaum etwas mit dem Glück gemein, wie wir es verstehen. Die antiken Weisheitslehren (und noch Spinoza) unterstellen die Möglichkeit eines Zustands der Glückseligkeit, für den sie das Rezept angeben. Diese Glückseligkeit erhebt den Weisen über jene Kontingenzen (Gesundheit, Sicherheit, materielles Wohlergehen usw.), in denen die meisten Menschen und Völker die Vorbedingung des Glücks im gewöhnlichen Sinn des Wortes sehen: Die Bewohner der armen Länder sind schwerlich »glücklich«, da sie weder die Menschenrechte noch einen befriedigenden Lebensstandard kennen. Wie man sieht, hat das Wort »Glück« je nach der Epoche, die man betrachtet, einen anderen Sinn. Es ist einer jener zahlreichen Begriffe, die von der Gesellschaft nach Maßgabe außerphilosophischer Überlegungen definiert werden und in welche die Wertvorstellungen der jeweiligen Epoche einfließen.

Zu anderen Zeiten, zumal seit dem 18. Jahrhundert und noch bei Stendhal, wird Glück weniger gesellschaftlich als individualistisch begriffen. Das ist der stendhalsche »bonheur fou«, das Glück der Landschaft, der Liebe (auch wo sie unglücklich ist), des Bundes schwärmerischer Seelen (auch wo sie Nebenbuhler sind). Ein solches Glück kennt keine objektiven Vorbedingungen mehr, keinen Lebensstandard, keine politischen Freiheitsrechte; es ist allein eine Frage der Stimmung. Eine berühmte, schwerreiche und gefeierte Schauspielerin kann unglücklich sein und ihrem Leben ein Ende setzen. Das Glück ist nicht faßbar; die Weisheit des einzelnen weiß, daß es nur in der Erinnerung existiert oder daß es höchstens die Abwesenheit von Unglück ist, die einem das Recht nimmt, sich zu beklagen. Man wird erst *hinterher* wissen, daß man zu dieser oder jener Zeit glücklich war, ohne es zu wissen. Das Glück hat greifbare, konkrete, positive und sogleich erlebte Realität nur in jenen ekstatischen Zuständen, die eine überwältigende, unbekannte Glückseligkeit offenbaren und selbst im Leben seltener, vom Glück begünstigter Ausnahmemenschen nur wenige Stunden ausmachen.

Bald Kaleidoskop, bald Fata Morgana, oszilliert der Glücksbegriff zwischen den Stimmungsschwankungen der Lebensnot und den Dekreten der Philosophie oder der Gesellschaft. Er oszilliert zwischen etwas *Beliebigem*, das den Präferenzen des einzelnen entspricht und in seiner

Kumulation zu einer vollständigen Auflistung alles dessen führen würde, was wünschenswert sein mag, und einem mehr oder weniger aufgezwungenen, mehr oder weniger heroischen *Ideal*. Wären wir genötigt, ein höchstes Glück zu erdenken, wie es die antiken Weisheitslehren tun, und die Idee dieser Glückseligkeit bis zum Extrem zu treiben, in der Hoffnung, sie damit faßbarer zu machen, wie müßte man sich dieses »höchste Gut« vorstellen? Die antiken Weisheitslehren glauben, daß es eine genau vorgezeichnete Bestimmung des Menschen gibt, einen Weg, an dessen Ziel der einzelne das Glück und das Ende aller seiner Qualen finden wird. Diese Philosophien sind ebenso merk-würdig, wie es auf ihre Art die Sozialutopien des 19. Jahrhunderts waren. Ihre Hauptvoraussetzung ist, daß das Glück existiert; aber ist diese Voraussetzung stimmig?

Genaugenommen verbirgt sich hinter dem Problem des vollkommenen Glücks oder, wie man sagte, des »höchsten Gutes« eine Zweideutigkeit (die Kant in der *Dialektik der praktischen Vernunft* aufgedeckt hat): Bald bezeichnet »Glück« ein *höchstes* Ziel (und wer es erreicht, gilt als bewunderungswürdig, als beneidenswert, aber in der Praxis vielleicht als nicht besonders glücklich); bald ist das Glück ein Zustand, der den *ganzen* Menschen befriedigt – ideell, aber auch körperlich, emotional und in seinem alltäglichen Leben. Wenn man im Altertum über das Glück diskutiert, hat man entweder die erste Wortbedeutung im Auge oder man vermeidet es, beide Bedeutungen zu unterscheiden.

Das Problem des Glücks (das heißt: des beneidenswertesten Menschen) wird so zu dem eigentlichen Problem dessen, was man die griechisch-römische »Moral«-Philosophie nennt und was in Wirklichkeit eine Philosophie des Glücks ist und dies auch nicht verhehlt; sie ist ein »Eudämonismus«, wie man seit Kant sagt. Aber das ist keine Ethik; es ist vor allem eine allgemeine Theorie des menschlichen Handelns,[5] eine Psychologie, eine Explikation dessen, was Menschen tun. Warum diese Philosophie des Glücks zugleich eine allgemeine Philosophie des Verhaltens ist? Weil sie von einem Postulat ausgeht, dessen Enge sie zu keinem Zeitpunkt hinterfragt hat: von dem Postulat, daß alle Handlungen des Menschen – moralische, unmoralische oder moralisch indifferente – ihre Ursache im Streben nach Glück haben. Andere Motive unseres Handelns hat diese Philosophie nie ins Auge gefaßt: Druck des kollektiven Gewissens, reine Achtung vor dem Sittengesetz, Altruismus, Masochismus, Machtstreben, Liebe, Bewunderung, uneigennütziger Eifer für ein abstraktes Prinzip usw. Wir werden sehen, daß der scharfsinnige Seneca sich eine umfassendere Vorstellung vom menschlichen Verhalten gebildet hat; wir werden aber auch sehen, wie er in die Übung zurückfällt, diese Vorstellung in jenes eine Vokabular des Glücks zu übersetzen, in dem alle Katzen grau werden. Im Hinblick auf diesen antiken Eudämonismus hat Nietzsche geschrieben, die Menschen suchten nicht das Glück, sondern die Macht – also in der Regel ihr Unglück...

Lehren nun diese Weisheitslehren wirklich das Geheimnis des Glücks im gewöhnlichen Sinne des Wortes? Sie versichern es. Aristoteles vertraut der eigenen Erfahrung, daß die Freuden des Geistes der Sinnenlust weit überlegen sind; diese taugt für gewöhnliche Menschen und für Tyrannen. Die Stoiker bekämpfen den Epikureismus, weil die Lust kein sicherer Führer zum Glück ist (es gibt köstliche Getränke, die krank machen, und Seneca hütete sich sehr vor Pilzen, diesen todbringenden Köstlichkeiten). Nur die glücklichste Art Leben ist auch die erhabenste; denn sie schenkt dem, der sie befolgt, sowohl eine Freude (*gaudium*), eine Zufriedenheit mit sich selbst, der keine andere Freude gleichkommt, als auch den Lobpreis guter Menschen, die ihn glücklich nennen werden – auch wenn der Betreffende selbst dieses Lob teuer bezahlt hat. So sind wir vom Glück zu dem gelangt, was man Ich-Ideal nennen könnte.

Auf demselben Weg geht die Sittlichkeit in den Glücksbegriff ein. Ein Mann von Wert kann sich offenkundig nicht engstirnig an sein eigenes, kleines Glück klammern und auf alles andere pfeifen. Gewiß wären viele Menschen wohl der Ansicht, daß Glück und Pflicht zwei verschiedene und oft unvereinbare Dinge seien; doch darf man, entgegnet Aristoteles, in dieser Frage nur die Meinung der Männer von Wert in Betracht ziehen. Man muß zugeben, daß bei einer derartigen Selektion der Stimmberechtigten der Ausgang der Wahl kaum zweifelhaft sein kann und die Gleichwertigkeit von Glück und Pflicht den Sieg davontragen würde; trotzdem werden sie darum nicht identisch. Das antike Denken gerät hier in eine Art Klemme. Auf der einen Seite empfindet es die Forderung, die das moralische Gefühl stellt; auf der anderen Seite verfügt es zur Explikation menschlicher Verhaltensweisen nur über das Wort »Glück«. So muß es, ohne es zu merken, die Bedeutung dieses Wortes so sehr erweitern, bis es auch die Haltung dessen umfaßt, der nötigenfalls bereit ist, für ein höheres Ideal sein Glück zu opfern.

Denn genau hierum geht es, wie die Sprache der Stoiker beweist. In ein und demselben Satz lehren sie beispielsweise, daß wir uns in Sicherheit fühlen können, da Krankheit nichts ist, und daß wir andererseits die Pflicht haben, die Tugend der Gerechtigkeit zu üben. Die »Sicherheit«, die der Stoizismus verheißt, wird wahrlich um den Preis einer solchen Askese erkauft, daß sie mehr einem donquichottesken Ideal als einer Versicherungspolice gleicht.

Neben das Ich-Ideal tritt nun, ohne jeden inneren Zusammenhang, die allgemeine Moral – sei es unter dem Druck des moralischen Imperativs, sei es aufgrund der sozialen Verpflichtung. So entsteht ein Gemisch (denn Ideen sind in gewisser Weise materiell und können sich miteinander mengen wie Wasser mit Wein; in anderen Zusammenhängen vermengen sich Moral und Religion). Gleichwohl insistiert Seneca kaum auf der allgemeinen Moral; sie versteht sich von selbst und interessiert ihn nicht so sehr wie die göttliche Sicherheit des Weisen. Wenn er davon spricht, auf der Folter standhaft zu bleiben, denkt er mitnichten an irgendeinen Patrioten, der schweigt, um seine Kampfgefährten nicht dem Feind und dem Henkersknecht auszuliefern. Er denkt an einen Mann, den der Tyrann aus Grausamkeit foltern läßt und der aushält – nicht, um die Namen seiner Kameraden zu verschweigen, sondern um standhaft zu bleiben und zu zeigen, daß er das Leiden verachtet.

Die landläufige Moral ist bescheidener. Sie verlangt zwar, daß man für sein Vaterland sterbe, koste es, was es wolle, aber nicht, daß man heiteren Gemüts über seinem Selbsterhaltungstrieb schwebe. Auch die Religion verlangt nicht, daß jeder Gläubige ein Heiliger werde. Der stoische Weise ist ein Heiliger der Sicherheit. Man könnte versucht sein, dieses Sicherheitsstreben als etwas Egoistisches oder Zwanghaftes aufzufassen. Inwiefern verdiente es überhaupt die Bezeichnung »Moral« in jener erweiterten Bedeutung, die dieses Sicherheitsstreben mitumfaßt? Inwiefern kann man aus der Sicherheit ein Ideal machen? Insofern, als das Sicherheitsstreben den Stoikern zufolge darin bestand, einem höchsten Vorbild nachzueifern: der Natur und Gott. Der Stoiker ist ein Mensch, der sich »in den Sinn der Natur« versetzt, in einer Zeit, da das Wort »Natur« unendlich viel schwerer wog als die Worte »Geschichte« oder »Gesellschaft«. Diesem weiteren historischen Faktum müssen wir uns jetzt zuwenden.

Die Natur hat alles für den Menschen gemacht

Steht bei Seneca das Wort »Natur«, so ist Aufmerksamkeit angebracht! Wenn unser Autor unermüdlich wiederholt, man müsse »der Natur folgen«, dann wecken diese Worte in modernen Ohren kaum ein Echo. Sie scheinen lediglich zu besagen: »Tut, was zu tun gut ist; es ist so *natürlich*! Es ist normal, es ist vernünftig.« Das ist aber beileibe nicht das, was Seneca sagen will. Die Natur, die die Stoiker meinen, ist die göttliche, der Vorsehung gemäße Macht, die aus der Erde mit ihren Jahreszeiten, ihrer Fruchtbarkeit und ihren Lebewesen (Pflanzen, Tieren, Menschen und kleineren Göttern) einen unermeßlichen Garten gemacht hat. Sie hat es so eingerichtet, daß die lebenden Arten lebensfähig geboren werden und Fell und Zähne haben, die es ihnen erlauben, der Kälte und dem Hunger zu trotzen und am Leben zu bleiben (worin ihr ganzes Glück liegt). Was den Menschen betrifft, so hat die Natur ihm die Vernunft gegeben, die ihm zu dem verhilft, was er braucht, und ihn darüber belehrt, worin für ihn das Glück liegt und wie er dank dieser Vernunft die Glückseligkeit erlangt. Als Methode, das Glück zu finden, hat der antike Stoizismus nichts mit der erdrückenden Resignation eines Alfred de Vigny gemein:

»Fais énergiquement ta longue et lourde tâche
Dans la voie où le sort a voulu t'appeler,
Puis après, comme moi, souffre et meurs sans parler.«

Der Stoizismus hat damit deswegen nichts gemein, weil er der Ansicht ist, daß die Natur uns das Glück garantiert; sie ist für uns gemacht, und sie ist gut gemacht. Er hört sie mitnichten jene Worte sagen, die Vigny ihr in den Mund legt:

»Elle me dit: ›Je suis l'impassible théâtre
Que ne peut remuer le pied de ses acteurs...
Je n'entends ni vos cris ni vos soupirs; à peine
Je sens passer sur moi la comédie humaine
Qui cherche envain au ciel ses muets spectateurs.‹«

Das sokratische und stoische Bild von der Natur, die der Vorsehung gemäß handelt, ist dem Bild Vignys diametral entgegengesetzt und in unseren Augen erstaunlich, wie man sehen wird.

Läßt ein Schüler des Sokrates oder der Stoiker den Blick über die Natur schweifen, so sieht er dort – genaugenommen, weil er es sehen will – nicht einen Dschungel, sondern einen wohlgeordneten Garten. Oder wie Sokrates sagte: Die Natur ähnelt nicht dem unbehauenen Stein, sondern einem Meisterwerk der Bildhauerkunst. Sie ist zielgerichtet. In der Tat ist die Natur *benutzbar*: Sie arbeitet; die Ernte wächst, die geschlechtliche Fortpflanzung tut ihr Werk, Auge und Licht sind aneinander angepaßt, ebenso Gerüche und Geruchssinn; das Gras kann von der Kuh zu Milch verarbeitet werden, die Milch vom Menschen zu Käse, bemerkt Epiktet. Die Jahreszeiten folgen aufeinander, damit das Getreide gedeihen kann; auf den Tag folgt die Nacht, weil die Natur wußte, daß unser Organismus notwendig der Ruhe bedürfen würde; der Mond dient als Kalender: Er zeigt die Monate an. Allein die regelmäßige Bewegung der Himmelskörper würde ausreichen, um die Geordnetheit des Kosmos zu beweisen; die Sterne folgen ihrem geregelten Gang. Wenn wir in einer Stadt feststellen, daß die Verkehrsströme gelenkt und nicht dem Zufall überlassen werden, schließen wir daraus auf das Vorhandensein einer ordnenden Intention.

Dieselbe Natur nun, die die tierischen Gattungen lebensfähig gemacht hat, hat dem Menschen einen überlegenen Status, den des vernunftbegabten Tieres, gegeben, was ihm das Vorrecht auf dasselbe Glück verleiht, das die Götter genießen. Denn weitab von unseren stürmischen Irrfahrten hat die Natur uns einen Port bereitet, wo wir in Sicherheit leben können. Was muß man aber tun, um sich von der Natur und der Vernunft leiten zu lassen? Man muß beispielsweise zugeben, daß man zum Leben nur ein primitives Schutzdach braucht (das jedes vernunftbegabte Wesen zu errichten vermag), ein wenig Wasser (das die Natur zur Verfügung stellt, die die Quellen geschaffen hat) und Brot, notfalls auch grobes (darum hat die Natur den Boden kultivierbar gemacht und eine Erntezeit bereitet). Wenn wir uns darin üben, dies alles fest im Sinn zu behalten, werden wir glücklich sein.[6] Die Natur hat uns den Weg zur Glückseligkeit vorgezeichnet; an uns ist es, ihn zu gehen.

Die Verbindung einer Lebenskunst mit einer Metaphysik, oder vielmehr mit einer Naturphilosophie: das war der Geniestreich, dem der Stoizismus seine Entstehung verdankt. Es war sogar ein doppelter Geniestreich: Anstatt sich darauf zu beschränken, Weisheit im Sinne Montaignes zu sein, wird der Stoizismus zu einer echten Philosophie; die antiken und modernen Anwender dieser Disziplin werden sich in Bewunderung darüber ergehen, wie trefflich gefügt ihre Logik ist, und die Kohärenz des Systems rühmen, das so monolithisch ist, wie es sich für ein philosophisches System gehört. Die anderen, welche die philosophische Technik nicht so begeistert, werden sich mit dem Eindruck trösten, daß der Stoizismus nicht einfach eine aus unserem existentiellen Sicherheitsbedürfnis geborene Illusion ist. Er ist vielmehr objektiv wahr; das Sicherheitsbedürfnis wird von der natürlichen Realität gedeckt. Diesem Eindruck wird der Stoizismus ein halbes Jahrtausend hindurch seinen Erfolg verdanken. Der Marxismus wird deutlich machen, warum; der Unterschied zwischen beiden Systemen könnte nicht größer sein, aber eine strukturelle Analogie ist nicht von der Hand zu weisen. Der Arbeiterbewegung, die ein Stück Glück schon hienieden forderte, hat der Marxismus drei Dinge beschert: die objektive Gewißheit, daß die Mühe nicht umsonst war und daß der Sinn der Geschichte sie zum Sieg führen wird (sofern die Arbeiter mitziehen); das begeisternde Gefühl der Teilhabe an einer gewaltigen historischen Bewegung, die uns mitreißt, und zwar ebenso notwendig und bestimmt wie die Naturgesetze; einer Bewegung aber, die durch eine wunderbare Koinzidenz ein Ergebnis zeitigen wird, das für die Menschheit ebenso segensreich wie historisch zwangsläufig ist. Der Vergleich mit dem Stoizismus ist um so begründeter, als die Stoiker, wie wir sehen werden, ebenso große Fatalisten wie Optimisten waren.

Die Natur macht alle Dinge gut; sie ist wohlgeordnet und will unser Glück; sie ist nichts anderes als das Wirken der göttlichen Vorsehung: Das ist der Grundsatz der Stoiker. Das war keine naive Weltsicht wie die von Bauern oder »Wilden«, die in allem »Geister« am Werk sehen; es war ein frommes Dogma und eine hochgelehrte Theorie, die man mit allen Mitteln in sich aufzunehmen suchte. Die Zahl der Ungläubigen und Indifferenten war Legion. Als Sokrates einem in religiösen Dingen indifferenten Menschen beweisen will, daß es die Vorsehung gibt, weil die Natur alles gut gemacht habe, erwidert der Indifferente, er habe noch nie gefunden, daß alles so gut gemacht sei, und jedenfalls könne er auch mit weit aufgerissenen Augen nicht sehen, wo denn der große Meister sei, der das alles so gut gemacht haben solle. Die Stoiker ihrerseits übten sich darin, ihren Blick zu schulen, so wie wir es in Gemäldegalerien tun.

Überall suchten sie die Spur der Vorsehung in der Natur. Eines Tages betrachtete Marc Aurel, ein römischer Kaiser, der zur Sekte der Stoiker gehörte, nachdenklich das Stück Brot, das er aß. Die feinen Sprünge in der Kruste, bemerkte er, erhöhten das Vergnügen am Verzehr dieser bescheidenen Speise: In ihnen erkannte er die Vorsehung der Natur.

Indes waren die Alten nicht naiv. Ihre erbaulichen Ansichten stießen auf ebensoviel Skepsis wie der Marxismus zur Zeit des kalten Krieges. Außer den Indifferenten, die die schweigende Mehrheit bildeten, lachte auch die – weniger verbreitete – Sekte der Skeptiker: »Niemals wird der Hunger den Hungrigen überzeugen können, daß Hunger kein Leid sei; und wenn ein Skeptiker leidet, wird er nicht zögern, der Natur ihre Ungerechtigkeit vorzuwerfen.«[7] Damals war noch nicht, wie heute, die Politik wichtigster Gesprächsstoff; man sprach wenig über sie, und sei es nur aus Vorsicht. Dafür sprach man viel über erhabene Gegenstände. So geriet eines Tages der Arzt Galen, der schon von Berufs wegen an die Vorsehung in der Natur glaubte, an einen ungehobelten Klotz, einen Atheisten, mit einem Wort: einen Epikureer, der bestritt, daß in der Natur alles zum Besten eingerichtet sei; er hätte es, sagte er, besser gefunden, wenn die Natur Harnröhre und After an die Unterseite des Fußes verlegt hätte, was seiner Meinung nach praktischer und ästhetischer gewesen wäre als der jetzige Zustand. Der Mann hatte Pech: Schon Sokrates hatte, wie Xenophon meldet, dem Aristodemos erklärt, daß die Natur diese Organe optimal placiert habe, nämlich weit weg von den Sinnesorganen. Schnaubend vor Empörung, verwies Galen den Klotz in seine Schranken, und er schnaubte noch immer, als er zum Nutzen der Nachwelt die ganze Diskussion schwarz auf weiß festhielt. Die damalige Welt war genauso aufgeregt wie die von Monsieur Homais oder von *Bouvard et Pécuchet*.[8]

Der Gedanke, daß die Natur Unvollkommenheiten aufweist und besser hätte eingerichtet werden können, wird später Stuart Mill und William James zu der Überlegung führen, daß Gott, falls er existiert, nicht allmächtig und nicht unendlich ist. Karneades selber[9] wandte gegen die Stoiker ein, daß die Natur nicht für den Menschen gemacht sei; das bewiesen das Gift der Schlange und die zahllosen Übel, die die Natur zu Wasser und zu Lande wirke; und wozu sollten Plagegeister wie Mäuse, Mücken und Skorpione gut sein? Der stoische Optimismus hatte auf alles eine Antwort parat: Die Natur kann uns kein Gut gewähren, ohne daß diese Medaille eine Kehrseite hätte. So hat sie unsere Schädelwände leichter gemacht, damit wir den Kopf dem herrlichen Himmel entgegenheben können; dafür ist der Gehirnschädel zerbrechlicher. Die Existenz von Ratten und Wanzen hat einen pädagogischen Sinn: Ratten erziehen uns dazu, nichts herumliegen zu lassen; Wanzen lehren uns, die Schlaflosigkeit tapfer zu ertragen. Der stoische Optimismus war a priori gewillt, für alles Erklärungen zu finden, die der Natur recht gaben. Gewiß, Stürme verschlingen Schiffe; aber ohne Wind gäbe es nichts, was den Himmel blank fegte und das Klima reinigte, so daß tödliche Epidemien ein größeres Übel wären als ein paar Schiffbrüche.

Die Natur hat dafür gesorgt, daß alle lebenden Arten sich erhalten können und nicht von äußeren Kräften aufgezehrt werden, die sie vernichten würden. Genauso hat sie es mit dem Menschen gemacht. Es liegt in unserem wohlverstandenen Interesse, die Natur als Richtschnur zu nehmen.

Man könnte den Stoikern entgegenhalten: »Und wenn ich selber mich von diesem Interesse nicht leiten lassen will? Ihr trachtet im Namen der Sicherheit nach der *totalen* Sicherheit; aber ich kann auch die Sicherheit *nicht* maximieren wollen und das Unerwartete vorziehen, weil in meinen Augen Freuden und Leidenschaften etwas Gutes haben, auch wenn sie mit Risiken verbunden sind.« Der Einwand macht etwas Typisches am Stoizismus sichtbar: Er ist ein System der Fülle, in dem alles in seinem Maximalzustand ist. In einer Art Flucht nach vorn vertritt der Stoizismus das »alles oder nichts« (es ist leichter, auf alles zu verzichten und nichts zu genießen, als maßvoll zu genießen; leichter, die Last niemals abzusetzen, als sie für eine Weile abzusetzen und wieder aufzunehmen). Er wendet sich an verschreckte Voluntaristen.

Ein weiteres Merkmal des Stoizismus wird sichtbar, wenn man sich fragt, warum es eigentlich absolut notwendig sein soll, der Natur zu folgen. Es gibt zwei Möglichkeiten: Entweder hat die Natur es so eingerichtet, daß wir gar nicht anders können, als ihr zu folgen, so wie wir uns der Schwerkraft nicht entziehen oder unseren Herzschlag nicht anhalten können; oder die Natur *möchte* zwar, daß wir ihr gehorchen, aber wir könnten ihr auch nicht gehorchen; es liegt also bei uns, zu entscheiden, was wir vorziehen. Faktum und Imperativ sind nicht dasselbe, und die Natur ist nur ein Faktum. Genauso behauptet der Marxismus zwei Dinge gleichzeitig: daß der Sinn der Geschichte automatisch zur Befreiung des Proletariats führe *und* daß das Proletariat die *Pflicht* habe, auf diesem Strom der Geschichte mitzuschwimmen. Was aber, wenn das Proletariat keine Lust hat, seinem eigenen Interesse zu folgen, so daß der angebliche Sinn der Geschichte sich niemals verwirklicht? Dann ist durch nichts bewiesen, daß es diesen Sinn gibt und er nicht nur ein Produkt unserer Phantasie war. So auch mit der Natur: Woran kann man erkennen, daß sie etwas »will«, wenn die Möglichkeit besteht, daß dieses Etwas nicht eintritt?

In der Tat rechnen marxistische Utopie wie stoische Utopie damit, daß der Interessierte nicht verfehlen wird, soweit absehbar, dem eigenen Interesse zu folgen. Sie formulieren keinen Imperativ – mit welchem Recht auch? Aber sie können dazu *mahnen*, dem wohlverstandenen eigenen Interesse zu folgen; der Marxismus betreibt Propaganda, und das Werk Senecas ist eine einzige solche Ermahnung.

Die Idee einer providentiellen, für den Menschen gemachten Natur verblaßt erst im 19. Jahrhundert, als der Unglaube an Gott um sich greift; Shelley ist erklärter Atheist, Schopenhauer glaubt nur an einen blinden kosmischen Willen, und Leopardi glaubt weder an die Vorsehung noch an die Unsterblichkeit der Seele.[10] Doch der eigentliche Bruch, anderthalb Jahrhunderte zuvor, war mit Spinoza gekommen: Er leugnet die menschliche Freiheit, die Unsterblichkeit der Seele, den Anthropozentrismus, die Personalität Gottes in der Natur und das Gute als Ziel menschlichen Handelns (die Menschen trachten nicht nach dem Guten, sondern nennen »gut«, was die Kausalität ihrer Seele sie suchen und begehren läßt). Wie könnte man Stürme, Erdbeben und Krankheiten zum Werk einer göttlichen Vorsehung erklären? Die Natur selbst ist weder gut noch schlecht eingerichtet, und »alles, was in der Natur ist, ist natürlich«; sie trachtet nicht nach dem, was die Menschen das Gute oder das Schöne nennen. Mit Spinoza beginnt die Moderne, doch tritt der Spinozismus erst kurz vor 1800 aus seinem Schattendasein hervor.

Was den Stoizismus betrifft, so bringt er eine eigene Schwierigkeit mit sich, die seine ganze Lehre beherrschen wird: Die Vorsehung in der Natur hat nicht das Wohl der Einzelwesen im Auge, sondern das Wohl der Gattung und des Kosmos. Wir werden sehen, daß der Stoizismus seine Anhänger ermahnt, ihr individuelles Glück dem Wohl des Ganzen unterzuordnen und sich patriotisch dem Wohl des Kosmos zu opfern, den sie als ihre Heimat lieben sollen. Das wahre Interesse des einzelnen ist dieses kosmische Gemeinwohl.

So existiert für alle Menschen ein und dieselbe gute Art zu leben, die ihnen, unter vollem Einschluß der moralischen Pflichten, jenen utopischen Zustand verschafft, der ein positives Glück ist; es gibt eine gute Natur, die dem Menschen diesen Weg bereitet hat, weil sie alles für ihn geschaffen hat. Was die Natur der Stoiker prägt, ist nicht der »Animismus« und »Artifizialismus« des Kindes und des Wilden, die da glauben, die Natur verfolge Absichten, nach denen sie alles einrichte, sondern ein Moralismus: die Natur tut nicht so sehr das, was sie tun »will«, sondern das, was sie tun muß, um gut zu sein.[11]

Die leere Festung

Der Stoiker ermahnt die Menschen, dem eigenen Interesse zu folgen und sich eine totale Sicherheit zu verschaffen, indem sie einen strategischen Ausweg nutzen, den die Natur ihnen bietet. Dieser Ausweg ist, den Stoikern zufolge, der beste und der einzig mögliche; er ist »revolutionär« (der Mensch muß sich vollständig verändert haben, um ihn zu erreichen). Alles andere hingegen wäre nur ein blasser, recht unsicherer »Reformismus«. Auf jeden Fall gibt es diesen Ausgang; die Menschheit ist nicht zum Scheitern verurteilt. Vor 1820 wagt denn auch niemand, die entmutigende (oder als entmutigend geltende) Möglichkeit eines Scheiterns ins Auge zu fassen; erst dann tritt eine neue Art der Reflexion auf: die Philosophie ohne Happy-End.

Worin besteht nun dieser Ausweg in das glückliche Leben? Er besteht in der inneren Freiheit: Niemand kann mich zwingen zu denken, was ich nicht denke, schreibt Epiktet; ich kann von allem absehen und mich auf meine Fähigkeit des Bejahens oder Verneinens zurückziehen. So steht es in meiner Macht, die falschen Glücksversprechungen Fortunas, das Unglück, die Gefühle und das Leiden zu verneinen. Umgekehrt kann ich das Verhängnis bejahen, das mich in den Abgrund reißt. Sich gern den Befehlen des Schicksals beugen, bedeutet nach Seneca, dem entrinnen, was an unserer Knechtschaft am quälendsten ist: das tun zu müssen, was wir lieber nicht täten. Epiktet hat später diese Überlegungen etwas pedantisch systematisiert; nach seiner klassischen Unterscheidung gibt es »Dinge, die von uns sind« (das Vermögen, ja oder nein zu sagen), und »Dinge, die nicht von uns sind«. Was von uns ist, ist die Vernunft und ihr Vermögen, ja oder nein zu sagen; alles hängt an dieser zentralen Instanz, dieser inneren Festung. Die Festung ist uneinnehmbar, wie man sieht, aber sie ist leer: Alles, was in den Augen der Nichtstoiker das Dasein ausmacht – Wünsche, Launen, gute und böse Stunden, Zerstreuungen, Leidenschaft, Hoffnung, Furcht, Interessen, politische Meinungen, Ehrgeiz, Hang zur Bequemlichkeit –, sind nicht wir.

Das Streben nach dem Glück in Sicherheit liegt im Plan der Natur selbst. Sprechen wir nicht noch heute vom »Selbsterhaltungstrieb«? Wir unterstellen, daß die Natur, da sie die Lebewesen geschaffen hat, ihnen auch die Mittel zum Überleben mitgegeben hat. So greift eines ins andere.

Jedes Lebewesen, ob Pflanze, Tier oder Mensch, will leben, sich in seinem Sein erhalten und vor feindlichen Kräften und einer verständnislosen Umwelt geschützt sein; es nimmt Anteil an sich selbst, es sorgt für sich, ist sich selber nahe, liebt sich selbst so, wie es seine Sprößlinge und seine Jungen liebt; es ist sich selbst der Nächste. Es ist der wohlgeratenen Natur nicht eingefallen, ein Lebewesen zu erschaffen, das nicht lebensfähig und an seinem eigenen Überleben nicht interessiert wäre; sie hat es mit Fell, Federn, Krallen und allen möglichen Instinkten ausgestattet. In einem weiteren Sinne hat die Natur jedem Lebewesen eine »Verfassung« [im doppelten Sinne des Wortes] gegeben, ein Programm, das abzuarbeiten ist, eine Reihe »natürlicher Funktionen«, die zu erfüllen sind: Wir sprechen noch heute von Ernährungs- oder Fortpflanzungsfunktion. Die erste Funktion ist, sich in guter Verfassung zu erhalten; im Hinblick auf diese Funktion essen die Menschen und waschen sich.[12] Da die Absichten der Natur gut sind und ihr Programm für jede Spezies gewiß wohlüberlegt ist, wird jedes Wesen, das seinem Programm gemäß arbeitet, jedes Wesen, das »der Natur folgt«, sich in seiner Haut wohl und glücklich fühlen; denn es tut das, wozu die Natur es gemacht hat.

Wenn die Pflanze das praktiziert, was wir Kohlenstoffassimilation nennen, tut sie nichts anderes, als eine vorprogrammierte Funktion zu erfüllen; wir werden sehen, daß auch die Pflichten, die der Mensch gegen seine Nachkommen, seine Nächsten und die Gesellschaft hat, natürliche Funktionen sind. An dieser Stelle müssen wir den Leser darauf hinweisen, daß das griechische Wort *kathêkon* (lateinisch *officium*), das wir mit »Funktion« wiedergegeben haben, auch »Pflicht« oder, wie man früher übersetzte, »Dienst« oder »Amt« bedeuten kann. Wenn die Leber bei der Erfüllung ihrer »Glykogenfunktion« ein Bewußtsein von dem hätte, was sie tut, und zwischen Tätigwerden oder Untätigbleiben wählen könnte, würde sie aus Vernunft und Pflichtgefühl ihres »Amtes« walten, Glykogen zu speichern. Ein Wesen, das seine Funktionen genau, ohne Übertreibung und ohne Unterforderung, erfüllt, ist ein vollkommenes, vortreffliches oder (so die übliche Übersetzung) »tugendhaftes« Wesen. Die Tugend besteht für jedes Wesen in der vollkommenen Umsetzung seines natürlichen Programms. Es gibt daher auch eine »Tugend« der Pflanzen; sagen wir nicht von einem Baum, der seiner Konstitution als Baum gerecht geworden ist, er sei »schön« und wohlentwickelt?

Freilich ist das kein Verdienst; auch die Katze, die ihre Jungen großzieht, macht sich nicht verdient, denn sie gehorcht lediglich ihrem Instinkt. Der Mensch hingegen, auf einer höheren Stufe als das Tier stehend, handelt nicht mehr aus Instinkt; bei ihm hat die Vernunft die Instinkte verdrängt und abgelöst, sie klärt ihn darüber auf, welche natürlichen Funktionen er hat und erfüllen muß, um vollkommen, »tugendhaft« und glücklich zu sein. Sie lehrt ihn auch das Überleben als Mensch, der diesen Namen verdient: durch Rückzug von der Außenwelt mit ihren scheinhaften Verlockungen und Schrecken. Haben die offenen Augen der Vernunft die Nachfolge der blinden Instinkte angetreten, so weicht der Selbsterhaltungstrieb einer klaren Abschätzung darüber, ob es sich lohnt, weiterzuleben, oder ob es besser wäre, sich zu töten, oder auch, für das Vaterland zu sterben, welch edle Regung die Vernunft als natürliche Funktion oder »Tugend« billigt. Man wird einwenden, daß den meisten Sterblichen ein solcher Tod widerstrebe; wäre in ihnen also noch ein tierischer Instinkt am Werk? Nein; es liegt nur eine fehlerhafte Beurteilung vor, wie wir noch sehen werden. Diese Menschen haben nicht richtig nachgedacht.

In der »Verfassung« des Menschen, in seinem Programm ist die Vernunft oberster Artikel, und der Mensch wird glücklich werden, wenn er diesen Artikel pünktlich erfüllt. Resultat: Die Vernunft, die den Menschen leitet, wird ihn zu einem Ziel geleiten, das kein anderes ist als wiederum die Vernunft; sie ist gleichzeitig Richtschnur und sicherer Port. Wir begreifen jetzt, warum der Mensch allein durch sie und allein für sie leben soll. Das Tier hat zum Schutz vor der Außenwelt Fell, Federn, Krallen und Instinkte; der Mensch, nackt und wehrlos, hat seine Vernunft. Sie hat ihn gelehrt, sich einfache, aber ausreichende Kleidungsstücke zu nähen und Hütten aus Zweigen zu bauen; sie lehrt ihn auch, daß er, um gegen die Außenwelt zu bestehen, alle Wünsche, Ängste und Leidenschaften, die er in sich spürt, kurzum: alle Affekte, der Kritik unterziehen muß; andernfalls wird er zum Spielball der Dinge, der Mitmenschen und des launischen Glücks. Nur die Vernunft ist diesen äußeren Kräften entzogen, weil sie über sie urteilt; sie ist für den Menschen die Garantie für den Erhalt seiner individuellen »nationalen Unabhängigkeit«, wenn man so sagen darf. Sie ist seine Festung.

Wichtig ist allein die Vernunft; sie allein kann beurteilen, was gut für den einzelnen ist. Gut für ihn ist, nicht Kräften ausgeliefert zu sein, die ihm fremd sind. Ohne die Stoiker als Gaullisten betrachten zu wollen, muß man feststellen, daß das Wesentliche in ihren Augen die Wahrung der eigenen Unabhängigkeit ist; Mittel und Ziel der Unabhängigkeit ist die Souveränität des Staates, der obersten Leitung. Diese sitzt beim einzelnen im Geist, in der Seele eines jeden und heißt daher *hegemonikon* (»Führung«).

Um völlige Sicherheit zu erlangen, muß der einzelne sich nur in der Festung seiner inneren Führung verschanzen. In ihr findet er Zuflucht beim Auftauchen einer Gefahr, sie verläßt er mit Billigung der Vernunft und geht hinaus, seine natürlichen Pflichten zu erfüllen, ein wenig Getreide zu ernten, ja einige besonnene Freuden zu genießen. »Aber ist diese Festung«, flüstert der Teufel, »nicht sterbenslangweilig?« Die Stoiker finden das anscheinend nicht.

»Aber diese Natur«, beharrt der Teufel, »hat doch kein Mensch je gesehen oder gehört; haben wir einen Beweis oder wenigstens Anhaltspunkt dafür, daß die Strategie, welche die Stoiker der Natur unterstellen, nicht Ausfluß ihrer eigenen Phantasien und Wünsche ist?« Seneca antwortet, daß es diesen Anhaltspunkt gibt: Es ist der Umstand, daß man für immer weise bleibt, wenn man es einmal geworden ist; man fällt nicht mehr hinter sich selbst zurück, es kommt zu einem Sperrklinkeneffekt. Die Weisheit oder Tugend ist wie ein Bauteil, das exakt an der richtigen Stelle einrastet und sich nicht mehr rührt. Aber offen gesagt: Wie konnte Seneca das wissen? Doch nicht aus eigener Erfahrung und auch nicht aus der Erfahrung der wenigen Weisen, die es bis zu seiner Zeit gegeben hatte. Weder Herkules noch Sokrates noch Cato (die Weisen, die vor Seneca aufgetreten waren, konnte man an den Fingern einer Hand abzählen) haben ihn ins Vertrauen gezogen; er behauptet es auf das Zeugnis seiner Sekte hin.

Ist es überhaupt *möglich*, die Strategie der Natur in die Tat umzusetzen? Der Folter standhalten, den Tod verachten, die Liebesleidenschaft besiegen zu wollen, ist das nicht ein illusorisches Vorhaben? (»Und eine Selbstverstümmelung?« wie der Teufel hinzusetzt.) Dieses Vorhaben wäre, erwidern die Stoiker, in der Tat Voluntarismus, wenn jeder von uns in sich nicht einheitlich wäre, wenn es neben der Vernunft in uns noch etwas selbständig Triebhaftes, Animalisches, Wünschendes und Begehrendes gäbe. Dann könnte man sagen: »Zwei Seelen wohnen, ach! in meiner Brust!« Aber so ist es nicht: Die Seele ist eine und unteilbar, sie ist nicht aus verschiedenen Teilen zusammengesetzt, die einander ignorieren oder miteinander im Streit liegen könnten. Die Unteilbarkeit der Seele war für die Stoiker nicht ohne Grund ein veritables Dogma: ohne sie wäre ihre Lehre ein eitler Traum. Es gibt in uns keine zwei feindlichen Lager; unsere Affekte sind nur die Folge unseres fehlerhaften Vernunftgebrauchs; die Leidenschaft ist ein Denkfehler, vergleichbar einem Rechen- oder Rechtschreibfehler. Nur daß man durch zu langes Wiederholen desselben Fehlers sich in einer schlechten Angewohnheit, einem »Laster«, verstockt. Ganz entschieden ist die menschliche Natur wohlgeraten und monolithisch wie nur irgend etwas.

Nein, der Legende zum Trotz sind die Stoiker keine Voluntaristen. Ganz im Gegenteil: Sie glauben, daß der Verstand alles bestimmt; sie sind Intellektualisten. Ihnen zufolge genügt die Einsicht, daß Liebe nur das Aneinanderreiben zweier Schleimhäute ist, um aufzuhören zu lieben; sich diese verstandesmäßige Auffassung der Sache ganz zu eigen gemacht zu haben, genügt völlig. In ihren Ermahnungen appellieren die Stoiker nie an den Willen; denn der Wille kann schlechterdings nicht versagen, weil der Verstand über ihn im notwendigen Maße gebietet. Der Wille ist nicht der eine Teil der Seele, der den anderen Teil im Stich lassen könnte. Der Verstand selbst läßt die Vernunft in voller Freiheit walten; weder ist er der Gefangene einer Ideologie, noch rührt ein Unbewußtes an ihn. Er plant im hellen Licht einer durchsichtigen Welt. Verderbtheit gibt es nicht mehr; die Stoiker stellen sich nicht vor, man könne das Böse um des Bösen willen wollen; die schlechtesten Menschen, so sagen sie, sind nur geistig krank. Bei völliger Verstandesklarheit ist niemand willentlich böse. Aber betrachten wir die Dinge von einer noch höheren Warte.

Die Methode, sich unter Führung der Vernunft in Sicherheit zu bringen und vor der Außenwelt zu schützen, besteht darin, unempfänglich für Angst, Begierde usw. zu werden, für das also, was bei den Stoikern Leidenschaften heißt und was wir Affekte nennen wollen: Angst, Begierde. Die Gewalt der Affekte liefert uns den Dingen und den anderen Menschen aus. Man muß daher die Ketten seiner Affekte sprengen. Aber kann man das? Aristoteles hielt es für unmöglich; höchstens könne man die Leidenschaften mäßigen und sie, gebändigt, in den Dienst einer guten Sache stellen: Der Zorn dient dazu, um so heftiger gegen die Feinde des Vaterlandes zu kämpfen.

Der Stoizismus geht einen anderen Weg: Für ihn ist das Gemütsleben nicht Aufgeschlossenheit der Seele, sondern eine parasitäre Erscheinung, dazu bestimmt, bei dem Weisen von selbst zu verschwinden. Alles, was man leidenschaftlich tut, kann man genauso gut oder besser kaltblütig tun. Ohne übertriebenen Feinsinn unterscheiden die Stoiker vier »Leidenschaften«: Die Begier gilt einem künftigen Gut, die Furcht einem künftigem Übel; ein gegenwärtiges Gut schafft Lust, ein gegenwärtiges Übel Schmerz. Wozu also sich aufregen? Es genügt, kaltblütig das von der Vernunft gebilligte, künftige Gut zu wollen und sich ruhig gegen die kommenden Übel zu wappnen. Einem gegenwärtigen Gut gewinnt der Weise nicht Lust ab, sondern reine Freude – die Freude, seine Pflicht getan zu haben. (Er kennt nämlich kein anderes Gut als die Beruhigung seines Gewissens: Ist sein Vaterland siegreich aus einem gerechten Krieg hervorgegangen, wird er keine andere Freude empfinden als die, sich sagen zu können, daß er in diesem Krieg im Lager der Gerechten gestanden hat; wird sein Vaterland besiegt, so wird seine Freude nicht geringer sein: Er war darum nicht weniger auf der richtigen Seite!) Schließlich ignoriert der Weise den Schmerz, den die gegenwärtigen Übel den Narren bereiten, weil nichts ihn tangieren kann: Die Übel sind nicht »er«.

Kann ich mich wirklich zu dem Entschluß durchringen, das, was mich zutiefst berührt, sei gleichwohl nicht »ich«? Jawohl; denn Gut und Böse existieren nur in der Vorstellung, die wir uns von ihnen machen; und es steht uns frei, uns eine beliebige Vorstellung von ihnen zu machen. Doch aufgepaßt: Das bedeutet nicht, daß man sich einreden muß, dies alles sei nichts, oder daß man sich dazu zwingen muß, so zu tun, als ob nichts wäre. Wenn die Stoiker so gedacht hätten, wären sie billige Moralprediger gewesen, aber keine Philosophen. Wenn sie lehren, man müsse lernen, den Tod für nichts zu achten, so wissen sie, daß der Tod objektiv und wirklich für uns nichts ist.

Ihr Grundsatz lautet: Jeder noch so glühende Affekt ist in Wahrheit ein Urteil, das sich selbst verkennt, ein kaltes Urteil, aber ein irriges. Den Tod fürchten heißt, zu Unrecht geschlossen zu haben, daß der Tod fürchtenswert sei. Diese Urteilstätigkeit umfaßt jeden Schmerz und jede Lust und ist immer gegeben – sei es implizit (auch wenn die Theorie voraussetzt, daß sie wirklich stattfindet), sei es halb-bewußt, sei es mit voller Entschiedenheit. Als die Kugeln allzu dicht an ihm vorbeipfiffen, sagte Turenne zu seinem zitternden Leib: »Du zitterst, Kadaver; noch mehr würdest du zittern, wüßtest du, was ich mit dir vorhabe!« Dabei dürfen wir nicht etwa glauben, Turenne habe Angst gehabt und sich mit einer Willensanstrengung zusammengenommen: Vielmehr wäre der Stoiker gleich mit der Erklärung bei der Hand, daß Turenne zitterte, ohne daß seine Seele die geringste Furcht empfunden hätte; sein Zittern war einfach eine physiologische Reaktion, wie Fieberschauer. Dafür gibt es auch eine Erklärung: Unser Körper ist eine chemische Verbindung aus Erde und Wasser, zwei schweren Elementen, die unsere Seele nur mühsam bändigt. Die Seele selbst hingegen ist eine Verbindung aus Feuer und aus Luft, die das Feuer mehr oder weniger abkühlt und abschwächt, so daß alle Menschen zwar denselben Verstand haben, aber mehr oder weniger Zeit brauchen, um zu begreifen. Turenne muß wohl einen raschen Verstand besessen und schon lange begriffen haben, daß der Tod uns in keiner Weise betreffen kann.

Warum sind der Tod und die Begierde nichts? Das bedarf der Erklärung. Ich bin vor Kummer außer mir, weil mein Sohn tot ist, die Verzweiflung übermannt mich, ich würde am liebsten den ganzen Planeten in die Luft sprengen. Aber, wird Epiktet zu mir sagen, worum handelt es sich? Um den Tod deines Sohnes, einen Punkt. Das ist alles. Die Weltordnung hat sich nicht verändert, Sterben ist die normalste Sache der Welt. Sieh die Dinge von einer höheren Warte. Wenn du objektiv über sie urteilst, wirst du einsehen, daß dieser Tod ein alltäglicher Vorfall ist, der deinem Sohn kein wirkliches Übel zugefügt hat. Die objektive Sicht der Dinge reduziert sie auf die Wenigkeit, die sie in Wahrheit sind; ist man verrückt vor Liebe, genügt es, sich mit Marc Aurel zu sagen: »Der Geschlechtsdrang ist nur eine innere Reibung unter Krampf und Schleimabsonderung.«

Nun zur Folter und den Folterqualen. Seien wir auch hier objektiv: Zwar wird man uns in einer Stunde foltern; doch da das Leiden noch nicht da ist, existiert es nicht; nehmen wir es nicht nutzlos, aus eitler Furcht, vorweg. Lassen wir uns auch nicht beeindrucken durch das Vorzeigen der Todesinstrumente, das Grauen erregen soll; das ist nur ein böser Augenblick, der vorübergeht. Der Schmerz selbst wird entweder lang, aber erträglich sein, oder er wird entsetzlich, aber kurz sein, da bald der Tod eintritt. Freuen wir uns innerlich, daß wir den Schmerz standhaft erdulden: »Wenn das Leiden heftig ist, können wir es ertragen; wenn es alles Maß überschreitet, wird es obsiegen; inzwischen aber wird die Flamme der Tugend ruhig in uns brennen, so wie im tosenden Wirbel der Winde und der Stürme das Licht in einer Laterne brennt.«[13]

Jetzt zum Tod. Er tangiert uns in keiner Weise; wenn wir ihn fürchten, so leben wir doch noch, und er ist nicht da; ist er aber da, so sind wir nicht mehr da, um es zu wissen. Fühlt aber der Weise kein Bedauern, daß seine Glückseligkeit nicht länger währt? Nein; er lebt im Augenblick, und der erfüllt ihn ganz. Das Glück wird durch Dauer nicht größer. Nichts macht die Glückseligkeit der Stoiker begreiflicher als dieser Satz: Das Glück kennt keine Entfaltung, kein Mehr; es besteht darin, in jedem Augenblick auf der Höhe der Situation zu sein, in der man sich befindet, ihr ins Gesicht zu sehen, sich vermöge der Tugend wieder in den Zustand der Sicherheit zu versetzen, indem man in diese tugendhafte Sicherheit alles verwandelt, was uns der Strom der Zeit an stofflichem Ereignis unablässig zuträgt. Wenn wir also sterben, empfangen wir keinen Stoff mehr, den wir bearbeiten könnten; nichts ward uns genommen, nichts haben wir zu bereuen, im Gegenteil: Unser Tagewerk, als Menschen zu leben, ist beendet.

Schließlich zur Trauer! Man muß erkennen, daß hier ein nur halb bewußtes Urteil vorliegt. Beim Tod eines geliebten Menschen erleiden wir den ersten Schock des Schmerzes – eine Art physiologischer Reaktion oder unbeherrschter Bewegung oder auch ein implizites Urteil: »Der Tod eines Freundes ist ein Unglück.«[14] Doch an dieses Urteil schließt sich ein zweites, das die Dinge dramatisiert: »Der Anstand gebietet, sich über dieses Unglück mächtig zu grämen.« Seneca sagt es an mehr als einer Stelle: Wenn wir die Zeit der Trauer hinter uns haben, müssen wir zugeben, daß es uns gut schien, die Tränen zu übertreiben – aus Lust an den Tränen oder aus Respekt vor der Öffentlichkeit. Der Stoiker ist nicht jemand, der gegen Gefühle unempfindlich geworden wäre, sondern jemand, der sie zu beherrschen gelernt hat; und er ist jemand, der dem Konformismus und den vorgekauten Meinungen mißtraut.

Hinter den Einzelargumenten zu Tod und Folter wird eine allgemeinere Erwägung erkennbar: Da allein unser wahres Ich unsere Leitung ist, kann uns nichts geschehen; denn die Vernunft urteilt über alles, und nichts kann sie dazu bestimmen, etwas Böses zu tun. Wie man sieht, ist der Stoiker keineswegs »stoisch«: er ist ein König; er verfällt nicht in

Jammern, er läßt sich nicht zur Resignation erpressen, bereit, alle Schläge mit dem Schweigen des Opfers hinzunehmen; er ignoriert die Schicksalsschläge, die seine Souveränität des Königs im Exil nicht erschüttern können. Das ist nicht resigniertes Schweigen, das ist Seelengröße.

Wenn der Stoiker stolz der Herr und Meister inmitten der Stürme bleibt, dann deshalb, weil er die Nichtigkeit dieser Stürme wirklich durchschaut hat: Zwang tut er sich niemals an. Das Schicksal der Affekte hängt davon ab, welchen Spruch das Tribunal seiner Vernunft fällen wird; die Zuständigkeit dieses Tribunals markiert die Grenze zwischen »dem, was ich ist«, und »dem, was nicht von mir abhängt«. An uns ist es, diese Markierung zu einer strikten Abgrenzung zu machen. Das Urteil, das unser Tribunal gefällt hat, wird sofort vollstreckt: Wenn ich erkannt habe, daß der Tod nichts ist, ist er auch für mich nichts. Seneca spricht niemals von Resignation; wiederkehrende Vokabeln sind bei ihm »verachten«, »geringschätzen«, »trotzen«.

Die meisten Menschen wissen nichts von der Existenz jenes Tribunals. In ihrer Vorstellung sind Schmerz und Lust Mächte, die man nicht vor Gericht bringen kann; man kann höchstens versuchen, sie zu besänftigen. Sie rufen: »Das Gemütsleben ist nicht nichts, es ist die Stimme der Natur; die Furcht vor dem Tod ist keineswegs ein Irrtum, sondern offenbart das In-der-Welt-Sein von uns sterblichen Menschen; vielleicht ist die Begier unsere Wahrheit – diese Begierde, in der für jedes Geschöpf die größte Süße des Lebens liegt, wie es bei Proust heißt. Die Affekte sind in den Eingeweiden, und unsere Eingeweide sind wir.«

Wie kommt es, daß die Menschen das Gemütsleben derartig überschätzen und aus einer Mücke einen Elefanten machen? Das ist ein Vorurteil aus der Kindheit; die Überbewertung von Schmerz und Lust ist ein alter Irrtum, der bei uns zu einer schlechten Gewohnheit (einem sogenannten »Laster«) geworden ist. Ein zur Gewohnheit gewordener Irrtum hat sich unserer bemächtigt und ist scheinbar natürlich und evident: Wir glauben, weder die Kraft noch die Pflicht zum Kampf gegen ihn zu haben. Statt dessen sind wir dem Laster verfallen, den Tod für fürchtenswert, die Frau für begehrenswert zu halten.

Diese falschen Urteile haben nun eine ebenso spektakuläre wie typische Konsequenz, nämlich einen Zustand der Erhitztheit und Aufgeregtheit, der bis zum Gefühlssturm gehen kann. Man spricht dann von Gemüt, dessen unwiderstehliche Hitze sich sehr von der Kälte des Urteils unterscheidet. Dieses Phänomen scheint in seiner Heftigkeit zu offenbaren, daß jene Welt, die nach den Stoikern »nicht wir sind«, uns doch zutiefst berührt.

Dem ist aber nicht so. Die Stoiker haben ihre eigene Theorie über das Gemütsleben: Es ist nicht die Stimme der Natur, die uns offenbaren würde, daß unser Bezug zur Welt sich in Wirklichkeit über die Tribunale der Vernunft hinwegsetzt; es ist vielmehr nur eine bedeutungslose lokale Erhitzung, eine störende Begleiterscheinung, die automatisch auftritt, wenn unsere Urteile falsch sind, und von selbst verschwindet, sobald unsere Urteilstätigkeit besser funktioniert.

Um das zu begreifen, muß man sich ansehen, was bei diesem Tribunal geschieht. Vier Akteure tagen da: die Vernunft, die den Urteilsspruch fällt, die Vorstellungskraft (auch »Bild« genannt), die der Vernunft den Angeklagten vorgestellt hat, die Billigung oder das Einverständnis, die gegebenenfalls den Argumenten des Angeklagten folgt, und schließlich die Bewegung (Schwung, Neigung, Drang usw.), die aufgrund des Urteils zur Tat schreitet. Nehmen wir an, es wird der Vernunft, die an diesem Tag ihre gewohnte Spannung vermissen läßt, ein Folterinstrument gezeigt; sie urteilt verkehrt und vertritt die falsche These, daß das Instrument grauenerregend ist; die Neigung führt dann zu einem Fluchtversuch. Beim Fällen ihres Urteilsspruchs befand die Vernunft sich in einem solchen Zustand der Schwäche, daß ihr Irrtum erklärlich ist; derselbe Mangel an Spannung hat bewirkt, daß das ganze Verfahren in einer Art von Verwirrung vor sich gegangen ist – wohl einer Verwirrung aus Panik, verursacht durch den Anblick des Blutgerüsts. Trifft der Leser bei Seneca auf Wörter wie Vorstellung, Neigung usw., aber auch Aufmerksamkeit oder Spannung, so weiß er nun, daß der Philosoph dabei, ohne es eigens zu erwähnen, diese theoretische Konstruktion im Sinn hat und seine Worte eine ganz spezifische Bedeutung haben. Dieser Theorie zufolge ist das charakteristische Merkmal der Spannungsabfall; man verliert den Kopf und kann das Blutgerüst nicht mehr objektiv beurteilen. Ist man dagegen im Vollbesitz seiner Kaltblütigkeit, urteilt man vernünftig; gleichzeitig stellt sich keinerlei affektive Erhitzung ein. Die Spannung ist die Kraft der Seele. Für ein gesundes Urteil bedarf es eines »energischen« Geistes; der Irrtum ist eine »Zustimmung aus Mangel an Energie«.[15]

Darum also weist der Stoizismus entrüstet den aristotelischen Standpunkt zurück, man müsse die Leidenschaften mäßigen, um sie in akzeptabler Dosis nutzbar zu machen. Seneca betont es mehr als einmal: Es geht nicht darum, die Leidenschaften zu mäßigen, sondern darum, sie vollständig auszumerzen. Diese Lehre hat einen tieferen Sinn, den man nicht verkennen darf. Sie ist weder emphatisch rächender Zorn, der entschlossen ist, bis zum äußersten zu gehen und das Tier in uns zu zerquetschen, noch rhetorische Übertreibung, die das Unmögliche fordert, um das Mögliche zu erreichen: Seneca hat nichts von einem Rhetor an sich. Man muß die Affekte auslöschen, schreibt er, weil man niemals sicher sein kann, sie endgültig gebändigt zu haben; zuletzt können sie sich doch losreißen und unsere Vernunft hinwegfegen. Aber dieser kluge Rat ist nur eine lockere Art, die Dinge darzustellen; in Wirklichkeit ist es nicht bloß gefährlich oder schwierig, von der Vernunft die Mäßigung der Leidenschaften zu erwarten, sondern schlechterdings unmöglich und widersprüchlich; denn dort, wo Leidenschaft ist, ist Vernunft nicht mehr.

Der Stoizismus ist philosophisch genauso anfechtbar wie jede andere Lehre, aber er verkündet keine Platitüden; er behauptet nicht, daß man die Leidenschaften austilgen »muß«, sondern *konstatiert*, daß das Gemüt nichts anderes ist als die mangelnde Spannung der Vernunft. Aristoteles stellte sich vor, daß ein bestimmter Teil der Seele – die Vernunft – die Leidenschaften überwache und in ihren rechten Grenzen halte. Für den Stoiker ist das absurd, weil die Seele eine und unteilbar ist. In ihr gibt es nur die Vernunft, im Zustand der Spannung oder im Zustand der Ermattung; wenn die Vernunft sich ermattet findet und ihre »Muskeln« vor übergroßer Anspannung krampfhaft zittern (dieses Zittern ist die Gefühlsverwirrung), wird sie ganz und gar unfähig sein, ein gesundes Urteil über die rechten Grenzen zu fällen oder im sofortigen Handelnwollen einzuhalten. Es ist nicht so, daß die Leidenschaften die Vernunft schwächten; vielmehr entspringen sie einer geschwächten Vernunft; es wäre absurd, von eben dieser ohnmächtigen Vernunft eine Zügelung der Leidenschaften erwarten zu wollen. Nicht, weil wir Leidenschaften haben, urteilen wir schlecht und haben wir ein Herz, das vor Begier oder vor Furcht zittert, sondern weil wir schlecht geurteilt haben, geben wir der Angst oder der Begier Raum. Und das störende Zittern der schwachen Spannung verleiht unserem unklugen Verhalten jene Aura des leidenschaftlich Erregenden, jene Verwirrung, die viele Menschen faszinierend oder unüberwindlich finden und die man Gefühlston nennt.

Wir sprachen von affektiver Verwirrung und von Verkrampfung. Die Stoiker griffen zu einer anderen Metapher: Sie sprachen von den

»Wirbeln« eines zum reißenden Strom gewordenen Flusses. Das ist mehr als ein naheliegender Vergleich; die Spannung ist recht wohl eine Art elektrischer Strom in jenem aus Feuer und Luft zusammengesetzten nervösen System, das man »Seele« nennt. Entweder ist man Materialist, oder man ist es nicht. Seneca belehrt uns darüber, daß bei den Tieren – die doch weniger vollkommene Wesen sind als wir – die instinktiven Bewegungen oft planlos und erregt verlaufen. Das will viel sagen; es macht die große Verheißung begreiflicher, die uns der Stoizismus aus dem Munde eben dieses Seneca macht: ein »vollkommen glückliches Dasein, das sich in einem geregelten Lauf abspielt« und nicht in Wirbeln. Unser Autor liefert hier nur die Paraphrase des griechischen Wortes *euroia*, das jene Verheißung zusammenfaßt. Man darf es nicht mit »behaglicher Lauf« übersetzen, was oft geschieht (der Stoizismus kümmert sich nicht um die Behaglichkeit), sondern muß »gleichmäßiger Strom« oder »geregelter Lauf« sagen. Unser Dasein wird ohne affektive Wirbel verlaufen; das ist das wahre Glück.[16]

Ein Dasein, das sich allein auf den Gebrauch der Vernunft beschränkt, garantiert Vortrefflichkeit und Seelenruhe. Nur der ist würdig, den großen Namen »Mensch« zu tragen, der nichts anderes lebt als den heroischen und gelassenen Teil seines Ichs. Aber eigentlich sind wir – bis auf unsere Irrtümer – ohnehin nichts anderes als dieser Teil; wir sind Engel – fehlbare Engel, die aber nichts mehr vom Tier an sich haben. Mitunter kommt es vor, daß Seneca, in dem Wunsch, die narzißtische Begeisterung seiner Leser oder Schüler zu entflammen, fordert, der Mensch *müsse* sich über das Tierische erheben und in der Hierarchie der sterblichen Wesen bis zu jenem höchsten Platz aufsteigen, den die Natur ihm vorbehalten hat: dem des vernunftbegabten Wesens; er *müsse* sich auf das spezialisieren, was die Natur ihm allein mitgegeben hat: die Vernunft. Damit scheint uns die Wahl zwischen dem Engel, dem Tier oder irgendeinem Mischungsverhältnis aus beidem offenzustehen. In Wirklichkeit ist diese Option nur Schein; Seneca mahnt uns zum Verzicht nicht auf den animalischen Teil in uns, den es nicht mehr gibt, sondern auf den allzu menschlichen Teil: die Irrwege unserer verblendeten Vernunft. Wir selbst würden diesen Weg wählen, wenn wir klare Augen im Kopf hätten, weil es der Weg unseres eigenen wohlverstandenen Interesses ist. Der Anfang der Weisheit, sagt Seneca auch, ist es, daß wir »der Freund unserer selbst werden«, worunter zu verstehen ist: daß wir unserem eigenen Interesse folgen, das heißt, uns von Irrtum und »Lastern« befreien, um wirklich glücklich zu werden.

Es ist nicht das Tier in uns, das seine Haut retten will, es ist unsere menschliche Vernunft, die unter zu schwacher Spannung das Urteil fällt, daß Sterben ein Übel sei. Sie urteile besser, und sie wird frei sein. Sie wird dann nur noch eines wollen: das bleiben, wozu die Natur sie gemacht hat, nämlich ein vernunftbegabtes und autonomes Wesen. Dann werden wir uns in einem Zustand der *absoluten* Sicherheit befinden. Wir werden zum Beispiel niemals sagen, eine Leidenschaft könne die Seele bereichern oder uns gar auf eine Entdeckung stoßen lassen; wir werden niemals das Wagnis eingehen, uns an ein äußeres Gut zu binden – es würde uns in seinen möglichen Untergang mitreißen.

Menschen, die keine Stoiker sind, laufen Gefahr, diese Sicherheit für teuer erkauft zu halten. Es verschwindet aus unserem Horizont alles, was Begier, Laune, Wagnis, Unternehmungslust, Schöpfung, Eigenart, Hoffnung heißt, ja es verschwinden, wie wir sehen werden, sogar Zivilisation und kulturelles Leben. Alles ist rationalisiert und kanalisiert, es kann nichts Neues eintreten; niemals wird ein Stoiker das Gefühl haben, vor etwas Großartigem der Seele zu ermangeln. Die Dinge an sich sind nicht von Interesse; »die Vortrefflichkeit braucht nichts, sie freut sich an dem, was sie hat, ohne zu begehren, was ihr fehlt«, schreibt Seneca. Die Vernunft gebietet nichts; sie wartet, daß ihr konkrete Fälle zur Beurteilung vorgelegt werden; sie hat keinen Inhalt. Die herrscherliche Festung ist leer.

Diese Festung findet sich im 82. Brief an Lucilius. Zunächst jedoch verdeutlicht Seneca, daß nur eine Errungenschaft der hohen Kultur namens Philosophie sie uns errichten kann: »Mit der Philosophie müssen wir uns umgeben, einer uneinnehmbaren Mauer, die das Schicksal, auch wenn es sie mit vielen Belagerungsmaschinen angreift, nicht überschreitet. An unüberwindlicher Stelle befindet sich eine Seele, die Äußerlichkeiten hinter sich gelassen hat und in ihrer Burg ihre Freiheit behauptet; das wird allein gewährleisten die Kenntnis seiner selbst und der Natur«,[17] anders gesagt die Naturphilosophie und die allgemeine Anthropologie.

So erklärt der Stoizismus also, daß der Mensch nach dem Glück strebt und daß die Natur ihm den Weg dorthin bereitet hat, indem sie ihm die Vernunft als Richtschnur mitgab. Was leistet nun aber die Philosophie oder Weisheit, diese esoterische Wissenschaft, hier, in der freien Natur?

Sei dein eigener Befreier

Jeder Mensch ist ein gutes Samenkorn, wenn er aus den Händen der Natur kommt, aber die Entwicklung dieses Samenkorns wird schon bald durch die Empfindung von Lust und Schmerz in eine falsche Bahn gelenkt. Die Gesellschaft strahlt diesen Irrtum aller auf jeden einzelnen zurück. So wäre die Natur schlecht eingerichtet? Nein; denn sie hat die Ausarbeitung der Weisheit oder Philosophie möglich gemacht. Deren Lehren zu beherzigen wird uns zum persönlichen Verdienst gereichen und erlauben, die ursprüngliche Verirrung zu korrigieren. Diese Weisheit ist im Grunde seit jeher bekannt; die stoische Lehre ist nur eine – allerdings hartnäckige – Erinnerung an dieses unvordenkliche und allen Menschen gemeinsame Wissen. Dank der Weisheit werden wir ein glückliches Leben haben, und wenn wir schon keine vollendeten Weisen werden, »wird doch unser Leben erträglich und geschätzt sein«. Ohne Philosophie aber »kann niemand ohne Zittern und in Sicherheit leben«: *sine philosophia nemo intrepide potest vivere, nemo secure.*

Die Tiere, der Vernunft ermangelnd, können nicht scheitern, sie kennen weder Leidenschaften noch Laster, auch kein Verdienst. Die Vernunft, die beim Menschen an die Stelle der Instinkte tritt, kann sich täuschen; sie muß auch selber die großen Wahrheiten erst entdecken. Jeder will von Geburt an glücklich sein, aber die Kenntnis der richtigen Methode dazu ist ihm nicht in die Wiege gelegt, und sie ist auch keine Empfindung nach Art der Farben oder der Lust. Sie ist eine erworbene, ausgearbeitete Vorstellung. Trotzdem erfolgt diese Ausarbeitung sehr schnell und bei allen Menschen, weil die Natur in allen die Ahnung der Vortrefflichkeit angelegt hat. »Wir werden ohne Tugend geboren, aber für sie.« Die Natur hat uns »bildsam« erschaffen, »indem sie uns eine Vernunft mitgab, die unvollkommen, aber verbesserungsfähig ist«. Mehr brauchte sie nicht zu tun: Da die Vernunft ihre eigene Richtschnur ist, wird sie sehr wohl ihren Weg zu finden wissen.

Die Ahnung der Tugend, sagten wir: Tatsache ist, daß wir ohne Erziehung lange Zeit in voller Naivität sündigen können, daß wir aber bei der ersten Belehrung begreifen, wo das Gute lag, und erröten. Wir erkennen das Gute, ohne es jemals gesehen zu haben; wir hatten also die Saat der Sittlichkeit in uns. »Die Natur hat allen Menschen die Grundlagen der Tugenden und ihren Keim mitgegeben«; der angeborene Beginn des Guten ist »schon bei dem Neugeborenen vorhanden«. Außer der Tugend haben wir die Ahnung eines Gottes. Diese angeborenen Ideen (so der terminus technicus) vom Göttlichen und von der Sittlichkeit wirken wie ein Funke: Wenn man uns belehrt und uns im Sinne einer Pflicht, die wir bisher vergessen hatten, »erinnert«, wird der Funke »unter dem Hauch der Worte zur Flamme« (dieses Bild ist ohne Zweifel wörtlich zu nehmen: Die Wörter sind aus bewegter Luft gemacht, nur ihre Bedeutung ist unkörperlich). Kurzum, es bedarf des Schocks einer Empfindung, damit wir den Begriff der Tugend bilden. Dieser Begriff unterscheidet sich völlig von den individuellen Meinungen, die von Mensch zu Mensch variieren, weil sie nicht aus einer angeborenen Idee hervorgegangen sind; der Beweis dafür ist, daß alle Völker eine einzige Ethik, eine einzige Religion haben. Wir modernen Menschen würden solch universalen Konsens eher verdächtig finden: Nichts ist verbreiteter als Aberglaube, Geisterwahn und *machismo*. Für die Stoiker hingegen ist das, was universal ist, natürlich (der Zufall würde eher zu einer Vielzahl von Meinungen führen), und das, was natürlich ist, wahr; denn die Natur ist zu gut, um uns zu täuschen.

Die Empfindung ist ein physischer Schock, der uns veranlaßt, Ideen zu bilden. Eine schmerzhafte Empfindung, die wiederholt auftritt, läßt uns den Begriff »Leiden« bilden; wir sehen den Zusammenhang zwischen der Sonne und dem hellichten Tag, die Ähnlichkeit zwischen einem Feuer und dem Blitzstrahl. Und die Vortrefflichkeit? Ihren Begriff gewinnen wir durch Analogie,[18] und zwar durch sie allein; denn Tugend ist eine sehr allgemeine Idee, ein Prinzip, aus dem die verschiedenartigsten tugendhaften Handlungen entspringen: nicht übermäßig essen und trinken, den Bedrängten beistehen... Doch der natürliche »Keim« läßt uns begreifen, welche Analogie zwischen diesen Handlungen besteht. Der sehr allgemeine Begriff der Tugend erlaubt uns die Erhebung über die Sinnesdaten der Empfindung; er erlaubt uns ferner ein tugendhaftes Reagieren aus Prinzip, nicht bloß aus der Laune des Umstands. So liegen Lust und Schmerz auf einer bestimmten Ebene, während die Tugend auf einer anderen Ebene liegt. Die ursprüngliche Verkehrtheit kommt in den Blick.

Aber auch die Weisheit ist da; »du wirst niemanden finden, der nicht der Ansicht wäre, daß Weisheit ein Gut ist und daß es gut ist, weise zu sein« – auch wenn er selbst es nicht ist und den anderen Menschen in ihrem Wahne gleicht. Gewiß, was die Menschen sagen, ist eine Kakophonie, so sehr gehen ihre Meinungen auseinander; doch anstatt diesen Gesprächen zuzuhören, halte man sich an die Diskurse, die zählen: an die Dichtung, diese Ursprache, an Homer, an die großen Klassiker Euripides oder Menander, oder auch an die Sprichwörter und Sentenzen, die man den Kindern beibringt. In allen diesen Quellen wird man den uralten Schatz ein und derselben Weisheit entdecken. Chrysipp führt seitenlange Zitate aus Euripides an, um mit seinen Worten zu belegen, daß der Mensch mit dem Herzen denkt und nicht mit dem Hirn; Seneca referiert mit der ernsthaftesten Miene der Welt Schulsentenzen. Die stoische Philosophie ist keine Offenbarung, kein Ereignis, das einen Wendepunkt in der geistigen Evolution der Menschheit markieren würde; ein solcher Anspruch würde sie suspekt machen. Sie wiederholt lediglich das, was die Menschen schon immer gewußt haben, obwohl sie es selten wahrhaben wollen. Die anerkannten Weisen – Herkules, Sokrates – sind hundert oder tausend Jahre älter als die ersten stoischen Schriften. Die Kultur ist nur eine Mode, eine Verirrung: Die Natur ist alterslos, und ihre Kenntnis ist allen Menschen gemeinsam.

Die Natur »läßt den Menschen frei und heil zur Welt kommen; die Laster, die ihn beherrschen, sind nicht natürlich«. Doch auch wenn der Mensch von Natur aus gut ist, geschieht es leider nur zu oft, daß seine Vernunft zu einem falschen Urteil über das wahre Gute gelangt. Übertreiben wir trotzdem nicht: Der Einfluß des Tugendbegriffes ist im normalen Gang der Welt spürbar; die Menschen erfüllen ihre Pflichten recht und schlecht, ziehen ihre Kinder auf, zeigen dem verirrten Wanderer den Weg usw. Nur ist ihr Verhalten unvollkommen; sie tun ebensooft Böses wie Gutes, sie sind ungleichmäßig, weil sie das allgemeine Prinzip vergessen, dem einheitlich alle ihre Handlungen entspringen sollten; mehr noch, sie besitzen etwas, das man heute Zivilisation oder Kultur nennt und das nichts anderes als ein immenser, widernatürlicher Auswuchs von Lastern ist, die zu kollektiven Gewohnheiten wurden. Diese allgemeine Verirrung der Vernunft rechtfertigt die Behauptung, daß bis auf ganz wenige Ausnahmen alle Menschen krank, geistig krank sind.

Die Gründer der Stoa und nach ihnen Seneca lehren, daß diese Verirrung zwei Quellen hat: bestimmte Empfindungen und die allgemeine Meinung. Sie wirkt vom Augenblick der Geburt an. Die Empfindungen des Angenehmen und des Unangenehmen prägen die Seele des Neugeborenen; danach sind es seine Amme und seine Eltern, ganz zu schweigen von den Dichtern, die Liebe und Lust besingen, die ihn durch ihre Reden und durch ihr eigenes Beispiel daran gewöhnen, der Lust und dem Leiden eine überragende Bedeutung beizumessen, anstatt beides im Lichte der Vernunft zu beurteilen. Sie lassen ihre eigene, ursprüngliche Verirrung »wie ein Echo«[19] auf ihn zurückwirken, so wie er selbst sie später auf seine eigenen Kinder zurückwirken lassen wird. Kaum daß das Neugeborene den Mutterleib verlassen hat und aus der feuchten Wärme des Schoßes in die trockene Kälte dieser Welt gekommen ist, so bereitet ihm die Hebamme schon ein warmes Bad! Das erste, was das Kind lernt, ist der Unterschied zwischen Schmerz und Lust.

Gewiß, entgegnete der Arzt Galen den Stoikern, aber wie kommt es, daß der Säugling dem Schmerz und der Lust, die die Vernunft verachtet, überhaupt eine Bedeutung beimißt? Ist es nicht so, daß die Vernunft für uns nicht alles ist? Daß es da noch etwas anderes, Nichtreduzierbares gibt? Es hätte schon weniger ausgereicht, um Seneca in Zorn zu versetzen; er mochte den Gedanken nicht dulden, daß die Lust irgendeine natürliche Bedeutung haben könnte. Was hätte er erwidern können? Daß die Empfindung um eine Spur früher einsetzt als die Ausarbeitung der angeborenen Ideen; oder daß der ideologische Druck der Umgebung gewaltig ist. Vor allem erwiderte er meiner Ansicht nach, daß die Seele des Neugeborenen noch »weich« ist und noch nicht genügend Tonus besitzt, um die Lehren der Empfindung zurückzuweisen.[20]

Nach der Empfindung nun das Phänomen der Gewöhnung. Die Bedeutung von Lust und Schmerz ist ein allererster Irrtum, der im Laufe der Jahre eine Gewohnheit wird, die sich gegen uns behauptet, wie alle Gewohnheiten, so daß wir sie für natürlich halten und ein Mann wie Epikur sogar eine ganze Philosophie auf diesem Aberglauben an die Lust aufbauen konnte. Die Gewohnheit verstärkt sich jedesmal, wo wir ihr erliegen, ein wenig mehr. Die Stoiker glauben nicht, wie ihr Gegner Galen, daß es in der Seele einen affektiven Teil gibt, aber sie glauben an die Gewöhnung, die sie sich in ihrem Materialismus als physisches Phänomen vorstellen, als Verhärtung. »Verhärtet«, »hart geworden«, sagt Seneca des öfteren. Zu erklären, wie diese Verhärtung der Seele vor sich gehen soll, fiel ihnen kaum ein; für sie machte die Alltagserfahrung (Chrysipp erinnert an Wasser, das zu Eis gefriert) diesen Vorgang zu etwas völlig Selbstverständlichem. Durch Wiederholung gewöhnt man sich an irrige Verhaltensweisen (die dann »Laster« genannt werden) ebenso wie an vernünftig überlegte (die »Weisheit« heißen). Die Seele bleibt unteilbar eine, sie ist nicht das Gespann zweier Pferde, von denen das eine, vernünftige hierhin zieht, während das andere, allzu gemütliche dorthin zieht: Die Seele wird allein von der Vernunft gezogen, aber diese kann die Lust lieben, bequeme Gewohnheiten annehmen und sich verstocken. Die Gewohnheit wird zur zweiten Natur, zu einer eingewurzelten Seinsweise (man spricht auch von »Habitus«), zu einer chronischen Krankheit. Aus einem nicht auskurierten Husten wird eine Lungenkrankheit (Seneca war Asthmatiker). Hier liegt also eine Einschränkung dessen vor, was wir eingangs betont haben: daß Leidenschaft nichts anderes sei als einfach eine fehlerhafte Einschätzung. Das ist zwar richtig, gilt aber nicht für die Gewöhnung. Es genügt nicht, sich einmal gesagt zu haben, daß die Liebesumarmung nichts ist, um nicht mehr zu lieben; vielmehr muß man sich noch lange mit dieser Wahrheit sättigen und durchtränken.

Die Gewohnheit bewirkt in Verbindung mit der ursprünglichen Verirrung, von der niemand verschont bleibt, daß jeder Mensch seine »Laster« hat, verhärtete, eingewurzelte Irrtümer, die buchstäblich »Krankheiten der Seele« sind (Seneca liebt diese Formulierung). Bilden wir nun aus allen Individuen eine Gesamtheit und gehen zur kollektiven Betrachtung über, so wird uns jede Gesellschaft, gleichgültig in welcher Epoche, als riesiges Narrenhaus erscheinen. Der einzige Beweis für die eigentliche Rechtschaffenheit des Menschen ist die nicht minder universale Empfindung der Scham, diese Huldigung der Krankheit an die Gesundheit. Haben wir die Weisheit, uns über diese kollektive Verirrung nicht zu ärgern! Die Täter sind zugleich die ersten Opfer; es sind keine Entarteten, die ihre Weisheit verloren hätten. »Weise ist man nicht, man wird es.« Über den Gemeinplatz von der angeblichen Sittenverderbnis Roms kann Seneca nur lachen: »Ein Zeitalter der Unschuld hat es nie gegeben«; die Laster wechseln von Jahrhundert zu Jahrhundert, aber ihre Quantität bleibt immer gleich. In der jetzigen Zeit, unter der Herrschaft der Caesaren, heißt dieses Laster »Luxus« (ein unübersetzbares Wort: die *luxuria* besteht darin, daß man sich alles erlaubt und sich nichts versagt); im vorangegangenen Jahrhundert, dem der Bürgerkriege, war es die Grausamkeit. Jede Epoche hat ihr dominierendes Laster, ihre eigene Zivilisation.

Seneca hat ein fast halluzinatives Bild von der Gesellschaft: Sie ist »ein Zusammenschluß wilder Tiere«, die schlimmer sind als die Wölfe, die sich wenigstens nicht gegenseitig auffressen. Seine Ablehnung der Realität ist ebenso heftig, wie es eines Tages die Verdammungsurteile über die bürgerliche Gesellschaft und dann über die Konsumgesellschaft sein werden, oder wie die Weltverachtung, der *contemptus mundi*, der Ordensgeistlichkeit. Alles, was Länder und Meere bedeckt, ist Ausdruck dieses kollektiven Wahnsinns: Häuser, Städte und Schiffe (es ist widernatürlich, exotische Produkte herbeizuschaffen, die die Vorsehung Gottes sicher aus guten Gründen an anderen Gestaden wachsen läßt).

Um einen Zustand der Gesellschaft anzutreffen, der im Einklang mit der Natur gewesen ist, muß man aus der Geschichte, ja aus der Wirklichkeit heraustreten: Im Goldenen Zeitalter der Vorgeschichte wollte der Mensch dem Menschen nichts Böses, die politische Macht lag immer in den Händen guter Könige, und die Menschen begnügten sich mit einfachen Hütten, Höhlen und Kleidern aus Tierfellen. Und doch bleibt Seneca vor dieser natürlichen Reinheit merkwürdig zurückhaltend. Diese Menschen, schreibt er, waren keine Weisen, sondern große Kinder; sie kannten den Irrtum nicht, und ihre Makellosigkeit ist ohne Verdienst, weil verdienstvoll nur eine Rechtschaffenheit ist, die verloren, aber durch Philosophie wiedergewonnen wurde. Vielleicht hat Seneca den unbewußten Wunsch, Unlust zu empfinden, um sich verdient zu machen; vielleicht liebt er den geistigen Schutzwall der Kultur zu sehr, als daß er eine Epoche bewundern könnte, in der die Philosophie unnütz war; vielleicht argwöhnt er auch, daß diese ferne, ach so paradiesische Vergangenheit dem Unlustprinzip allzusehr entgegengesetzt ist, als daß sie wirklich existiert haben könnte.

Die Krankheiten der Seele zeichnen sich dadurch aus, daß die Patienten sich nicht krank fühlen; diese Wahnsinnigen sind in ihrem Zustand glücklich. So ist »die Entdeckung, daß man krank ist, der Beginn der Genesung«. Da steht nun eine Seelenmedizin, genannt Philosophie, für uns bereit; »was braucht man also, um ein Mann von Wert zu werden? Den Willen«, das heißt, man muß einwilligen, einen Arzt zu konsultieren und seine Anweisungen strikt zu befolgen.[21]

So lautet denn auch der erste Satz der *Briefe an Lucilius*: »Ja, mein lieber Lucilius, sei dein eigener Befreier«[22]; befreie dich selbst von den Ketten unserer verstockten Irrtümer, unserer eingeschliffenen Affekte, der Begier und der Furcht. Nichts ist leichter für uns, als uns zu befreien; steht es uns doch frei, zum Arzt zu gehen. Allerdings gehen wir nur zu ihm, wenn unser Verstand sich hat überzeugen lassen, daß wir krank und weniger glücklich sind, als wir glauben; sich selbst lieben heißt, sich nicht über seinen Zustand beklagen. Du würdest nicht nach Weisheit streben, wenn du sie nicht schon ein wenig kenntest; der durch das Wissen befreite Willen erlaubt den Rückgewinn der Freiheit, allein unserer Vernunft zu gehorchen; diese gebietet, daß wir uns keinem äußerlichen Gegenstand unterwerfen, um eben diese Vernunft als Bedingung unserer Unabhängigkeit und damit unserer unfehlbaren Sicherheit zu bewahren. Die Unabhängigkeit dessen, was man den Verstandeswillen *(l'intellect-volonté)* nennen könnte, ist selbst ihr eigenes Ziel und das Mittel ihrer eigenen Befreiung.

Wie befreit man sich von den durch Gewöhnung eingeschliffenen Fehlern? Indem man sich, durch Wiederholung, an die entgegengesetzten Wahrheiten gewöhnt; mit jeder Wiederholung kommt man der Weisheit einen Schritt näher. Die Wiederholung eines rechtschaffenen Verhaltens läuft nämlich nicht auf Tierdressur hinaus. Man tränkt sich zugleich mit der Wahrheit, die dieses Verhalten zu einem rechtschaffenen macht. Das ist nicht die Methode Pascals, der damit beginnt, Gebärden auszuführen, »die Maschine zu rüsten«, sondern das Umgekehrte: Man vollzöge nicht die rechtschaffene Handlung, hätte man nicht angefangen zu begreifen, daß man vorher verkehrt gehandelt hat; die Rechtschaffenheit wird sogleich erkannt, und zwar dank unserer angeborenen Ideen. Der Verstand hat Vorrang.

Sobald der Irrtum der Begier oder der Furcht erkannt ist, wird es möglich, die nächste fehlerhafte Bewegung auszusetzen; diese Methode wird in der Abhandlung *Über den Zorn* des langen und breiten empfohlen. Man enthält sich des Handelns und nutzt diese Pause, um über den Gegenstand der Erregung ein besseres Urteil zu fällen; man »überschläft« die Sache.[23] Das ist die Anweisung Senecas: Man wiederhole dieses Einhalten, bis es automatisch erfolgt. Die Heilung der geistigen Krankheit durch Einsicht in die universellen Vernunftwahrheiten unterscheidet sich wesentlich vom psychoanalytischen Eindringen in die Niederungen der persönlichen Geschichte des Kranken; alles reduziert sich auf den Verstand und auf Einübung, dem ganzen Vorgang fehlt alles Mitleiderregende oder Pathologische. Der Entschluß zur Sorge für sich selbst hat nicht die Wucht einer Konversion zur Weisheit, der Wille zur Gesundung ist nicht Ausfluß einer unerträglichen Krankheit. Im Gegenteil, der Kranke fühlte sich bisher vollkommen gesund. Alles ist in das ruhige Licht des Verstandes getaucht.

Dieselbe Ruhe erfüllt die Untersuchung der Mächte des Irrtums. Hinter diesen Mächten steht nicht der Teufel; vielmehr sind es die

Mächte der Wahrheit, die nur übel gelenkt wurden. Wenn ein äußerlicher Gegenstand uns verlockt, unsere Begier oder unsere Neigungen reizt und wir zum Handeln übergehen, scheint jener Gegenstand uns zu ziehen und die Ursache unserer Verirrung zu sein. In Wirklichkeit ist er nur die »vorgängige Ursache«, die Gelegenheit, die den Dieb macht. So wurde Paris beim Anblick Helenas zum Dieb aus Liebe, aber die wahre Ursache, die treibende Ursache war allein er selbst, der nicht gelernt hatte, daß es keine Gegenstände gibt, die begehrenswert sind, und daß sie es nur im Urteil von Narren sind. Die Leidenschaft ist stoischer Lehre zufolge ein »Pleonasmus«, sie geht zu weit und überschreitet das rechte Maß. Dies jedoch nicht aus libidinöser Energie, sondern aus einem falschen Urteil über die ihr gesetzten Grenzen. Man geht zu weit, weil die Gelegenheit einen mitreißt, nicht aus irgendeiner Unendlichkeit der Begierde, die ihre eigene Energie, ihre eigene Expansionskraft hätte und sich in der einen oder anderen Weise entladen müßte; das Menschenbild der Stoiker ist weit entfernt von jenem Freuds.[24]

Niemals wird der Wille dem fehlen, der aufrichtig will; »das Wollen braucht man nicht zu lernen«, schreibt Seneca, *velle non discitur*. Unabhängig davon, ob man die Wahrheit sieht oder sie falsch beurteilt, man geht automatisch zum Handeln über, um den Urteilsspruch zu vollstrekken; wo die Modernen vom Willen sprechen, stellte die antike Philosophie lediglich fest, daß die Lebewesen eine natürliche Fähigkeit zum Handeln besitzen und »Selbstbeweger« sind, wie der Fachausdruck lautet. Hinter dieser Spontaneität einen geheimnisvollen, schmerzlichen Willen wirken zu sehen, bedeutet lediglich, das Ding in sich selbst und seinen verbalen Schatten zu zerlegen; denn um zum Handeln überzugehen, müßte man wollen, aber um zum Willen überzugehen, müßte man wollen wollen, wie Baron Münchhausen, der sich vor dem Ertrinken rettete, indem er sich an seinem eigenen Schopf aus dem Wasser zog. »Wollen« hieß also ganz einfach »beschließen« oder »tun«.

Gewiß, um zu tun, bedarf es der Spannung, aber ihrer bedarf es auch beim Urteilen, und in beiden Fällen verfügt man über genau die Quantität an Spannung, deren man sich bedient – nicht mehr und nicht weniger; viel Spannung, um gut zu urteilen, und weniger, um verkehrt zu urteilen. Man wird aber niemals behaupten können, man habe der Spannung völlig *ermangelt*; verdankte sie ihre Existenz doch dem Umstand, daß die Stoiker irgendwie erklären mußten, warum die Seele nicht bloß ein simpler Speicher von Informationen war, sondern diese Informationen auch verarbeitete und demgemäß handelte. Die Energie ist das dynamische »Double« der Bewegungen, die Kehrseite der Medaille. Die Rückseite kann aber nicht größer oder kleiner sein als die Vorderseite.

Dafür kann man nach Belieben die Medaille von vorn oder von hinten ansehen. Bald sagt Seneca: »Sei wachsam, spanne die Seele an« (und meint damit »dann urteilst du recht«), bald sagt er: »Urteile besser« (womit er meint, daß die Seele, um gut zu urteilen, sich anspannen wird, so gut es geht). Fortschritte sind nicht eine Sache des Willens, sondern der Übung; durch Übung lernt die Kraft der Seele, sich anzuspannen, sagte Chrysipp, aber er sagte auch, daß durch Übung die Wahrheit zur Gewohnheit wird und sich »spannt« wie Eis.[25] Wollen und wissen gehen im Gleichschritt, ebenso begreifen und handeln. Es ist vorgekommen, daß Seneca einen Schüler, den man ihm geschickt hatte, abwies, weil er durch allzu verhärtete Laster unbrauchbar war; aber weder Seneca noch irgendein anderer Stoiker pflegten einem Menschen mangelnde Willenskraft vorzuwerfen.

Das der Vortrefflichkeit gemäße Handeln wird nicht mehr als Resultat eines Streits zwischen verschiedenen Teilen der Persönlichkeit aufgefaßt; die stoische Konzeption geht vom Zustand der seelischen Gesundheit bzw. Krankheit einer einheitlichen Persönlichkeit aus. Der Wille vollzieht unsere Entscheidungen, die Spannung kann nicht versagen (Verstand und Wille gehen im Gleichschritt und sind ihrer Aufgabe gewachsen oder nicht), während die Libido keine eigene Energie hat; unsere Triebe reagieren lediglich auf die Reize der Außenwelt. Das Leben ist nicht ein Sich-Verschwenden und Sich-Ausgeben, wie andere glauben werden; seine Devise lautet: »Ich werde standhalten«; Schöpfung, Unternehmungsgeist, Offensive, Streben, Wille zur Macht: Dies alles gibt es nicht. Alles ist Akt, und keine potentielle Energie rüttelt in der Ecke an ihren Ketten. Oder vielmehr: Es gibt neben dem Verstandeswillen und der Gewöhnung durch Praxis und Einübung noch einen dritten Faktor: den Faktor Zeit – die Zeit, die wir brauchen, um zu verstehen, wenn wir langsam von Begriff sind, die Zeit, um uns eines Lasters, das wir haben, zu entwöhnen.

In der Tat, es wird viel Zeit brauchen; um zu philosophieren, »ist die Zeitspanne zwischen Jugend und Greisenalter kurz bemessen«, und man »muß leben lernen, solange man lebt«; noch mit sechzig Jahren hörte Seneca sich die Vorträge eines Philosophen an. Man kann von Glück sagen, wenn man um den Preis eines hartnäckigen Studiums auf seine alten Tage noch zur Seelengröße und Rechtschaffenheit findet, fügt Seneca hinzu. Das ganze Leben »genügt kaum, die schlichte Verachtung des Lebens zu lernen«. Im Dialog *Über die Kürze des Lebens* wird unumwunden eingeräumt, sogar sehr große Männer hätten auf dem Totenbett erkannt, daß sie noch nicht ausgelernt hatten, zu leben. Ein böser Geist, Lukian, mokierte sich über jene Stoiker, die ihr ganzes Leben damit verbracht haben werden, leben zu lernen.[26]

Zeit und Aufmerksamkeit

Ein Weiser zu werden, oder, weniger ambitiös, auf dem Wege zur Weisheit fortzuschreiten, wird also viel Zeit in Anspruch nehmen. Aber merkwürdigerweise scheint das einen Stoiker nicht zu stören; er fragt sich nicht angstvoll, ob er zur Schar der Auserwählten gehören oder ob der Tod ihn hinwegraffen wird, bevor er das Ziel seiner Mühen erreicht hat. Tag für Tag genügt es offenbar, daß er sich bemüht. Seneca bedauert nur – wie eines Tages auch der hl. Augustinus bedauern wird –, daß er die Wahrheit zu spät entdeckt hat. Aber im Hinblick auf seine Zukunft ist er weder ungeduldig noch ängstlich.

Diese Einstellung der Stoiker zur Zeit ist seltsam und aufschlußreich, und wir müssen uns mit ihr befassen, steht sie doch, wie wir sehen werden, in einem gewissen Bezug zu einer noch viel krasseren Merkwürdigkeit: Die Stoiker geben ganz ungeniert zu, daß der Weise, den sie dauernd im Munde führen, der das Endziel aller ihrer Mühen und der Seinsgrund ihrer Philosophie ist – daß dieser Weise vielleicht noch nie existiert hat, jedenfalls erst sehr selten.

Rekapitulieren wir! Ein Stoiker hat die Bahn betreten, die ihn aus der – allgemeinen, aber unnormalen – Befindlichkeit als Insasse eines Narrenhauses befreien und zur seelischen Gesundheit führen soll. Der Zustand der Gesundheit wird, einmal in ihm verankert, endgültig sein; er entspricht der Natur, die alles zu diesem Zweck eingerichtet hat, und er ist ebenso vernünftig wie natürlich. Er ist genauso stabil wie eine Pyramide, die, anormalerweise auf ihre Spitze gestellt, zuletzt wieder auf ihre Basis zurückfällt. Nur geschieht dies nicht augenblicklich; es braucht ein wenig Zeit, bevor die Pyramide ihre normale Lage wieder einnimmt. Man braucht auch Zeit, will man der rationalen Utopie der Weisheit nahekommen – Zeit, damit die menschliche Realität ihr theoretischerweise normales Aussehen wiedergewinnen kann.

Zeit braucht auch der Kommunismus, der den Sinn der Geschichte verkörpert, um sich so zu verwirklichen, wie die Rationalität der Geschichte es will. Stoizismus und Marxismus haben die strukturelle Gemeinsamkeit, daß in ihnen die Zeit den Abstand mißt (und aufhebt), der das Wirkliche vom Vernünftigen, die Realität von der Theorie trennt; die Geschichte braucht Zeit, um zu gebären. Gleichzeitig aber verliert der Abstand zwischen Theorie und Realität jegliche Bedeutung; er ist kein Argument gegen die Theorie, weil das alles nur eine simple Frage der Zeit ist; wegen einer solchen Kleinigkeit stellt man nicht alles in Frage. Um so weniger, als keine bestimmte Frist festgeschrieben ist. Im Grenzfall könnte es ewig dauern: Vielleicht hat es noch niemand dazu gebracht, ein Weiser zu werden.

Dies alles tangiert jedoch zu Recht weder den Glauben an die Wahrheit des Stoizismus noch das Gefühl, daß die Idee des Weisen kein leerer Wahn ist; im Gegenteil: Auch die exaktesten Bewegungen der rationalen Mechanik erfolgen nur idealiter ohne jede zeitliche Verzögerung; in Wirklichkeit sind sie mit Reibungen verbunden. Die moderne politische Ökonomie macht begreiflich, wie der Glaube des Stoikers an den Weisen funktionierte. Diese Theorie beschreibt einen Zustand des Markts, bei dem Angebot und Nachfrage im Gleichgewicht sind, was den (mathematisch nachgewiesenen) Vorteil hat, den allgemeinen Nutzen für die Gesamtheit zu maximieren; gleichwohl wird dieser optimale Endzustand aufgrund von Reibungsverlusten erst nach Ablauf einer gewissen Zeit erreicht. Aber selbst wenn dieser Zustand niemals erreicht werden würde, erlaubte die Theorie doch Einblick in die Bewegung der Preise (sie tendieren dazu, sich in einem Gleichgewicht einzupendeln) und Aussagen über die rationalste Politik (Abbau der Zollschranken, keine Behinderung des Wettbewerbs usw.). Wenn man also einen Nationalökonomen fragt: »Aber ist denn dieses Gleichgewicht auch nur ein einziges Mal in der Geschichte erreicht worden?«, so würde er ohne Bedenken erwidern, dies sei wahrscheinlich niemals der Fall gewesen, aber im Grunde genommen auch gar nicht so wichtig, weil man mit dem Anvisieren dieses Gleichgewichts und dem Verfolgen der rationalen Politik dem optimalen Zustand schon sehr nahe kommt und einer wirtschaftlichen Flaute entgeht. Genauso hielten auch die Stoiker das Ideal des Weisen hoch, dachten dabei aber vor allem an den häufigsten Fall: jene Menschen, die »unterwegs« zur Weisheit waren und die Seneca darum die *procedentes* nennt; er selber gehörte zu ihnen, er war augenscheinlich kein Weiser.

Stoizismus, Marxismus und Wirtschaftstheorie sind Rationalismen mit zeitlich bedingten Reibungsverlusten, wenn man so sagen darf; die beiden erstgenannten Lehren sind außerdem intellektualistisch. Die unterdrückten Massen und die geistig Kranken (das sind wir) haben nichts an sich, was sie prinzipiell daran hindern würde, ihrem Interesse zu folgen und sich zu befreien: Ihre Seele ist nicht zerrissen; sie brauchen nur die Zeit, sich das Übel bewußt zu machen, sich von dem Heilmittel zu überzeugen, sich in den täglichen Kämpfen zu erziehen und sich der Ideologien zu entschlagen, die sie anfangs verblendet haben. Es braucht Zeit, ihnen dies alles zu erklären, aber Eile ist geboten; wenn sie saumselig scheinen, dann einzig und allein deswegen, weil man ihnen die Wahrheit noch nicht hinreichend *erklärt* hat (das entscheidende Wort bei den Zusammenkünften der Zelle), weil die Lehre die Massen noch nicht genügend durchdrungen, die Seele des Menschen, der auf dem Weg zur Weisheit ist, nicht tief genug erfüllt hat. Alle werden letzten Endes begreifen, denn alle sind an Vernunft gleich; es wird also *mehr oder weniger* Zeit brauchen (wieviel Zeit, ist bei Lehren mit Reibungsverlusten immer unbestimmt). Man pflegt den Stoizismus dafür zu loben, daß er die Sklaven als sehr vernünftige Wesen erkannt hat, aber es kommt noch besser: Seneca räumt ein, daß die Frau, »ein unterschiedslos unverständiges Wesen«, »ein wildes Tier, seiner Begierden nicht mächtig«, dennoch bildungsfähig ist, wenn man sie geduldig belehrt.[27]

Was den vollendeten Weisen betrifft, so ist er ebenso selten wie der Vogel Phönix, und man sieht kaum ein oder zwei seinesgleichen in tausend Jahren, wie Seneca mit hochherzigem Humor schreibt. Das war das offizielle Dogma: ein oder zwei Weise seit Anbeginn der Zeiten, ganz gewiß Herkules, wahrscheinlich auch Sokrates; andere zählten noch den Kyniker Diogenes dazu, Seneca nahm patriotischerweise noch Cato von Utica in den Kreis auf. Den eigenen Gründern erkannte die Sekte den Ehrentitel des Weisen nicht zu.[28] Das war allgemein bekannt; »es hat bis auf den heutigen Tag noch keinen vollkommenen Weisen, noch keinen vollendeten Redner gegeben«, schreibt ein landwirtschaftlicher Schriftsteller von hoher Bildung[29], womit er die beiden großen Menschentypen beschwört, die miteinander in Wettstreit liegen: Philosoph und Redner.

Doch selbst wenn es noch niemals einen Weisen gegeben hätte, rechtfertigte doch sein »Modell« (in dem Sinne, wie man von mathematischen »Modellen« in der Volkswirtschaft spricht) die Bemühungen des Menschen um die Annäherung an dieses Ideal und das Verfolgen des rationalen Weges dorthin. Auf nicht wenigen Seiten von geradezu lyrischer Schönheit entwirft Seneca das Bild dieses Weisen, um die Begeisterung des Lesers zu wecken und um jenen Punkt im Unendlichen zu bezeichnen, wo die Parallelbemühungen miteinander konvergieren. Es ist ziemlich abwegig, zu behaupten, der Stoizismus sei eine elitäre Philosophie gewesen, die den Heiligen zur Norm erhoben hätte; er tat nichts anderes als der Katholizismus mit der Lehre, daß jeder gute Christ danach zu trachten habe, Jesus Christus nachzufolgen – nicht in der Hoffnung, dem Heiland gleich zu werden, sondern um dieselben Wege einzuschlagen wie Er, alldieweil es gute Wege sind. Seneca vertritt demgegenüber an verschiedenen Stellen seines Werkes ein weniger unerreichbares Ideal, das alle Menschen anstreben sollten: das Ideal des »Mannes von Wert«. Trotzdem versäumt er dabei nicht, an oberster Stelle das Kultbild des Weisen aufzurichten – das ist ihm »revolutionäre« Ehrensache, in Abgrenzung seiner Sekte gegen den populären »Reformismus« der weisheitlichen Sittenlehren (Rom besaß nämlich eine sprichwörtliche, auf Weisheit und Ehrbarkeit gründende Sittenlehre, die die Kinder in der Schule lernten). Auf die gleiche Weise unterscheide sich der echte Stoizismus ohne weiteres von dem eklektischen Mißbrauch, den Cicero mit dieser Lehre trieb, um das römische Volk zur Weisheit zu erziehen; denn das Ideal des Weisen sucht man in diesen Umdeutungen vergebens.

In der Tat, Seneca hat wahrhaftig daran geglaubt, daß der Weise eine Realität sei; er hat daran als an eine reale Möglichkeit geglaubt – eine Möglichkeit, die zwar nur selten Wirklichkeit geworden ist, deren innere Stimmigkeit und tagtägliche Nützlichkeit aber aus Vernunftgründen zu erweisen ist. So ist unstrittig, daß der Mensch dahin gelangen kann, sein Gemütsleben auszuschalten – beweist doch die Theorie, daß die Affekte sich stets nach einem Urteil richten. Die Zeit, die man aufwenden muß, um zu diesem Ziel zu gelangen, ist unbeachtlich; sie zählt nicht; sie ist eine Selbstverständlichkeit, etwas dem rationalen Modell Äußerliches. Sie gerät auch in der reinen Theorie der Nationalökonomie aus dem Blick: In ihr rechnet man gedankenlos damit, daß die beiden im Austausch stehenden Seiten der Gleichung in ein stabiles Gleichgewicht kommen; »auf lange Sicht gesehen« wird sich dieses Gleichgewicht gewiß einstellen. Was Keynes, der 1930 unter dem Druck stand, die (sehr empirische) Arbeitslosigkeit in England zu bekämpfen, zu der trockenen Bemerkung veranlaßte: »Auf lange Sicht gesehen sind wir alle tot.« Ein Stoiker stirbt, bevor er es zum Weisen gebracht hat.

Das Paradoxon, daß der Weise äußerst selten ist, ja daß es ihn vielleicht überhaupt nicht gibt[30], hat noch kaum zu einer Stellungnahme herausgefordert; man erwähnt es der Kuriosität halber, als Beweis für den stoischen Extremismus. Indessen hat es überhaupt nichts Extremistisches an sich; vielmehr enthüllt es uns die Tiefenstruktur des Stoizismus. Wörtlich genommen, scheint dieses Paradoxon gewaltig zu sein; es läuft auf die Aussage hinaus, daß es zwar einen Stoizismus gibt, aber keine Stoiker; die ganze Verkündigung dieser Lehre ging über die Köpfe der Sektenmitglieder hinweg, ausgenommen jene paar Seiten, die von den »proficientes« und dem Grad ihrer Vollendung handeln; noch versäumte man nicht, diese Strebenden daran zu erinnern, daß der Abstand zwischen dem Fortgeschrittensten von ihnen und dem wahrhaft Weisen bis zuletzt so groß bleiben werde, daß ihn zu überwinden praktisch unmöglich war und daß die Weisen zu Wesen anderer Ordnung gehörten. Seneca greift auf einen Vergleich nach dem Muster des »alles oder nichts« zurück: Man kann ebenso gut einige Meter vom Ufer entfernt ertrinken wie auf dem offenen Meer; entweder taucht man ins Wasser ein, oder man hat festen Boden unter den Füßen; etwas Drittes gibt es nicht.[31]

Es gilt zu erkennen, daß der eigentliche Unterschied zwischen dem Weisen und dem Rest der Menschheit metaphysischer Art ist; es ist der Unterschied zwischen Rationalität und Empirie. Nur schwebt diese Rationalität nicht irgendwo am Ideenhimmel; vielmehr ähnelt sie einer Ader reinen Goldes, die im Herzen des Menschen vom Wirklichen umschlossen ist wie von Gestein. Die Empirie ist eine approximative Rationalität, die sich mehr oder weniger der exakten Vernunft annähert, weil sie von dieser ihren Wert und ihre Richtung nimmt. Wie erinnerlich, glaubten die Stoiker nicht, den Menschen die Enthüllung verborgener Geheimnisse zu bringen; ihrem Selbstverständnis zufolge taten sie nichts anderes, als den unausgesprochenen, unvollkommenen Sinn des menschlichen In-der-Welt-Seins freizulegen.

Infolgedessen führte die Erhöhung des Weisen nicht zwangsläufig zu einer Abwertung der übrigen Menschheit; ganz im Gegenteil. Sie war auch nicht Ausdruck eines elitären Denkens, und erst recht war sie keine provokante Hyperbel: Das »Modell« des Weisen wird in unerreichbare

Fernen gerückt, um ihm seine rationale Reinheit zu erhalten; denn nur dieses reine Gold verleiht dem allzu menschlichen In-der-Welt-Sein, von dem es umgeben ist, Sinn und Wert. Nur darum stellt man den Weisen auf ein allzu hohes Podest, um den einfachen Menschen emporzuziehen; die Empirie verlöre ihren Sinn, stünde Weisheit im Geruch, durchs Ungefähre erreichbar zu sein.

Die Stoiker hegten für Paradoxa eine Vorliebe, über welche die Zeitgenossen sich mokierten, weil sie deren Tragweite nicht erkannten; das Paradoxon des Weisen, den es nicht gibt, war für die Stoiker ein Mittel, ihrer Vorstellung von einer Rationalität, die in der Empirie enthalten ist, in einer Zeit Ausdruck zu verleihen, in der weder eine rationale Mechanik noch eine Wirtschaftstheorie existierten und in der jede Unterscheidung zwischen dem Wirklichen und dem Vernünftigen Gefahr lief, als radikale Abweichung von der durch Platon vorgegebenen Linie aufgefaßt zu werden. Die Situation war kompliziert, wie eine Stelle bei Musonius erkennen läßt: Wie soll man an die Möglichkeit der Tugend glauben, wenn diese über Menschenkräfte zu gehen scheint? Der einzige Beweis dafür, daß Tugend möglich ist, ist die Existenz von Weisen; doch anstatt die Namen dieser Weisen aufzuzählen, erklärt Musonius hierzu lediglich, es sei nicht ausgeschlossen, daß es solche Weisen eines Tages geben werde.[32]

Das Eingeständnis, daß es den Weisen nicht gebe, wirkte nun keineswegs niederschmetternd, sondern im Gegenteil ermutigend. Und man begreift den Sinn eines anderen Paradoxons, das für viel Aufregung sorgte: daß nämlich alle Missetaten gleichrangig sind und daß es nicht schlimmer ist, seinen Vater zu töten, als ein Ei zu stehlen. Seneca verteidigt noch ein zusätzliches Paradoxon: daß der Nicht-Weise sämtliche erdenklichen Missetaten begeht und sämtliche Untugenden auf einmal hat. Gewiß, nach Ansicht der Gerichte verdienen nicht alle Missetaten dieselbe Strafe. In den Augen des Philosophen hingegen, dessen einzige Sorge die Unterscheidung zwischen dem Vernünftigen und dem Wirklichen ist, ist ein Verhalten entweder vernunftgemäß, oder es ist nicht vernunftgemäß, und damit basta. Für diejenigen, welche sich für die Verschiedenheit der menschlichen Charaktere interessieren, hat der Geizige nicht dasselbe Laster wie der Vielfraß; der Mensch, der sämtliche Laster gleichzeitig in sich vereinigte, wäre ein Weltwunder. In den Augen des Stoikers aber haben alle Laster das Gemeinsame, daß sie nicht mit dem vernunftgemäßen Verhalten des Weisen in Einklang stehen; Seneca drückt das auf seine Weise aus: Virtuell hat der Nicht-Weise sämtliche Laster; in der Praxis aber hat jedes empirische Individuum nur die seinen.[33]

Dasselbe Paradoxon des »alles oder nichts« findet sich bei Kant, wo es den Abstand zwischen einem vernunftgemäßen »Modell« und dessen empirischen Verkörperungen veranschaulichen soll: Bis auf den heutigen Tag, schreibt Kant, ist keine einzige Handlung aus reinem sittlichen Gefühl hervorgegangen. Charles Péguy erblickte in diesem Standpunkt einen sterilen Rigorismus; »die Lehre Kants«, meinte er, »hat reine Hände; nur hat sie keine Hände.« Das heißt, einen Philosophen mit einem Sittenprediger verwechseln; Kant fällt nicht für uns die Entscheidung, daß man sich reine Hände bewahren müsse, und wenn die Welt darüber zugrunde geht: Er analysiert das Phänomen der Sittlichkeit, so wie ein Chemiker Zucker analysiert und der Volkswirtschaftler den Markt; er trachtet nicht danach, *seine* Moral auf Kosten einer anderen zu verbreiten: Er will nur wissen, was die Sittlichkeit ist, wie sie sich in der wirklichen Welt vorfindet. Zu diesem Zweck geht er in zwei Schritten vor. Er konstatiert zunächst, daß ein Gesetz sittlich heißt, wenn man es befolgt, eben weil es das Gesetz ist: Die Pflicht ist eine kategorische; dann entwickelt er ein vernunftgemäßes Modell (das heißt ein Modell, das geeignet ist, einen ebenfalls kategorischen Gehorsam in die Tat umzusetzen): »*Wenn* die Menschen wollen, daß die Moral als kategorische wirken solle, *dann* muß man die Sittengesetze aus reiner Willigkeit befolgen, nicht aus Nächstenliebe, Streben nach Vollkommenheit, Altruismus, Freude am guten Handeln, am besten aber aus einem Gefühl der Achtung; wäre es anders, dann gäbe es, wenn jene selbstsüchtigen Triebkräfte wegfielen, nichts mehr, was uns zur Befolgung des Sittengesetzes veranlassen könnte.« An dieser Stelle konstatiert Kant zweierlei: daß dieses in sich schlüssige Modell letzten Endes dasjenige ist, das in der Realität auch den Menschen, so wie sie sind, vorschwebt: Sie schätzen nur den guten Willen, der bereit ist, die eigenen Interessen dem Pflichtgefühl unterzuordnen; und er konstatiert ferner, daß dieses Modell rein theoretisch nur quer zu den affektiven Triebkräften anwendbar ist; in diesem Sinne hat es noch nie eine Handlung gegeben, die dem rein theoretischen Modell entsprochen hätte. Es bleibt dabei, daß man quer zu den sittlichen Verhaltensweisen, wie sie der Philosoph rings um sich herum wahrnimmt, unter dem Ungefähren eine Annäherung an das theoretische Modell entdeckt.[34] So kommen auch die Stoiker ihren Pflichten nach

– nicht, weil es ihre Pflicht ist, sondern weil sie, wie wir noch sehen werden, mit ihrem kleinen Ich in das große Ich des Universums einschwingen möchten, oder auch, weil sie glücklich sein wollen, wie wir sahen; sie erwarten darum nicht weniger, daß alle Menschen ihre Pflicht tun, mögen sie dafür auch büßen müssen.

Die Paradoxa des »alles oder nichts« laufen, wie erinnerlich, darauf hinaus, die Bemühungen des »proficiens« aufzuwerten, der sich Schritt für Schritt zu einem überempirischen Ziele vorarbeitet, ohne es doch jemals zu erreichen; aber das, was er tut, hat seinen Sinn, und er vertut seine Zeit nicht damit, nach der reinen Rationalität zu trachten. Verwechseln wir nicht das ideale Modell mit dem realen Heil; kein vollendeter Weiser zu werden ist etwas anderes, als verdammt zu sein. Das Heil ist ein Urteilsspruch, der uns sagt, ob das, was wir bis zum letzten Tag unseres Lebens getan haben, gewonnen oder verloren ist; vor dieser letzten Prüfung ist alles noch in der Schwebe; dafür ist jeder Schritt, der uns dem Modell näherbringt, ein unmittelbarer Gewinn, der errungen bleibt, auch wenn wir das theoretische Modell selbst niemals erreichen. Die Fortschritte machen sich sogleich bemerkbar und werden niemals in Frage gestellt.

So erklärt sich das Fehlen jeglicher Angst oder Ungeduld, von dem wir gesprochen haben. Das Leben des »proficiens« – das eines jeden Stoikers – wird dadurch verwandelt; es ist ganz und gar positiv: Bleibt ihm gleich die »Revolution« des Weisen, die allen seinen Bemühungen ihren Sinn verleiht, als sein Polarstern am Horizonte sichtbar, so sind doch die Pflichten des Augenblicks und die gewöhnende Einübung in die Lehre seine einzige Angelegenheit, und das genügt ihm. Die geistig-seelische Heilung ist das große Lebensziel des Stoikers, der freudig jedem anderen Lebensentwurf entsagt, weil das, was einzig zählt, das wahre Glück ist; ihm widmet er sich ganz und gar, und Seneca wird erst Ruhe geben, als er seinen Schüler Lucilius überredet hat, aus der Finanzverwaltung, in der er ein hohes Amt bekleidet hat, auszuscheiden, um sich ganz der Weisheit zu ergeben. Die Heilung nun besteht darin, die Anweisungen eines sehr systematischen »Modells« zu befolgen, eines »Plans«, der nicht nur fünf Jahre umfassen wird... Lucilius wird also seine Bemühungen an einem sehr durchorganisierten Modell ausrichten müssen. In jedem Augenblick konfrontiert das Dasein uns mit Pflichten, bedrängt uns mit Ansprüchen und Versuchungen; soll ich mich heute abend zerstreuen und ins Theater gehen? Muß ich in die Stadt fahren, um meinen gesellschaftlichen Verpflichtungen nachzukommen? Ich kann diese Fragen nicht dem Zufall überlassen, weil ich eine Aufgabe von höchstem Rang habe, meine wirklichen oder vermeintlichen Verpflichtungen dem alleinigen Urteil der Vernunft unterwerfen muß, die geringste Versuchung meine innere Sicherheit bedroht und die unbedeutendste Handlung mich ein wenig mehr an das Gute oder an das Böse gewöhnt. In den Tag hinein leben heißt, sich Tag für Tag ein wenig mehr an das nicht der Vernunft unterworfene Leben jener Narren zu gewöhnen, die wir alle von Haus aus sind. Das neue Leben, das des Stoikers, besteht in unablässiger Kontrolle; oder, wie Seneca sagt: »Eine Unzahl von Störungen ereignet sich Stunde um Stunde und heischt unsere Aufmerksamkeit, und dann müssen wir die Philosophie um Rat fragen.« Vorbedingung des Glücks ist, daß die innere Festung permanent den Belagerungszustand erklärt...

Ein aufschlußreicher Text! Im Leben des Stoikers hat jede Minute ihren Preis; die Zeit ist kostbar – nicht, weil sie knapp bemessen wäre und man Angst hätte, sie zu versäumen (in jeder Minute genügt es, durch vernunftgemäßen Umgang mit der Zeit diese Minute gewonnen zu haben), sondern weil man sie nicht unüberlegt vergeuden darf. Stellen wir uns vor, was der gewöhnliche Mensch mit seiner Zeit anfängt – ein braver Mann, der aber den stoischen Lebensplan nicht in sich aufgenommen hat! Dieser Mensch wird eine ganze Reihe von sozialen Verpflichtungen zu erfüllen haben: seine Aufgaben als Staatsbürger, als Familienvater, als Glied der Gesellschaft... Zwischen diesen festen Verpflichtungen, die ihm sein gewöhnliches Dasein auferlegt, hat unser Mann freie Hand und braucht über den Gebrauch seiner Zeit nicht Rechenschaft zu legen, seine Lebensbahn ist gleichsam gespickt mit einzelnen Verpflichtungen, zwischen denen ein neutraler Raum liegt. Für den Stoiker hingegen gibt es keinen »neutralen« Zeitraum: Wenn er, wie man so sagt, momentan nichts zu tun hat, worauf soll er dann diese Frist vernünftigerweise verwenden? Er hat das Recht, sich auszuruhen; aber erst muß die Vernunft zu dem Schluß gelangen, daß diese Ruhe wirklich notwendig ist. Der Stoiker ist mit einem Autofahrer zu vergleichen, der keinen Moment lang die Straße aus dem Auge lassen darf, weil jederzeit ein Verkehrsschild auftauchen oder ein Ereignis eintreten kann, das seine Sicherheit gefährdet; der Autofahrer darf seine Aufmerksamkeit keine Minute lang erlahmen lassen, er muß ununterbrochen aufmerksam sein. Da haben wir nun das große Wort ausgesprochen: Aufmerksamkeit, und zwar für gewöhnlich gespannte Aufmerksamkeit.[35] Senecas erster Brief an Lucilius verfolgt das Ziel, den Schüler sogleich in einen Zustand der Aufmerksamkeit zu versetzen, der künftig keine Minute mehr gedankenlos entfliehen lassen wird. Die Zeit ist nicht umsonst, scheint dieser Brief zu besagen; sie aus Unbedachtheit Tropfen um Tropfen verrinnen zu lassen heißt, gegen den Grundsatz einer planmäßigen Zeiteinteilung zu verstoßen. Man muß »die Seele allezeit bereit und gespannt halten, wie die Seele der Athleten bei den Faustkämpfen«.[36] Nachdem der Grundgedanke der Planung festgelegt ist, beginnt der zweite Brief an Lucilius damit, den rechten Gebrauch der Zeit zu entwerfen: Es gilt, sich jeden Tag aufs neue an den Gedanken zu gewöhnen, daß Armut und Tod nichts sind, indem man durch geeignete Lektüre sich von diesem Gedanken durchdringen läßt. Eine vertane Minute ist mehr als nur ein Zeitverlust; es ist der Anfang der Entwöhnung von der Aufmerksamkeit. Wenn man beschließt, einen Spaziergang zu machen, vollzieht man damit eine ganz und gar tugendhafte Handlung, wenn der Entschluß aus »Klugheit«, aus Unterscheidungsvermögen gefaßt worden ist.[37] Seine Zeit nicht zu vergeuden soll heißen, sie so zu verwenden, daß man nicht mehr der Spielball der Geschehnisse ist, sondern über der Zeit steht. Ohne allzu boshaft zu sein, kann man vermuten, daß der Stoiker immer drei Dinge auf einmal tat: Er aß beispielsweise, er beobachtete sich beim Essen, und er schrieb über das Essen ein kleines Epos.

Man führt hiermit »in jedem Augenblick einen Krieg gegen die Lust und gegen Fortuna«; gönnte man sich auch nur einen Augenblick der Ruhe, »wäre man auf dem Rückzug und begäbe sich in größte Gefahr«. Dem Stoizismus eignet nichts von dem resignierten Abwarten à la Vigny; er ist kämpferisch, weil er das konstruktive Ziel verfolgt, den Menschen in Übereinstimmung zu bringen mit dem, wozu die Natur ihn bereitet hat. Philosophie ist ein Verhalten, kein zweckfreies Wissen; sie ist dieses Unternehmen, diese neuartige Lebensweise. Das größte Unternehmen, »das größte Werk«, zu dem die Götter »uns befähigt haben, ohne es unserem Verständnis zu erschließen«; in Brief 53, der im 17. Jahrhundert sogar die christlichen Stoiker empörte, geht Seneca so weit, zu behaupten, daß es etwas gibt, »wodurch der Weise übertrifft den Gott«; denn Gott ist durch das Verdienst der Natur das, was er ist, der Weise aber aus eigenem Verdienst.

Man muß sich mit Leib und Seele dem großen Werk verschreiben, denn »die Philosophie ist eine Königin, die nicht duldet, daß ihre Höflinge ihr nur halbherzig dienen«. Das hat seinen guten Grund: Es ist notwendig, daß ein ständiger Druck auf unsere Seele ausgeübt werde, »da sonst ihre Spannung erlahmt« und wir das gestern eroberte Gelände heute wieder verlieren. Auch muß man sich davor hüten, sich vereinnahmen zu lassen von äußeren Dingen aller Art, die uns von einem eifrigen Studium, bestehend aus täglichen Meditationen, abziehen würden. Was aber heißt »studieren«? Wir können uns denken, daß es nicht darum geht, philosophisch »im Bilde« zu sein, sondern darum, den ganzen Menschen zu bilden.

Der Studienplan dieses Bildungsganges ließe sich auf mancherlei Art darstellen; Senecas *Dialoge* gehen die Frage unter ganz bestimmten thematischen Gesichtspunkten an, während die Briefe ein kontinuierliches und eher pädagogisches als systematisches Programm verfolgen. Alles in allem besteht das Studium der Weisheit darin, die Seele in die Form eines Schemas zu bringen, des Schemas der vier Tugenden, die (wie wir weiter oben in einer langen Anmerkung gesehen haben) in Wahrheit nur eine einzige Tugend sind. Seneca zählt die Tugenden zwar nur an ein oder zwei Stellen explizit auf, setzt sie aber in allen seinen Schriften voraus, da sie praktisch ein vollständiges Inventar unserer Welt darstellen. Vereinfacht gesagt, bezieht die »Mäßigung« sich auf etwas, das wir nicht »das Begehrenswerte« zu nennen wagen, weil sie nur nach dem wahrhaft Guten trachtet und die Objekte der Begierde flieht. Der Mut bekämpft die menschliche Schwäche vor dem Tod, vor der philosophischen Anstrengung usw. Die Gerechtigkeit bezieht sich natürlich auf den Mitmenschen. Die »Klugheit«, das Unterscheidungsvermögen, ist die vornehmste Tugend; denn sie kennt die Wahrheit über das, was gut oder schlecht ist, das heißt: begehrenswert, fürchtenswert oder ungerecht. Ich und die anderen Menschen, in einer Welt, in der alles Versuchung oder Bedrohung, nichts völlig gleichgültig ist... Da sich der Geltungsbereich der Tugend überallhin erstreckt, gibt es nichts, was beliebig wäre, es sei denn die Frage, »ob ich eine gerade oder ungerade Zahl von Haaren auf dem Kopf habe«. Es gibt kein Objekt und kein Ereignis, das aus der Zuständigkeit der Tugenden herausfiele; auch diktieren die Tugenden uns alles, was wir tun müssen, alle unsere »Pflichten«, bis hin zum harmlosen Spaziergang. Von diesem Rat der Vier, die in Wahrheit nur eins sind, wird unser ganzes Leben, sozusagen bis auf das letzte Haar, völlig durchwaltet.

Der Weise ist ein Mensch, der die »Neuronen« seiner Seele daran gewöhnt hat, nach einem Plan zu funktionieren, der diesem System entspricht. Seneca nennt diesen Zustand »die Seele in der Ordnung haben«; er schreibt auch, daß, wenn »diese Ordnung herrscht«, unsere Seele »harmonisch« sei – nach dem alten Bild von der Seele des Gerechten, die mit einer wohlgestimmten Leier zu vergleichen ist. Aber zweifellos ist Senecas Wort mehr als nur ein Bild; die Stoiker stellten sich das »Nervensystem«, das die Seele ausmacht, als unter Spannung stehende »Ströme« vor, die von einer Zentrale, der »Lenkung«, ausstrahlten (Seneca spielt darauf in Brief 113 an); die Ströme liefern der Zentrale die Informationen, die sie von den Sinnen empfangen haben, und übermitteln an die Glieder des Körpers den Befehl zum Handeln. Sind diese Ströme in der rechten Weise »gespannt«, befindet sich die Seele in Harmonie...

Wie bringt man es zu solcher Harmonie? Durch eine Gewöhnung, die sich vermöge ständig wiederholter Übungen einstellt. Für »Übung« gebraucht Seneca ein griechisches und lateinisches Wort[38], aus dem unsere Sprache »Meditation« gemacht hat. Ein Stoiker, der meditiert, sucht nicht die Lösung eines philosophischen Problems und erwägt auch nicht einen Gedanken unter allen Gesichtspunkten; vielmehr trägt er diesen Gedanken eine Zeitlang in sich, um sich ganz von ihm durchdringen zu lassen. Solche Meditation pflegt er Tag für Tag. Die spirituellen Übungen des Stoikers sind rein verstandesmäßig, das Gefühl ist an ihnen offenkundig nicht beteiligt, ebensowenig wie die Vorstellung der Wahrheiten; Ignatius von Loyola wäre kein Stoiker gewesen, wenn er gelehrt hätte, sich die Arbeiten jenes Weisen, als der Herkules galt, lebhaft auszumalen. Im übrigen waren die Meditationen kaum kodifiziert; sie wurden nicht so sehr als Lehre weitergegeben, als daß sie aus der Überlieferung bekannt waren oder ad hoc neu entdeckt wurden. Einiges bleibt der persönlichen Initiative und der Gelegenheit überlassen; gerät Seneca ein Gegenstand vor die Augen, der ihm zu denken gibt, dann zieht er seinen Nutzen daraus, indem er sich die Wahrheiten vergegenwärtigt, an welche dieser Gegenstand ihn gemahnt. Um sich zu den Wahrheiten emporzuformen, muß der Weisheitsschüler sich unablässig informieren – die Autoren seiner Sekte lesen, philosophische Vorträge besuchen, ein Tagebuch mit seinen Betrachtungen führen, wie es später Marc Aurel tun wird, oder, wie Seneca, selber schreiben: zum einen, um die gute Botschaft zu verbreiten, aber auch, um sich selbst mehr und mehr von ihr durchdringen zu lassen.

Hinzu kommt das, was wir etwas unscharf »Gewissenserforschung«

nennen und was keineswegs allgemeine Praxis war; Seneca bezeichnet sie als Eigentümlichkeit eines Denkers namens Sextius, dessen Sekte zu seiner Zeit schon nicht mehr existierte. Dieser Sextius befragte jeden Abend seine Seele: »Welche deiner Krankheiten hast du heute behandelt? Welchem Laster hast du widerstanden? In welchem Punkte bist du besser geworden?« Er forschte nicht nach seinen Sünden, sondern registrierte seine Fortschritte – wohl um die Gewohnheit nicht aufzugeben, jeden Tag seine seelengymnastischen Übungen zu machen.

Die Gewissenserforschung scheint eine pythagoreische Einrichtung gewesen zu sein; der Rationalismus der Stoiker hat für Riten und Institutionen, die nach Aberglauben schmecken, wenig übrig. Bestenfalls empfiehlt er für die Meditation ein bestimmtes Thema, das darin besteht, sich im voraus, in seiner Phantasie, in eine unglückliche Lage (Krankheit, Verbannung) hineinzudenken, um die Seele an diese Möglichkeit zu gewöhnen.[39] Die praktischen Übungen, die Seneca ebenfalls empfiehlt – von Zeit zu Zeit auf einem schlechten Lager schlafen oder Graubrot essen –, sind eine vorwegnehmende Einübung in Zeiten des Elends und der Not. Seneca empfiehlt diese Selbstkasteiung nicht ohne Vorbehalt, weil er einen demonstrativen und snobistischen Zug an ihr befürchtet. Generell hat der Stoizismus die therapeutische Seite seiner Lehre kaum entwickelt; die Gründerväter entfalteten vor allem die allgemeine Theorie der Seelenkrankheiten[40], und Seneca selber ist mehr der klinische Beobachter als der Heilkundige, oder besser gesagt, er ermutigt seine Schüler zu einer umfassenden Therapie, die nicht in Rezepte gefaßt werden muß: sich ganz und gar mit den Wahrheiten sättigen.

Endziel aller dieser beherzten Bemühungen wird es sein, zu einer Einstellung (im Denken und im Handeln) zu gelangen, die unveränderbar, spontan und systematisch wäre: Man wird nur dann als Stoiker leben können, wenn man die Lehre in ihrem vollen Umfange beherrscht und jede einzelne Regel auf das Ganze bezieht; diese Veränderungen werden sich ganz real in einer körperlichen Verwandlung der ganzen Seele niederschlagen. Das Verhalten jedes Menschen wird dann konstant und mit sich selbst übereinstimmend sein; es wird sich nicht mehr mit jeder Laune, durch Unüberlegtheit oder zögerndes Schwanken verändern; man sagt dann nicht mehr heute: »Ich werde heiraten« und morgen: »Ich bleibe beim Konkubinat.« Das Kennzeichen der Irrtümer ist ihre Menge und ihre Mannigfaltigkeit; hingegen ist »das Gute niemals in sich unstimmig oder regellos«. Die Erscheinungen der Mode waren geeignet, Seneca in Zorn zu versetzen und in seinen Augen den Stab über das zu brechen, was man Zivilisation oder kulturelles Leben nennt; mehr noch, Mode ist Imitation: Man erkennt in ihr den sozialen Druck wieder, der eine der Ursachen für die ursprüngliche Verkehrtheit des Menschen ist. Das große Prinzip des »gleichförmig mit der Natur leben« verkürzt sich praktisch auf ein bloßes »gleichförmig leben«.

Das rechte Urteil über alles, was geschieht, und das richtige Handeln werden dann spontan erfolgen wie ein Reflex; weder bedarf es des Nachdenkens noch des Innehaltens in einer ersten Bewegung, die nicht das Gute war. Die Wahrheit zeigt sich dem Geiste »aus sich selbst und unverzüglich«; man hat die Verhaltensregeln »bei der Hand, sogleich anwendbar«, auch in der schwierigsten Lage. Die Wahrheit, wir wissen es, hat auf die Dauer eine physische Wirkung auf das, was man den Körper der Seele nennen muß; die Wahrheit ist einem Töpfer oder Schmied zu vergleichen, »sie gestaltet die Seele, sie bringt sie in Form«.

Indessen wird diese Verwandlung total sein, oder sie wird gar nicht sein; es genügt nicht, sich die Regeln einzeln angeeignet zu haben, man muß auch den Blick auf das Ganze gewinnen, in dem die einzelnen Regeln ihre Begründung und Rechtfertigung finden. Nun begreift man das Ganze nur, wenn man die Regeln im einzelnen begriffen hat, während man die einzelne Regel nur ausgehend vom Ganzen begreift; es ergibt sich ein Zirkel, der zunächst als *circulus vitiosus* erscheint und den antiken Stoikern sehr zu schaffen gemacht hat. Die Modernen sprechen vom hermeneutischen Zirkel und wissen, daß ihm nichts Verderbliches anhaftet. Wenn es anders wäre, könnte kein Mensch eine fremde Sprache erlernen, ja auch nur den kleinsten Satz verstehen, in dem jedes Wort seinen Sinn aus der Gesamtheit des Satzgefüges empfängt. In der Tat genügt es, an irgendeinem Ende zu beginnen; das Ganze stellt sich dann von selber ein. So kann man sich fremde Sprachen ebenso wie die stoische Philosophie assimilierend aneignen. Allerdings wird diese Assimilation erst dann wirklich gefestigt und definitiv angeeignet sein, wenn das Ganze begriffen und dementsprechend die Seele in ihrer Totalität verwandelt worden ist. Die körperliche Solidität oder Festigkeit der stoisch gewordenen Seele geht dann Hand in Hand mit der logischen Kohärenz des Denkens. Eine einzelne Regel, ohne sicheren Rückbezug auf die Prinzipien, wird schnell vergessen, und man entwöhnt sich ihrer. Das lateinische »solidus« meint auch »aus einem Guß«, »stimmig«, »ohne Sprünge«; der Stoizismus schwärmt für das Monolithische.

Ein perfekt, ohne Sprünge oder Lücken konzipiertes Programm kann nicht mehr vervollkommnet oder verändert werden. Dieses Königreich der idée fixe mußte Menschen anziehen, die an ihren Trieben oder an ihrer inneren Vielgestaltigkeit litten und einer Klärung ihres Charakters sowie der inneren Zucht bedurften; die stoische Welt mit ihren offenen Grenzen und dem schattenlosen Licht gab ihnen Sicherheit – um den Preis einer Vernünftigkeit, die so beschränkt und monoton ist, daß man sie bisweilen bei einer geradezu juvenilen Unkenntnis der schmerzlichen oder wunderbaren Dinge der Welt und einer armseligen Idee vom Menschen ertappt. Die Natur ist so einfach wie eine gut konstruierte Maschine, und der Mensch ist einfach ihr Abbild; alles, was er tut, hat ein Ziel, und zwar definitionsgemäß sein Glück; er ist töricht genug, einen so klaren Entwurf zu komplizieren, wodurch er unglücklich wird; daher muß er diese Komplikationen wieder beseitigen; dann wird er wahrhaft glücklich sein.

Diese Welt kennt keine Facetten, keine Ungleichmäßigkeiten, keine Leere. Die vollkommenen Dinge sind einander vollkommen gleich; der eine Weise wird keine größere Vollendung erreichen können als der andere; die Tugend füllt die Seele ganz und gar aus, neben ihr gibt es keine Leere, nach der es sie gelüsten könnte; das Universum expandiert nicht, »die Dinge können sich nicht weiter ausdehnen, wenn sie einmal ihre natürliche Größe erreicht haben; das Himmelsgewölbe bewahrt für alle Zeit dieselben Dimensionen«. Welchen Standpunkt man auch einnimmt, die Dinge bleiben, was sie sind, und zeigen keine unerwarteten Aspekte; aus welchem Blickwinkel man sie auch betrachtet, »die Tugend ist ein und dieselbe, könnte man sie auch aus allen Blickwinkeln zugleich ansehen«. Sie ist ein so regelmäßiger Körper, daß man bei der Wahrnehmung einer ihrer Seiten glauben könnte, sie als ganze zu erblicken. Die Zeit verleiht allem Dauer; sie kann weder zu höherer Vollendung führen noch Neues offenbaren, und das ist auch besser so.

Diese Welt, die weder etwas ihr Äußerliches noch innere Lücken kennt, ist gleichförmig; keiner ihrer Teile hat seine eigene Farbe, aus keinem erklingt eine eigene, leise Musik, die uns aufhorchen ließe; die Tünche der Vortrefflichkeit deckt alles zu. Lust ist nichts als belanglose Zudringlichkeit; die Begier ist als Verbrechen der Unentschlossenheit und Unendlichkeit auszumerzen; »sie verliert sich in einer formlosen, grenzenlosen Weite«. Die sittliche Vervollkommnung hat nichts Abenteuerliches; man weiß, wohin man geht, unter Mühen, aber mit der Seele eines Buchhalters, der nur seine Bilanzen kennt: »Dies habe ich heute gewonnen, aber jenes gestern verloren.« Eine Stunde Musik wirft ihm keinen Gewinn ab. Einmal war Seneca in Neapel und besuchte die Vorträge des Philosophen Metronax. Gleichzeitig veranstaltete man im Theater einen Musikwettbewerb; Neapel, noch immer eine ganz griechische Stadt, war ein Kulturzentrum von internationaler Bedeutung, und einige Virtuosen waren aus dem Ausland angereist, um an dem Wettbewerb teilzunehmen. Seneca berichtet über dieses Ereignis mit folgenden Worten: »Ich schäme mich jedoch des Menschengeschlechtes, sooft ich die Schule betrete. Unmittelbar am Theater von Neapel, wie du weißt, muß man vorbeigehen, wenn man zu des Metronax Haus gelangen will. Jenes freilich ist gerammelt voll, und mit leidenschaftlichem Eifer urteilt man über die Frage, wer ein guter Flötenspieler ist; es hat auch ein griechischer Trompeter und ein Ausrufer Zulauf; hingegen an dem Ort, wo das Wesen eines Mannes von Wert erörtert wird, wo man ein Mann von Wert zu sein lernt, sitzen ganz wenige.«[41] Gewiß ist der eitle Zeitvertreib dieser Leute verwerflich; indessen gibt der Stoiker ohne weiteres zu, daß der Mensch der Entspannung bedarf: Sich auszuruhen ist eine natürliche Funktion, eine Pflicht. Aber unsere ursprüngliche Verkehrtheit ist von der Art, daß wir es nicht immer dazu bringen, uns vollkommen zu entspannen: »Bei den Gladiatorenkämpfen schweifen unsere Gedanken manchmal ab; ja, es kann geschehen, daß mitten in dem Schauspiel, das verantstaltet wird, uns zu zerstreuen, ein leichter Schatten der Schwermut uns streift.«

Den vollendeten Weisen freilich wird er nicht streifen; dieser hat die Sicherheit, in sich selbst zu ruhen, und setzt einen ironisch gemeinten Aphorismus Pascals ganz ernsthaft in die Tat um: »Alles Unglück der Menschen rührt nur davon her, daß sie nicht ruhig in ihrem Zimmer bleiben können.« Auf den Gedanken, daß man bei einem solchen Leben vor Langeweile sterben würde, sind die Stoiker nicht gekommen. Der stoische Mensch verhält sich wie ein Wärmeregler, der auf jede Temperaturveränderung in seiner Umgebung so reagiert, daß die Zentralheizung konstant eine bestimmte Wärme hält. Der Stoizismus ist ein Homöostat; der Epikureismus war ebenfalls einer.

Das Ideal der stoischen wie überhaupt jeder antiken Sekte ist die innere Ruhe, die für die Stoiker ein wohlgeregelter Zustand der Seele ist (deren Spannung harmonisch »gestimmt« ist wie eine Leier); denn: »Keine Ruhe ist besänftigend, wenn nicht Vernunft sie dazu gemacht hat«[42], aber auch die Urteilskraft, welche die Affekte mindert.

Keine Philosophie steht unserem Denken so fern wie diese. Wir glauben nicht mehr, daß die Objekte unserer Ängste oder unserer Begierden von außen vor uns hingestellt werden und nur das sind, was sie sind. Vielmehr glauben wir, daß ihnen keine Objektivität zukommt und daß sie das sind, als was die Angst oder die Begier sie uns erscheinen lassen; ihre »Wirklichkeit« ist kein *factum brutum* und auch keine neutrale Tatsache, sondern wird von uns erzeugt; was sie schreckenerregend oder begehrenswert macht, ist nicht unser (wahres oder falsches) Urteil. Je nachdem, ob wir den Tod fürchten oder ob wir ihn mit spekulativer Kühle betrachten, wird es nicht derselbe Tod sein, dem wir entgegensehen; ein sogenannter objektiver Blick auf die Geliebte zerstört nicht das verliebte Bild von ihr, das wir in uns tragen: Es handelt sich sozusagen nicht um dieselbe Person, so daß kein noch so objektives Urteil den verliebten Blick zu trüben vermag. Nicht das Bewußtsein denkt, sondern der Körper; er begehrt, er hat Angst, und wenn er keine Angst mehr hat, steht die Urteilskraft allein im Dienst des Körpers, der Mut gefaßt hat.[43]

Eine menschliche Natur, die reduziert ist auf rechte oder krankhafte Vernunft und auf Affekte, die angeblich nur Fehlurteile über Objekte außerhalb des eigentlichen Ichs sind: eine derartig vereinfachende Konzeption vom Menschen ist außerstande, die alltäglichsten Gewißheiten wahrzunehmen; die stoische Buchführung mit ihren geradlinigen Bilanzen vermag nicht den geringsten Umweg ins Kalkül zu ziehen oder sich beispielsweise vorzustellen, daß ein Fehler, den man nicht begangen hat, ein viel größeres Defizit nach sich ziehen und ein ganzes Leben um sich selbst betrügen und verderben kann.

Um Buchführung handelt es sich in der Tat, und sie erklärt das, was man die Abgeschmacktheit des stoischen Todesgedankens nennen muß. Sicher, wenn man den Tod vom Jenseits her betrachtet, ist er nichts; denn wenn man tot ist, ist man nicht mehr da, um zu wissen, daß man es ist ... Wenn man hingegen den Tod vom Leben her betrachtet, mit den Augen des Fleisches, ist der Gedanke an das Nichts ebensowenig auszuhalten wie der Blick in die Sonne. Und diese Angst ist keine Illusion, die mit Hilfe von Übungen beseitigt werden kann: Sie macht den innersten Kern unseres Daseins aus, denn dieses Dasein zieht nicht alle Augenblicke Bilanz, sondern spielt sich in dem falschen Präsens eines Augenblicks ab, der in Wirklichkeit ein ewiges Futur ist, so daß der furchtbare Gedanke, daß es eines Tages für uns keine Zukunft mehr geben wird, den innersten Kern der Gegenwart ausmacht; wenn wir »anfangen«, den kleinsten Satz auszusprechen, wenn wir »dabei« sind, ihn auszusprechen, beschäftigt unseren Geist entweder der Satz, wie er sein wird, wenn er vollendet ist, oder die Peinlichkeit, daß wir die Worte noch nicht gefunden haben, die ihn vollenden werden. Die Zeit wird nicht als Aufeinanderfolge einzelner Minuten erlebt, außer von Waschmaschinen und ähnlichen Geräten, die sich nicht im voraus die Abfolge ihres Programms vorstellen, sondern alles erst in dem Augenblick »erleben«, wo es eintritt. Die Menschen sind anders: Immer strecken sie der Zukunft ein Glied aus Fleisch und Blut entgegen, das der Tod verstümmeln wird – in irgendeinem Augenblick, bei seinem Eintreten.

Die Stoiker tun so, als ob sie das nicht wüßten, was tief blicken läßt; sie möchten glauben, daß sie nichts anderes tun, als Minute für Minute auf das zu reagieren, was ihnen der Tag zuträgt: eine Pflicht, die zu erfüllen, eine Versuchung, der zu widerstehen ist. Im Grunde interessiert sich der Stoiker für nichts: Er reagiert.

»Der Stoizismus«, sagt Hegel, »ist darum in Verlegenheit gekommen, als er, wie der Ausdruck war, nach dem *Kriterium* der Wahrheit überhaupt gefragt wurde, d. h. eigentlich nach einem *Inhalte* des *Gedankens selbst*. Auf die Frage an ihn, *was* gut und wahr ist, hat er wieder das *inhaltlose* Denken selbst zur Antwort gegeben: in der Vernünftigkeit soll das Wahre und Gute bestehen. Aber diese Sichselbstgleichheit des Denkens ist nur wieder die reine Form, in welcher sich nichts bestimmt; die allgemeinen Worte von dem Wahren und Guten, der Weisheit und der Tugend, bei welchen er stehen bleiben muß, sind daher wohl im allgemeinen erhebend, aber weil sie in der Tat zu keiner Ausbreitung des Inhalts kommen können, fangen sie bald an, Langeweile zu machen.«[44]

Ein strenges Verdikt, das aber gut den Gesamteindruck trifft, den der Stoizismus vermittelt; dennoch ist es im einzelnen ungerecht. Tatsächlich ist der Stoizismus nämlich in zwei Punkten auf das Problem des Inhalts gestoßen und hat in beiden Fällen eine Antwort zu geben gewußt – mag man von ihr halten, was man will. Machen wir uns den Spaß, beide Fragen in jene witzig-paradoxe Form zu fassen, die die Stoiker so liebten: – Wenn der Tod nichts ist, warum läßt der Stoiker sich dann beim Überqueren der Straße von einem heranbrausenden Auto nicht überfahren? – Wenn der Tod nichts ist, warum eilt der Stoiker dann seinem erdbebengeschädigten Nachbarn zu Hilfe, anstatt es der lenkenden Vernunft dieses Nachbarn zu überlassen, zu dem Urteil zu gelangen, daß dieses Unglück ihn nur äußerlich betrifft und seine Sicherheit nicht gefährdet?

In seinem Streben nach dogmatischer Totalität versucht der Stoizismus also, seine Lehren mit der Tatsache zu versöhnen, daß auch die äußerliche Realität zählt und daß man sich auch für andere Menschen verantwortlich fühlt. Dies wird erreicht um den Preis einiger Inkonsequenzen, einer Umorientierung der stoischen Grundkonzeption und einer weitherzigeren Haltung gegenüber dem Kosmos.

Gibt es kein anderes Gut als das Ideal?

In Wirklichkeit interessiert sich der Mensch, auch den Stoikern zufolge, für eine ganze Reihe von Dingen; der Selbsterhaltungstrieb ist etwas Natürliches. Auch sind nicht alle unsere Neigungen so falsch wie die eitlen Befürchtungen oder die Begierden; manche von ihnen sind der Natur gemäß, so daß das Urteil unserer Vernunft nicht anders kann, als sie zu billigen; es ist natürlich, das Leben dem Tode vorzuziehen und die Gesundheit der Krankheit, so wie es natürlich ist, nach der Gesundheit als einem wünschenswerten Zustand zu trachten und eine Abneigung gegen Krankheit oder Leiden zu hegen – zumindest, wenn es die Vortrefflichkeit erlaubt... (Man hat den Eindruck, daß die Stoiker mit der einen Hand nehmen, was sie mit der anderen gegeben haben.) Gesundheit oder Überleben heißen daher, wenn schon nicht »Güter« (es gibt kein anderes Gut als das Trio Tugend–Vernunft–Sittlichkeit), so doch »Vorzüge« oder »Vorteile«. Krankheit ist das Gegenteil davon; Seneca beurteilt sie als eine Unbequemlichkeit, die unnatürlich ist.

Derselbe Seneca, der den Mut des Weisen auf der Folter preist, wird also ohne zu zögern zugeben, daß es bei gleicher Tugend vorzuziehen ist, nicht gefoltert zu werden; er äußert sich hierzu ganz klar: »Das *Gut* ist das gleiche, ob man auf Rosen gebettet ist oder lebendig verbrannt wird; doch steht fest, daß zwischen Freude und Leid ein Abgrund liegt; sollte ich wählen, so würde ich nach der Freude trachten, die im Sinne der Natur liegt, und das Leid vermeiden, das unnatürlich ist. Doch vom Standpunkt der Vortrefflichkeit geurteilt, gelten Leiden und Freude gleich viel.« Dieselbe Eindeutigkeit – und dieselbe abschließende Einschränkung – einige Seiten weiter: »Was also? Wenn also gute Gesundheit die sittliche Vollkommenheit überhaupt nicht behindern wird und Ruhe sowie Freiheit von Schmerzen, wirst du nicht danach streben? – Warum sollte ich nicht danach streben? Nicht weil sie Güter sind, sondern weil sie der Natur entsprechen und weil sie sie mit gutem Gewissen nutzen kann. Was wird dann daran ein Gut sein? Das eine – gut ausgewählt zu werden.«[45]

Leben und Gesundheit sind nicht die einzigen Vorzüge; alles, was den Menschen zu einem vollendeten, aber immer natürlichen Wesen macht, ist erstrebenswert; besser ist es, siegreich zu sein als besiegt, besser ist es, tugendhafte Kinder zu haben, besser ist das Heil des Vaterlandes als sein Untergang. Im Unglück ist es vorzuziehen, Krankheit oder Verbannung gelassen zu ertragen, aber noch mehr vorzuziehen ist, weder krank noch verbannt zu sein. Die Krankheit gelassen zu ertragen ist gut, aber der Anlaß für dieses absolute Gut, sein »Stoff«, ist darum nicht weniger ein unnatürlicher Zustand: eben Krankheit und Leiden. Als Seneca auf die Insel Korsika verbannt war, sagte er sich, daß Verbannung nur scheinbar ein Übel sei, da wir alle Bürger der ganzen Welt sind; gleichzeitig aber suchte er bei einem Minister um Begnadigung nach, weil diese Bitte nichts Entehrendes hatte. Das ist nicht ironisch gemeint: Unter dem Gesichtspunkt der stoischen Lehre war das Nebeneinander dieser beiden Einstellungen zur Verbannung nicht zu beanstanden.

Es hat noch einen weiteren Vorteil, in dem zu leben, was man einen natürlichen Zustand der Zivilisation nennen könnte. Man findet überall Wasser, ein wenig Nahrung und Obdach (die ganze Antike hat vom Höhlenbewohner geträumt, woran moderne Prähistoriker nicht mehr glauben). Diese leicht zu beschaffenden Vorteile heißen *parata*, Ressourcen, die immer »parat« sind und nach denen man nur die Hand auszustrecken braucht; das war ein *terminus technicus* im Stoizismus wie im Epikureismus; er drückte das Ideal des einfachen und natürlichen Lebens aus und unterstellte, daß die Natur selbst die den Menschen zugedachten Ressourcen »bereitgestellt« habe. Unterscheiden wir also sorgfältig die verderblichen Auswüchse unserer vermeintlichen Zivilisation mit ihrer unnützen und verkehrten Verfeinerung von dem, was man natürliche Zivilisation nennen könnte und wovon die Landwirtschaft ein Teil ist: denn die Natur hat den Weg vorgezeichnet – ansatzweise, wie immer –, der zur Entdeckung der Kultivierung des Getreides führte; sie hat es so eingerichtet, daß wir das Mittel zur Urbarmachung unseres Bodens entdecken konnten. Man erkennt den Gegensatz dieses Naturalismus zur modernen Idee vom menschlichen Fortschritt; weit davon entfernt, Vorzüge zu sein, stehen die Techniken, die zu der Natur hinzutreten, im Dienst unserer Laster. Man hat die Stoiker mitunter als Humanisten hingestellt, die die Beherrschung der Natur durch den Menschen besungen hätten; das ist ein großer Irrtum. Umgekehrt sind gewisse persönliche Verfeinerungen echte Vorzüge für die eminente Würde des Menschen im Stufenbau des Seins; der Weise ist ein höflicher, urbaner Mann; er sagt nie etwas Schlechtes über seinen Nächsten und beobachtet minuziös die Zivilitätsregeln der Kindespflicht und des Anstands[46]; ja, nach Seneca kleidet er sich auch geziemend, »denn der Mensch ist von Natur aus ein reinliches und gepflegtes Wesen«. Und da er schließlich auch ein soziales Wesen ist, zieht er es vor, daß seine Kinder, seine Mitbürger und überhaupt alle Menschen dieselben Vorteile genießen, die er sich für sich selber wünscht.

Alle diese natürlichen und »vorzuziehenden« Vorteile haben auch einen anderen, irreführenden Namen: Die Stoiker nannten sie auch »indifferent«. Das sollte nicht bedeuten, daß diese Vorteile bedeutungslos gewesen wären und uns kalt lassen müßten, sondern daß sie als solche weder gut noch schlecht waren; sie waren *wertneutral*, wenn auch vorzuziehen, sie besaßen keine eigene Färbung. Gut oder schlecht wurden sie je nach den Umständen oder vielmehr: je nach dem Gebrauch, den unsere Tugend von ihnen machte. Das Leben, sosehr es dem Tod vorzuziehen ist, ist wertneutral; es wird ein Übel, wenn wir unsere Haut um den Preis unserer Unehre retten: Kurzum, alles Vorzuziehende ist neutral, weil es nur »Stoff« für unsere Vortrefflichkeit bzw. unsere Schuld ist. Ein anderes Beispiel: Die unermeßliche Natur, zu deren ganz natürlichen Hervorbringungen auch Erdbeben und Mikroben gehören, kann uns eine Krankheit bringen, die ganz offenbar gegen unsere *eigene* individuelle Natur ist (denn diese beiden Naturen sind zu unterscheiden). Unsere Vernunft wird dann aus diesem »Nichtvorzuziehenden«, dieser Unbequemlichkeit ein Gut machen; sie wird zu dem Schluß kommen, daß unsere Vortrefflichkeit nur über sie zu obsiegen braucht, anstatt zu jammern.

Die Struktur des Urteilsvermögens beim Menschen erfährt also eine leichte Komplikation, wie man sieht; es arbeitet jetzt auf zwei Ebenen: Die untere trifft Aussagen, welche die obere bestätigt oder verwirft. Unten hat unsere Natur ihre Vorlieben und Abneigungen, die völlig natürlich sind; auf der oberen Stufe stellt unsere Vernunft höhere Ansprüche;

sie findet die Vorlieben von unten an und für sich weder gut noch schlecht; sie wartet, bis sie über den Gebrauch geurteilt hat, den die Vortrefflichkeit von ihnen machen wird. Man begreift jetzt, warum Vortrefflichkeit, Vernunft und Sittlichkeit das einzige Gut sind: Sie beurteilen und ermessen den Wert aller anderen Güter, die, verglichen mit diesem Trio, einfache Vorteile sind. So bleibt zuletzt, wie nicht anders zu erwarten, das Ideal das einzige Gut.

Festzuhalten bleibt, daß in der Zwischenzeit, für den kurzen Augenblick, da zwischen zwei Hemden die nackte Brust sichtbar wird, eine Wahrheit zum Vorschein gekommen ist: Auch der Weise ist nicht aus Stein, sondern interessiert sich für sich selbst, und der Stoizismus wendet sich trotz seiner Unerbittlichkeit vor allem an den einzelnen (er macht sich keineswegs anheischig, beispielsweise ein wohlgeordnetes Gemeinwesen aufzubauen, aus Liebe zur öffentlichen Ordnung und auf Kosten der Bürger, wie das Platon mit einem penetrant guten Gewissen tut). Es trifft also durchaus zu, daß der Stoizismus, trotz der tausend Gesichtspunkte, unter denen man ihn betrachten kann, im wesentlichen eine Anweisung zum Glücklichsein ist; denn das Glück ist das Glück eines konkreten einzelnen, oder es ist gar nicht; was wäre ein Glück, das kein einziger Mensch in der Welt empfände? Der Stoizismus gibt zu, daß es vorzuziehende Werte gibt, auch wenn sie nicht immer vorzuziehen sein mögen und vielleicht Vorteile, aber keine »Güter« sind ... Wer ist es, der sie vorzieht? Weder ein Engel noch die anonyme Wahrheit, sondern der einzelne, der nach seinem Wohlbefinden trachtet.

Bedenken wir, was an der Theorie von den vorzuziehenden Werten neu ist: das Eingeständnis, daß wir zählen und daß wir nicht auf der Welt sind, um uns für ein Ideal aufzuopfern oder uns mit dem abzufinden, was uns zermalmt. Und wenn ein anderes Mal die vorzuziehenden Werte nicht immer vorgezogen werden, dann wiederum in unserem eigenen, höherrangigen Interesse. Die vorzuziehenden Werte sind etwas Natürliches, und sie sind *wir*; es sind keine durch die umgebende Ideologie verfälschten Urteile nach Art der Affekte; ebensowenig sind es Empfindungen, uns äußerliche Daten wie die physische Lust und das physische Leid; die vorzuziehenden Werte – Gesundheit, Vaterland, Freunde, Familie, körperliche Unversehrtheit, Freisein von Leiden, auch von Armut – entsprechen unserer Natur als Vertreter der menschlichen Gattung und unserem innigsten Wunsch; wir sind im tiefsten Grunde Individuen, die nach dem natürlichen Wohlbefinden streben.

Das ist der echte Stoizismus; er unterscheidet sich völlig von dem Bild, das man sich gewöhnlich von ihm macht. Ein Stoiker, so meint man, ist ein Mensch, der im Unglück stoisch bleibt; es ist Epiktet, der ungerührt zusieht, wie sein Herr ihm ein Bein brechen läßt; es ist Emile Bréhier, der die Geschichte des Stoizismus schrieb und aus dessen Glaubenssätzen die Kraft zog, sich im Ersten Weltkrieg mit dem Verlust eines Armes abzufinden und sein schriftstellerisches Wirken fortzusetzen. Daß der antike Stoizismus nicht so war, belegt die Lehre vom Freitod.

Wir wissen, daß man, einerseits, auf der Folterbank ebenso glücklich sein kann wie auf einem Bett aus Rosen und daß, andererseits, das Bett aus Rosen vorzuziehen ist. Nehmen wir nun an, ich ziehe mir eine schmerzhafte Krankheit zu oder auch bloß eine unangenehme Krankheit; oder aber nehmen wir an, daß ich alles verliere, was ich besitze, so daß ich auf das Betteln angewiesen bin: Was muß ich tun, wenn ich Stoiker bin? Die Antwort lautet ganz allgemein: Armut und Krankheit tugendhaft ertragen und, dank der Tugend, glücklich sein, auch wenn es vorzuziehen wäre, Armut und Krankheit nicht ertragen zu müssen. Anders gesagt, das tugendhafte Glück wird über den Geschmack an den vorzuziehenden Werten siegen. Die antiken Stoiker freilich hätten eine ganz andere Antwort gegeben: Man muß sich töten, seinem Leben ein Ende setzen. In der Abhandlung *Über das glückliche Leben* erwidert Seneca den Kritikern, die ihm ironisch seinen enormen Reichtum vorhielten, daß, sollte er eines Tages auf der Straße betteln gehen müssen, er daraus kein Drama machen würde: Er würde sich selbst entleiben, das wäre alles; und in dem erstaunlichen Brief 77 wird einem Mann mit einer Krankheit, »die zwar nicht unheilbar, doch langwierig, beschwerlich und viele Einschränkungen auferlegend« war, von einem stoischen Freund der Rat zuteil, seinem Leben ein Ende zu setzen, was er auch tat, indem er sich zu Tode hungerte – »wie er sagte, nicht ohne eine Art von Genuß, den zu vermitteln pflegt ein sanftes Dahinschwinden«.

Ist das die häretische Abweichung eines von der Idee der Selbsttötung besessenen Seneca? Nein; es ist die authentische Lehre der stoischen Sekte.[47] Sie verlangt, daß man mit derselben freudigen Indifferenz aus dem Leben scheide, mit der man ein Gelage verläßt. Ein Gelage verläßt man in fünf Fällen: wenn man von einem Menschen, den man liebt, gebraucht wird; wenn ein rüpelhafter Zechgenosse auftaucht, der einen Mißklang in das Fest bringt; wenn Gerichte und Getränke verdorben sind und den Gästen Übelkeit verursachen; wenn es nichts mehr zu trinken und zu essen gibt; wenn Trunkenheit die Vernunft betäubt hat. Aus denselben fünf Gründen ist es erlaubt und sogar geboten, aus dem Leben zu scheiden: wenn man sich für einen Freund oder das Vaterland aufopfern muß; wenn ein Tyrann uns zwingt, ehrlose Dinge zu sagen oder zu tun; wenn man eine unheilbare oder schmerzhafte Krankheit hat oder verstümmelt ist und die Seele kaum mehr über den Körper gebieten kann; wenn man der Armut oder dem Elend preisgegeben ist; wenn man seinen Verstand verliert. So ist es also besser, sich zu töten, als beispielsweise betteln zu gehen. Das Überleben gehört nicht in die Reihe der »vorzuziehenden Werte«; vorzuziehen ist das glückliche Leben, und der Tod ist nichts; das Leben um des Lebens willen, das bloße Leben und sonst nichts, hat keinen eigenen Wert. Es besteht kein Grund, einen sinnlosen Heroismus an den Tag zu legen, um Armut und Leiden zu ertragen.

Mir ist unklar, wie die stoische Lehre dies mit der Behauptung in Einklang brachte, daß man beim Ertragen von Armut und Leiden so vollkommen glücklich sei, wie man nur sein könne.[48] Wir haben jedenfalls gesehen, daß der Weise, wenn er sein Leben opfert, dies nicht mit Rücksicht auf die Tugend tut, sondern mit Rücksicht auf die Menschen, die er liebt, und auf sein körperliches und finanzielles Wohlbefinden; ein Teil seiner Animalität und Individualität bleibt also hartnäckig erhalten. Auch das Gefühl der Lust ist ihm nicht fremd. Es gibt dafür einen merkwürdigen Beweis, und zwar eine jener formalen Asymmetrien, die den Mathematiker und den Philosophen in Erstaunen versetzen: Den vier »schlechten« Leidenschaften des Toren entsprechen nach stoischer Lehre nur drei gute Einstellungen oder »Standhaftigkeiten« beim Weisen. Der Tor zeigt vor den Gütern und den Übeln dieser Welt, den gegenwärtigen wie den künftigen, je nachdem Lust, Begier, Furcht oder Schmerz; der Weise aber, der in der eigenen Selbstlenkung standhafter ist, empfindet statt der Lust nur reine Freude, statt der Begier eine vernunftgemäße Vorliebe, statt der Furcht Vorsicht ohne Angst und statt des Schmerzes... nichts; denn für den Schmerz gibt es beim Weisen keine Entsprechung. Vor den gegenwärtigen Übeln empfindet er keinen Gram; solange sie noch in der Zukunft lagen, hat er sie verachtet; nun, da sie da sind, fühlt er nichts mehr. Ist er also gefühllos? Nein; ein gegenwärtiges Gut erfüllt ihn ja mit Freude. Man erkennt die Sicherheit, in der er ruht: Die unangenehmen Zustände sind ihm fremd, und die Freuden, die er erlebt, gehen weit hinaus über die bloße Befriedigung nach einer Pflicht, die man getan hat. Die Freude, von der Seneca häufig spricht, ist die höchste Form; sie entspringt einer Umkehrung jenes Lebenswillens und Wohlbefindens, wie sie das Tier empfindet, wenn es, geschützt auf seinem Lager liegend und mit vollem Bauch, den Strom des Lebens und der Natur in seinen Adern rhythmisch pochen fühlt. Der Weise hingegen bezeugt in jedem Augenblick das Wohlbefinden, das er fühlt, weil er seine Seele wohlgestaltet weiß, gefestigt in ihrer guten Artung und im Einklang mit ihrer natürlichen Verfassung wirkend. Diese Freude muß er vielleicht mit bösen Prüfungen bezahlen; nichtsdestoweniger bleibt sie die Freude eines Individuums.

Man kann sich den Widerspruch nicht länger verhehlen. Der Stoizismus behauptet gleichzeitig, daß die natürlichen Güter, etwa die Gesundheit, wünschenswert seien, um glücklich zu sein, *und* daß man auf sie verzichten könne, weil eine vernunftgemäße Überlegung das beweist. Nun ist der Mensch entweder ein Tier und kann nicht auf die Gesundheit verzichten und dabei glücklich bleiben; oder er ist nur reine Vernunft, und seine Animalität zählt für ihn nicht mehr. Tier oder perfekt räsonierende Maschine – man muß seine Wahl treffen.

In Brief 92 hat Seneca diesen Widerspruch so deutlich empfunden, daß er in einem Anfall von Übereifer versucht hat, eine Wahl zu treffen, indem er dem Tier eine verzweifelte Lösung vorschlägt: Es soll ein Engel an Rationalität werden, um sich auf der obersten Sprosse der Stufenleiter alles Lebendigen zu fühlen. Seneca hat Lucilius bereits mehrere Briefe geschrieben, um ihm wiederholt einzuschärfen, daß es natürlich ist, gesund zu sein, und daß trotzdem – gegen Epikur – die Gesundheit nicht Bestandteil des Glücks ist. Wenn Seneca sich dieserart wiederholt, dann weniger, um Lucilius zu überzeugen oder restlos zu besiegen (Lucilius fungiert an dieser Stelle nur als Popanz), als vielmehr darum, weil er selber sich von dieser Schwierigkeit noch nicht befreit hat. Sehen wir zu, wie er diesmal versucht, sich aus der Schlinge zu ziehen! Die Natur hat es so eingerichtet, daß es besser für uns ist, Gesundheit und ein sauberes und reines Gewand zu haben, als sie nicht zu haben; das sagt uns die Vernunft. Sie sagt uns auch, daß wir dieser Dinge beraubt werden und trotzdem glücklich sein können. Das Verdienstliche des reinen Gewandes liegt weniger in der natürlichen Billigung des Wohlbefindens als in dem vernünftigen Charakter der Entscheidung für dieses Wohlbefinden; die wahre Billigung ist die Überlegenheit des Geistes, der die Entscheidung ratifiziert, das Vergnügen, recht geurteilt zu haben. Wenn man auch in

Lumpen einherginge und von der Krankheit gezeichnet wäre, bliebe doch die Befriedigung, sich als vernunftbegabtes Tier zu verhalten, das einzige vernunftbegabte Lebewesen – neben den Göttern –, das es in der Natur gibt. Vernunftbegabt sein bedeutet, sich zu sagen, daß die Krankheit kein Übel ist.

Dieses Argument wird uns schwach und abgeschmackt vorkommen; es dürfte einem schwerfallen, sich für den Gedanken zu begeistern, daß wir uns gegenüber den Hunden und Pferden als die höheren Wesen zu erweisen haben; wir würden kaum unseren Snobismus in den Ehrgeiz legen, uns als die ausgezeichnetsten Geschöpfe der Fauna und der Flora zu betragen. Die Alten zweifellos ebensowenig; man ahnt, daß Senecas Argumentation ein Notbehelf ist und auf einen Impuls zurückgeht, der sich nicht zu erkennen gibt, heiße er nun Ichideal, Zensur, Sublimierung oder wie immer man will. Festzuhalten bleibt jedenfalls, daß das antike Denken dermaßen in Spekulationen über die Idee der Natur befangen war, daß Senecas Argument bei aller Hinfälligkeit nicht als abgeschmackt empfunden wurde. Die Natur hatte in der Vorstellungskraft der Menschen soweit Konsistenz angenommen, daß der zoologische Snobismus verführerisch erscheinen konnte. Und Snobismus war es; denn die Natur hatte eine Stufenleiter des Seins geschaffen: Ganz unten standen die Pflanzen, ganz oben der Mensch, das vernunftbegabte Tier, das sich von den einfachen Tieren allein durch die Vernunft unterscheidet[49]; und der Mensch mißt nur dem Wert zu, was ihn von den übrigen Wesen unterscheidet. Jedes Lebewesen, konnte man am Beginn der *Ethik* des Aristoteles lesen, regt und bewegt sich auf eine bestimmte Weise, die zugleich seine Funktion ist, die es erfüllen »muß«: Die Pflanze tut nichts als dahinvegetieren, die Tiere haben ein stärkeres Leben und folgen ihrem Instinkt, während der Mensch die Vernunft hat, die aus ihm (wenn er allein ihr folgt) mehr als ein gewöhnliches Tier machen kann; die eigentliche Funktion jedes Wesens ist jene, die es als einziges hat. Die Vernunft, dieses Mittel, um recht zu wählen, wird somit zum Gewählten. Das ist jedenfalls die Schlußfolgerung des Briefes 92.

Man hat häufig gesagt, Seneca sei ein Übertreiber gewesen, ein Rhetor, ein verblasener Geist oder ein »echt römischer« Voluntarist, der seinen Willen zu einem mehr oder weniger hohlen Heroismus verbiegt. Besser sollte man sagen, daß er die Widersprüche im Stoizismus nur allzu deutlich empfunden und daß er versucht hat, sie auf Biegen und Brechen zu beseitigen. Der Stoizismus verspricht dem Weisen die Glückseligkeit, setzt aber hinzu, daß es nur ein oder zwei Menschen in tausend Jahren zu dieser Weisheit bringen; er verspricht dem Menschen ein natürliches und glückliches Dasein und lehrt ihn zugleich den Verzicht auf das, was er verspricht. Seneca, der diese Widersprüche in sich austrug, blieb nichts anderes übrig, als sich auf den Extremismus des zoologischen Snobismus zurückzuziehen und alles auf die Selbstentleibung und die Kunst des rechten Sterbens zu setzen, wie wir noch sehen werden.

Intellektualistischer Naturalismus auch in der Freude über die Selbstlenkung des Menschen durch die Vernunft, bleibt der Stoizismus ein Individualismus, jedoch ein sehr idealistischer: Das Individuum findet letzte Sicherheit nur in einer Vortrefflichkeit oder Tugend, die allein auf Rechtschaffenheit oder Sittlichkeit einen Preis aussetzt. Doch worin besteht diese Sittlichkeit? Versuchen wir ganz bewußt, uns nicht länger von den großen Worten Vernunft, Tugend und Sittlichkeit einlullen zu lassen, die bei Seneca gebetsmühlenartig auf jeder Seite wiederkehren; was bedeuten sie genau? Seneca hämmert uns immer wieder ein, daß es kein anderes Gut als die Rechtschaffenheit gibt; was versteht er darunter? Verwendet er dieses Wort in seinem normalen Sinn? Und was heißt »Vernunft«? Sind die Stoiker Rationalisten im modernen Sinne des Wortes, das heißt Leute, die der Ansicht sind, daß der menschliche Geist ein eigenes Licht und eine gewisse Anzahl von Prinzipien besitzt, die es ihm erlauben, die wissenschaftliche Wahrheit zu entdecken und über den Irrtum zu siegen? Ja und nein: Die Stoiker glauben an die Wahrheit und interessieren sich sehr für die Naturwissenschaften; Seneca selbst hat *Naturales quaestiones* geschrieben. Doch wenn er das Wort Vernunft gebraucht, dann denkt er nicht hieran.

1. Im modernen Sinne ist die Vernunft eine Art Gesetzbuch: universaler Determinismus, Prinzip des zureichenden Grundes, Regelmäßigkeit aller Erscheinungen usw. Im stoischen Sinne des Wortes ist die Vernunft kein solches Gesetzbuch; sie bezeichnet lediglich die Ausübung der freien Urteilsfähigkeit: Sie ist nur der Gerichtshof, der ein Gesetzbuch anwendet, das er nicht selber verfaßt hat. Es ist einfach eine Sache des Wortgebrauchs: Das Gesetzbuch existiert, aber es heißt bei den Stoikern Natur oder Rechtschaffenheit (denn der Gerichtshof der Vernunft urteilt vor allem über das Gute und das Schlechte).

2. Da also die Vernunft der Gerichtshof ist, der das Gesetzbuch der Natur anwendet, nennt man Vortrefflichkeit oder Tugend die Tatsache,

daß ein Mensch die Urteile respektiert, die dieser Gerichtshof über Gut und Böse fällt. Das erfordert Mut (das lateinische Wort *virtus* bedeutet auch »Mut«) und Selbstbemeisterung (denn der gesunde Menschenverstand erkennt die tugendhaften Handlungen daran, was sie ihren Urheber kosten).

Indessen ist die stoische Tugend, auch wenn sie das einschließt, was der gesunde Menschenverstand unter Tugend versteht (du sollst nicht töten, du sollst nicht stehlen, du sollst Vater und Mutter ehren...), viel umfassender; sie widersteht den Lastern der Begier, der Selbstsucht, des Ehrgeizes und der Üppigkeit, behauptet sich aber tapfer in Schmerz und Krankheit; sie erlaubt es dem Menschen, glücklich zu sein und nicht zu unterliegen, »indem er das Glück und den Zufall von weit oben beherrscht«.

3. Stoische Rechtschaffenheit und Sittlichkeit übertreffen nämlich bei weitem das, was man unter diesen Wörtern versteht, wenn man kein Stoiker ist; die Rechtschaffenheit ist der Gehalt der Vernunft, das Gesetzbuch der Natur, das dieser Gerichtshof anwendet. In diesem Gesetzbuch wird die Gerechtigkeit nicht vergessen (denn der Natur folgen heißt auch, die Ordnung des Kosmos einhalten, die für alle Menschen gemacht ist), aber letzten Endes stellt die Rechtschaffenheit sich ebensosehr den Launen Fortunas und dem Tod entgegen wie der Sünde; wenn Seneca von einer Tugend sprechen will, fällt ihm als Beispiel die Standhaftigkeit auf der Folter ein. Man begreift aber nichtsdestoweniger, daß die philosophische Sittlichkeit des Stoizismus die allgemeine Moral in sich schließen konnte: Der rechtschaffene Stoiker, über die gewöhnlichen Güter erhaben, wird trotzdem nicht ein Mensch sein, der keine Verträge hält; es war allgemein anerkannt, daß die Philosophie, ebenso wie die Religion, zur Uneigennützigkeit führt.[50] Außerdem ist jedes Pflichtversäumnis gegen den Mitmenschen auch eine Ich-Schwäche; ungerecht oder grausam zu sein bedeutet, den äußerlichen Versuchungen zu erliegen; egoistisch zu sein (das, was auf lateinisch *avarus* hieß) bedeutet auch, geizig zu sein und sein Glück von einem niemals gesicherten Reichtum abhängig zu machen.

Man begreift nun, daß es kein anderes Gut als die Rechtschaffenheit gibt, da uns das Gesetzbuch der Natur vorschreibt, uns zu unserem eigenen Wohlbefinden uneigennützig und allem überlegen zu zeigen; Rechtschaffenheit ist die *conditio sine qua non* des Glücks. Nur bleibt der Stoizismus dabei nicht stehen; er stellt zwei weitere Forderungen.

Rechtschaffenheit ist nicht nur die notwendige Bedingung der Glückseligkeit, sondern auch deren hinreichende Bedingung; jedes Glück muß rechtschaffen sein, doch genügt umgekehrt die Rechtschaffenheit, um uns glücklich zu machen; man kann nicht tugendhaft und unglücklich zugleich sein. Wir werden sehen, warum; wir werden auch sehen, was eine letzte Forderung der Stoiker verlangt: Es genügt nicht, das Gute zu tun; man muß dabei auch wissen, daß es das Gute ist. Man nennt das etwas ungenau eine Moral der guten Absicht.

1. Die erste Maxime (es gibt kein Glück außerhalb der Sittlichkeit) gewährt uns eine *gewisse* Sicherheit; denn ein Glück, das nicht auf der Vortrefflichkeit gründet, ist immer durch die Ungunst Fortunas bedroht, während die Gunst Fortunas nicht dauerhaft sein kann; »man wünscht nicht, zu leiden, sondern mutig zu leiden; nicht das Unglück ist erstrebenswert, sondern die Tugend, die es ertragen läßt« und die sich damit in die »Wünsche der Natur« fügt. Ein unglücklicher Held hat zumindest ein gutes Gewissen (aber er zöge es vor, dazu noch Glück zu haben).

Wir wissen das mittlerweile auswendig, aber warum ist dem so? Aus einem bestimmten Grund – einem ökonomischen: »Die Tugend ist Wert und Ursprung aller anderen Güter.« Die Nationalökonomen[51] sagen, daß Geld den anderen Gütern ihren Maßstab gibt; sie sagten auch, daß das Papiergeld auf dem Goldvorrat beruhe; Gold ist ein sicherer Wert und den Zufällen der Börse entzogen. Ich werde reich: Dieser Vorteil ist »wertneutral« und wird erst dann ein Gut, wenn ich von meinem Geld einen guten Gebrauch mache; und das kann mir niemand auf der Welt abnehmen. Ein Stück Papier – beispielsweise die Urkunde, mit der ich zum »Statthalter einer Provinz« ernannt werde – wird nur dann Wert haben, wenn meine Untertanen sich unter mir in das Goldene Zeitalter zurückversetzt fühlen. »Das Gute hat seinen Ursprung in der Rechtschaffenheit, die selber ihren Ursprung nur in sich selbst hat.« Der Wert der Sittlichkeit ist ein absoluter, weil die Sittlichkeit sich selber ihr eigener Maßstab ist; die anderen Güter sind es, die sich an ihr bemessen. »Siegreich sein oder seine Kinder nicht verlieren macht nicht tugendhafter, daher nicht glücklicher.«

2. Umgekehrt macht, besiegt zu werden, nicht unglücklicher, da es genügt, vortrefflich zu sein, um glücklich zu sein; diese zweite Maxime gewährt uns eine *absolute* Sicherheit. »So liefe es auf dasselbe hinaus, ob, Cäsar gegenüber, die Republik und ihr Fürsprecher Cato Sieger oder Besiegte sind?« Oder ob Seneca Nero davon zu überzeugen vermag, auf

dem Pfad der Tugend zu bleiben, oder nicht? Die Antwort heißt: Ja; denn es gibt keine unglücklichen Helden. Auch das wissen wir schon. Aber trotzdem: Warum ist dem so? Warum erhält der besiegte Weise die Siegespalme, wie wenn er ein heiliger christlicher Märtyrer wäre?

Weil die absolute Sicherheit erfordert, daß man sich das Glück als jenen *höchsten* Zustand vorstelle, von dem Kant spricht, und nicht als den vollkommensten Zustand; Kant dachte vielleicht an Karneades, der gesagt hatte, die Glückseligkeit bestehe darin, entweder alle Güter oder aber das höchste Gut zu genießen.[52] Ein trefflicher Autor unterscheidet etwas respektloser »das tatsächliche, menschliche, wenn man will: gewöhnliche Glück« und »die Glückseligkeit – ein Produkt der Phantasie und dazu verurteilt, unerreichbar zu bleiben«.

Einigen wir uns also darauf, daß die stoische Diskussion über das Glück weithin verbal ist: Allein die Tugend macht die Glückseligkeit aus, aber die natürlichen Vorteile (Gesundheit, langes Leben) zählen auch... Seneca wiederholt nur mit größerem Nachdruck die These, diese Vorteile fügten dem Glück nichts hinzu. In mehreren seiner Briefe, die langatmig zu finden erlaubt sein muß, wird dieses Diktat dem Leser mehr eingehämmert als erklärt. Es ist besser, nicht gefoltert zu werden, als gefoltert zu werden, aber wenn man es nicht wird, ist man darum nicht glücklicher...

Meines Erachtens klärt sich alles auf, wenn man annimmt, daß diese Diskussion weniger eine Grundsatzfrage als ein Streit über das Wort »Glück« ist, ein Streit, bei dem es um eine verbale Vorsichtsmaßregel geht. Jeder Stoiker gab zu, daß für die Glückseligkeit Tugend die Bedingung sei, und zwar, wie wir sagen würden, die *notwendige* Bedingung, die *conditio sine qua non;* aber jeder Stoiker gab auch zu, ohne es ausdrücklich zu sagen, daß es für das Glück auch Bedingungen gab, die wir *fakultativ* nennen würden: Das waren die »wertneutralen Vorteile«, mochten sie nun im biologischen Sinne natürlich sein (sich guter Gesundheit erfreuen, nicht verstümmelt sein) oder der Gunst Fortunas entspringen (nicht betteln gehen müssen). Jeder Stoiker gab zu, daß, mochten diese Vorteile auch vorzuziehen sein, man doch auf sie verzichten konnte: »Fakultativ« ist also ein Wort, das hier paßt. Bis hierher herrschte bei allen Mitgliedern der Sekte Einigkeit; doch nun begann das Schisma: Einige Ketzer unter den Stoikern behaupteten, daß man zwar glücklich ist, wenn man tugendhaft ist, daß man aber noch glücklicher ist, wenn man tugendhaft ist *und* zugleich wohlhabend. Dagegen empört sich Seneca immer wieder. Man sieht, worauf der Streit sich reduziert: Muß man das große Wort »Glückseligkeit« ausschließlich der *conditio sine qua non*, das heißt der Tugend, vorbehalten, um zu sagen, daß allein die Tugend das Glück ausmacht und daß ein tugendhafter Mensch glücklich sein wird, mag er auch ein lahmer Krüppel sein? Oder ist man geneigt, auch die fakultativen Bedingungen in das Glück einzubeziehen?

Es läuft, wie Kant gesagt hat, darauf hinaus, zu wissen, für welche Bedeutung des Wortes »Glück« man sich entscheidet. Im gewöhnlichen Sprachgebrauch hatte das Wort eine erhabene Bedeutung (»glücklich, wer für eine gerechte Sache fällt«) und eine bescheidenere Bedeutung (»er ist tugendhaft und wohlhabend zugleich; er ist der glücklichste der Menschen«). Hier kommt bei Seneca die verbale Vorsichtsmaßregel ins Spiel: Er fürchtet, daß die *conditio sine qua non* Schaden nehmen könnte, wenn man die fakultative Bedingung berücksichtigt; sobald man einmal sagt: »Er war ein Held, aber er hatte das Pech, gefoltert zu werden«, werden die Menschen denken, daß es, um glücklich zu sein, ebenso wesentlich ist, nicht gefoltert zu werden, wie ein Held zu sein.

Gegen Ende des 76. Briefs an Lucilius stößt man auf eine Seite, deren Höhenflug und deren leichte Ungereimtheiten aufschlußreich sind: Es überwiegen die Bilder des Aufschwungs, und zum Schluß kommt Seneca beim Thema Glück auf die Größe zu sprechen. »Würdest du nicht freiwillig für das Vaterland sterben?« will Seneca wissen, der die Fragen stellt und die Antworten gibt; da Lucilius zuvor zum Aufschwung der Seele ermahnt worden ist, kann die Antwort nicht zweifelhaft sein: »nicht nur leidensfähig, sondern auch gern!« Gleich knüpft Seneca an diese Antwort an: »Du siehst, daß du im Grunde der Ansicht bist, daß kein anderes Gut die Rechtschaffenheit aufwiegt. Dank ihrer wirst du noch in dem letzten Augenblick vor deinem Tod eine grenzenlose Freude erleben, und du wirst der Ansicht sein, daß die anderen, die Reichen, die Mächtigen, nicht wirklich glücklich sind, selbst wenn ihr Schicksal das nämliche bleibt. Und warum sind sie, ihnen selbst unbewußt, nicht glücklich? Weil sie in Wirklichkeit Zwerge sind, auch wenn sie auf einem Berg stehen.« Das stoische Glück geht allein aus dem Erhabenen hervor.

3. Die letzte Maxime ist die sonderbarste: Es reicht nicht aus, gut zu handeln, man muß es auch in vollem Bewußtsein der Ursache tun. Um es vorwegzunehmen: Eine solche Forderung beweist, daß der Stoizismus im Grunde nicht nur darauf abzielt, den Menschen glücklich zu machen oder ihn zu gutem Handeln zu bringen; er zielt auch darauf ab, den Men-

schen zu verändern, und zwar um dieser läuternden Verwandlung selber willen; er will einen Neuen Menschen schaffen. Doch gehen wir Schritt für Schritt vor!

Wie erinnerlich, hat jedes Wesen, von der Pflanze über den Menschen bis zu Gott, natürliche Aufgaben zu erfüllen, Funktionen oder Pflichten: wachsen, gedeihen, Kohlenstoff assimilieren, ein guter Ehegatte und Staatsbürger sein. Darüber hinaus hat es nichts zu tun, und es hat nichts darüber hinaus zu tun; sich betrinken, erobern, Handlungen begehen, die keiner Funktion entsprechen, ist ein Fehler. Jedes normale Verhalten entspricht einer natürlichen Funktion, so daß die Liste der Funktionen endlos lang ist: Ein Weiser zu sein ist eine Pflicht, doch seine Gesundheit zu erhalten ebenfalls; unter ganz bestimmten Umständen kann es zur Pflicht werden, sich zu verstümmeln; auch Fragen zu stellen (sofern sie belangvoll sind) und sie zu beantworten (sofern das angebracht ist), ist eine Funktion [53]; alles ist Pflicht oder kann Pflicht werden. Wenn man eine Funktion korrekt ausübt, tut man eine »rechte Handlung«, eingegeben von der »Rechtschaffenheit der Seele« [54], um mit Seneca zu sprechen. Jedes rechte Handeln ist eine auf vollkommene Weise erfüllte Funktion [55] und kann außerhalb einer Funktion nicht existieren: Die Natur hat tatsächlich alle Funktionen vorhergesehen. Wenn man es unterläßt, seine Pflicht zu erfüllen, oder sie schlecht ausführt, handelt man fehlerhaft. Der Weise erfüllt alle seine Pflichten, ohne eine einzige auszulassen [56], einschließlich der Pflicht, sauber und ordentlich zu sein. Und dank seiner weisen Seele ist er nahezu der einzige Mensch auf der Welt, der seine Pflichten korrekt erfüllt: Rechtes Handeln ist sein Kennzeichen und sein Vorrecht; die meisten Menschen tun das Ungefähre. Kurzum, um den ganzen Stoizismus in einem einzigen Satz zusammenzufassen: »Das glückliche Leben besteht aus rechtem Handeln.«

Nun gut; aber unter welchen Bedingungen ist eine Handlung recht? Bei der Lektüre Senecas und seiner Meister könnte man glauben, daß rechtes Handeln so selten ist wie ein Wunder. Die Bedingungen aber, die diese Autoren für das rechte Handeln angeben, scheinen trotzdem ziemlich naheliegend zu sein: Um eine Funktion zu erfüllen, muß man die Umstände und die Umgebung bedenken und sich die beste Art des Vorgehens überlegen; sich wohltätig zu erzeigen ist eine Pflicht, aber die Abhandlung *Über die Wohltaten* verfolgt das Ziel, genau zu zergliedern, was man wem wann und wie zu geben habe: »Grundsätzlich muß ich ein mir anvertrautes Gut zurückerstatten; aber ich werde es nicht immer um jeden Preis und unter allen Umständen zurückerstatten«, denn es könnte sein, daß die Rückerstattung zum Schaden dessen ausschlägt, der es mir anvertraut hat.[57] Ich werde das mir anvertraute Gift nicht einem Freund zurückgeben, der sein Gut in einem Augenblick der Depression zurückverlangt. Selbst die gebieterischsten Pflichten sind den Umständen unterworfen. Ein Vater will sich zum Tyrannen aufschwingen: Sein Sohn hat die Pflicht, ihn anzuzeigen, weil das Wohl des Volkes über das des Vaters geht.[58] Mit einem Wort: »Wir werden nicht glücklich werden, wenn wir unsere Aufgaben zur Unzeit erfüllen.«[59]

Das alles ist ziemlich simpel, und trotzdem behaupten die Stoiker, daß rechtes Handeln ein Kraftakt sei. Zweifellos haben sie dafür ihre Gründe. Die Pflicht, sagen sie, ist nur der Stoff[60] oder der Anlaß zum rechten Tun, und nur der Weise versteht das Material optimal zu nutzen. Das war ein weiteres der stoischen Paradoxa: Allein der Weise ist imstande, König, Schuster, Redner, Seemann zu sein oder einen x-beliebigen anderen Beruf auszuüben; er ist überall der Beste, weil er allein weiß, wann, wie und warum man die Königswürde bekleidet oder kocht (im Gegensatz zu den Köchen, die keine Weisen sind, wird er die gehobene Eßkultur ablehnen und nur natürliche und einfache Speisen servieren – *parata*, wie ich vermute). Mehr noch, nur er allein weiß gute Weine zu schätzen und hübsche Knaben zu lieben (aber in diesen beiden Punkten, aus denen die freche Ungeniertheit der frühen Stoiker und die griechische Vorstellung von der Knabenliebe als der einzigen Form der Leidenschaft spricht, sträubt sich der prüde Seneca, der steife römische Senator, der zweifellos auf der Couch eines Psychoanalytikers viel zu erzählen gehabt hätte, und will von diesen Paradoxa nichts hören). Die stoische Ablehnung unserer verderblichen Zivilisation entspringt demselben Prinzip; die Künste und Techniken, die nicht in der Natur angelegt sind, beweisen, daß ihre Erfinder zwar Urteil und »Vernunft« hatten, aber, wie Seneca behauptet, nicht die »rechte Vernunft« besaßen; sie haben die Müllerei und die Seefahrt erfunden, ohne sich zu fragen, ob das nicht verderblich und ob es zu etwas nütze war. Der beste Seemann wird der Weise sein: Er würde wohl, wie ich vermute, überhaupt nicht zur See fahren, es sei denn, das Wohl des Vaterlandes erfordere es. Seefahrt, Königswürde und alle anderen Funktionen, einschließlich der Wohltätigkeit, sind »mittlere« Vorteile, weil diese Pflichten nur Stoff sind, der der Vervollkommnung harrt.[61] Die große Mehrheit der Menschen erfüllt diese Pflichten nur unvollkommen, und der Weise ist der vollkommene Wohltäter, der Wohltäter schlechthin.

Man beginnt, die Gründe für diesen Sektenhochmut der Stoiker zu begreifen, wenn man sich den anderen Bedingungen einer vollkommenen Handlung zuwendet; man muß, laut Seneca, »gern, ohne Zögern, ohne Furcht, ohne Aufschub« handeln, »weil das Handeln sonst freudlos ist«. Das heißt viel Jubel verlangen von jemandem, der vielleicht gerade dabei ist, sein Leben für das Vaterland zu opfern, oder vielmehr: Es heißt, bei ihm eine übermenschliche Seele voraussetzen – die Seele eines Weisen. Rechtes Handeln setzt zugleich den Besitz der vier Tugenden[62] voraus, die in Wirklichkeit nur eine sind, anders gesagt: den vollkommen tugendhaften Menschen. Schließlich besteht die Korrektheit des Handelns nicht darin, daß man nur einmal und beiläufig recht handelt: Die Korrektheit ist eine allgemeine Idee, ein Prinzip, und es wäre widersinnig, wenn ein Prinzip nicht zu jeder Zeit Anwendung fände. Eine einzelne rechte Handlung ist im Grunde nicht recht; sie ist der Glückstreffer eines ungeschickten Bogenschützen, der rein zufällig ins Schwarze trifft. Seneca drückt es gut aus: »Es mag wohl sein, daß ein Mensch tut, was getan sein muß; er wird es nicht jedesmal tun, und er wird es nicht nach einer einheitlichen Regel tun, wenn er nicht weiß, warum er es tun muß; von Zeit zu Zeit, aus Zufall oder durch eigene Kraftanstrengung, wird er Korrektheit des Handelns beweisen, jedoch ohne die Regel zu besitzen, die es erlaubt, die rechte Linie zu verfolgen und sicher zu sein, daß das, was er tut, recht ist; hat man sich rein zufällig als Mann von Wert erwiesen, kann man nicht hoffen, es für immer zu bleiben.«

In der Tat: Nur der Weise kann recht handeln, da jede seiner Handlungen aus prinzipiellen Gründen impliziert, daß seine gesamte Existenz, von ständigen Pflichten durchzogen, eine rechte sei; übrigens setzt sogar eine für sich allein genommene rechte Handlung eine rechte Seele voraus, wenn sie nicht ein Zufallstreffer sein soll, der nicht zählt. Rechtes Verhalten ist prinzipientreues, mit sich selbst übereinstimmendes Verhalten; beim ersten Fehler wird offenbar, daß der Handelnde nicht von seinen Prinzipien durchdrungen war und bisher nur aus Zufall ins Ziel getroffen hatte. Da alle Menschen krank sind, mag ein einzelner Fieberanfall dem Laien belanglos scheinen; der Arzt aber wird darin ein Symptom erkennen, das ihm verrät, daß der Patient noch nicht wirklich genesen ist. »Eine Handlung wird nicht recht sein, wenn die ihr zugrunde liegende Entscheidung es nicht ist; sie wird es darum nicht sein, weil die

Seele nicht in ihrer rechten Verfassung ist.« Einem Verhalten, das in allen seinen Handlungen mit seinen Regeln übereinstimmt, entspricht eine wohlgestaltete Seele, eine gewandelte Seele, eine geheilte Seele. »Rechtes Handeln ist Anwendung und Beweis der Tugend zugleich.«

Wie man sieht, ist der Zustand der Seele wichtiger als das Handeln selbst. Die Stoiker sind keine Moralisten, die fordern, daß der Sozialpakt respektiert und die Pflichten erfüllt würden; sie sind Ärzte, die alles daransetzen, um dem Kranken wieder zur Gesundheit zu verhelfen. Was in ihren Augen zählt, ist der *Geisteszustand*, in dem man handelt. Wenn ein Mensch, der geistig krank ist, wie wir alle es sind, ein Ei oder einen Ochsen stiehlt, ist das ohne Zweifel gravierend, aber es ist nicht das, was den Psychiater interessiert; dieser betrachtet den Geisteszustand des Kranken. Nun heißt »Geisteszustand« auf lateinisch *animus*, und bedauerlicherweise ist dieses Wort im römischen Recht fast gleichbedeutend mit »Absicht, Wille« (französisch *intention*). Die Juristen sagten, wenn die Bestimmungen eines Testaments unklar waren, man müsse die »Absicht« des Verstorbenen berücksichtigen; so drückt es jedenfalls das Französische aus. Das lateinische Wort *animus* ist jedoch etwas unbestimmter als »Absicht«. Es bedeutet einfach, daß man, um zu klären, was der Verstorbene sagen wollte, wissen mußte, in welchem »Geist« er den strittigen Satz niedergeschrieben hatte; wollte er den Sklaven Meier freilassen oder dessen Homonym, den Sklaven Maier? So ist es zu der Gewohnheit gekommen, *animus* mit »Absicht« zu übersetzen und dem Stoizismus eine Absichtsethik zu unterstellen, während es sich in Wirklichkeit um eine Ethik der geistigen Gesundheit handelt.

Warum genügt es aber dem Stoizismus nicht, daß man sich recht verhält? Warum will er zusätzlich, daß man das aus den rechten Gründen tut? Aus ideologischem Fanatismus? Aus intellektuellem Snobismus, für den es Ehrensache ist, recht zu denken? Nein, sondern aus jenem überragenden Grund, von dem wir von Anfang an gesprochen haben: weil der Stoizismus keine allgemeine Sittlichkeit lehrt, sondern eine methodische Anweisung zum persönlichen Glück ist. Die Tugend ist ganz und gar eine Wissenschaft – die Wissenschaft, die »Stoizismus« heißt und *die das Glück dessen bewirkt, der sie besitzt.* Der weiter oben zitierte Satz ist wörtlich zu nehmen: »Wenn man nicht vollkommen handelt, wird man nicht glücklich werden.« Denn wer diese Wissenschaft nicht besitzt, wird bald gut, bald schlecht handeln; da er aber die Wissenschaft nicht besitzt, wird er nicht glücklich sein, er wird unter Angst leiden, er wird Leidenschaften haben, die per definitionem schmerzvoll sind, er wird den Tod fürchten, er wird nicht ruhig und gelassen sein; denn die Wissenschaft, die bewirkt, daß man sich korrekt verhält, *ist auch* die Wissenschaft, die die Glückseligkeit verschafft. Gewiß, ein Unwissender, der das Gute tut, ist von Vorteil für die Gesellschaft, für den Empfänger der Wohltat und für den Moralisten, den nur die Sittlichkeit kümmert: Für alle diese Leute kommt es darauf an, daß man seine Pflicht tut. Aber die Stoiker sind keine Moralisten; mit der Pflichterfüllung aus Zufall und ohne die Wissenschaft wird man nicht das Ziel erreichen, nämlich die stoische Wissenschaft – die Glückseligkeit. Stellen wir uns einen braven Mann vor, der nicht tötet und nicht stiehlt, weil er Angst vor der Polizei hat oder weil er gelehrig befolgt, was ihm einst seine Kinderfrau beigebracht hat, aber nicht aus »wissenschaftlichen« und stoischen Gründen.[63] Dieser Mann verhält sich recht, aber in Ermangelung der Wissenschaft wird er unglücklich sein; er wird zum Beispiel Angst vor dem Tode haben. Rechtes Handeln allein genügt also nicht, um glücklich zu sein.

Besinnen wir uns und versuchen wir, Licht in das Dunkel zu bringen! Haben die Stoiker jene übertriebene Absichts- oder Gesinnungsethik gehabt, die man ihnen unterstellt?[64] Nein: sie setzen sich nicht das Ziel, den Menschen zu einem bestimmten *Tun* zu bewegen, sondern sie wollen ihm ein *Sein* in Sicherheit und in Ruhe verschaffen – Zustände, die sie höher bewerten als die Zufälle und Interessen dieser niederen Welt. Gewiß müssen viele Dinge erledigt werden (das sind die Aufgaben oder Pflichten), aber Ziel der Lehre ist es, eben dadurch den Zustand immerwährenden Glücks zu ermöglichen, unabhängig davon, ob man mit seinem Handeln Erfolg hat oder scheitert; ob man, wie Cato, einen Befreiungskrieg verliert; ob man, wie der Steuermann in Brief 85, sein Schiff an den Klippen zerschellen sieht. Wenn ein weiser Steuermann so scheitert, dann ist es der Steuermann in ihm, der gescheitert ist, und nicht der Weise; denn das sind zwei verschiedene Personen. Als Weiser hat dieser unglückliche Steuermann niemals ein anderes Ziel »angesteuert«, als vermöge seiner »Tugend« glücklich zu bleiben, selbst bei einem Schiffbruch: Nichts anderes hatte er im Sinn, nichts anderes hat seine Seele (*animus*) zum Ziel gehabt.

Das hat nur den Namen gemein mit einer Absichtsethik, die zwischen Mord und fahrlässiger Tötung zu unterscheiden vermag, die sich die Frage vorlegt, ob die guten Absichten eines ungeschickten Steuermanns zu seiner Entschuldigung ausreichen, und die erklärt: »Lieber sollen die Kolonien zugrunde gehen als das Prinzip!« Der Stoizismus hingegen kümmert sich weder um Verdienst noch um Verantwortung, sondern um die Glückseligkeit, und zwar um eine leere Glückseligkeit: Das Glück eines Menschen weiß sich nicht im Erfolg irgendeiner Unternehmung, sie sei groß oder klein, beruflich, politisch, wohltätig, wissenschaftlich oder künstlerisch. Wie wir weiter oben gesehen haben, beschränkt die Glückseligkeit des Stoikers sich darauf, jederzeit den Zufällen des Lebens gewachsen zu sein, auf sie zu reagieren, aber nicht sich auf irgendein Projekt, eine Berufung einzulassen. Hätte Seneca sich darauf eingelassen, der Lenker Neros zu sein, was wäre von ihm in diesem Jahr 63 noch übrig?

Denn die Stoiker machen sich nicht die Mühe, bei unseren Plänen zwischen den mehr oder weniger guten Absichten und den Einzelheiten des Plans zu unterscheiden: Sie nehmen den Plan so, wie er ist, als ein Ganzes, und stellen ihm die äußeren Umstände seiner Durchführung, die Gunst der Stunde oder die Schwierigkeiten gegenüber, auf die er trifft und die sie den »Stoff« unserer Handlungen nennen. Wie konnte man ihnen dann aber eine Absichtsethik unterstellen? Weil sie nicht müde werden zu wiederholen, daß eine Handlung nicht gut sein kann, wenn der Geisteszustand, der *animus*, nicht recht gebildet ist, und weil man diesen *animus* mit »Absicht« (*intention*) übersetzt hat. Und warum wiederholen sie das unermüdlich? Weil diese Experten der medizinischen Korrektion in ihrem Intellektualismus der Ansicht sind, daß ihr Schüler in erster Linie richtig denken muß, um recht zu handeln, und daß er daher die Form seiner Seele nach der Weisheit bilden muß: Wer recht denkt, will das Rechte und handelt recht (nur der Zufall kann bewirken, daß ein Dummkopf von Zeit zu Zeit ins Schwarze trifft).

Nun macht sich der stoische Korporalismus eine ganz materielle und mechanische Vorstellung von der Psychologie. Die guten Handlungspläne oder *katorthômata* können sich nur formen, wenn sie sich nach einem korrekt geformten Zustand unserer Seele bilden, und dieser Zustand wird korrekt sein, wenn die Seele selber nach den Wahrheiten gebildet ist, welche die Weisheit lehrt. Wir sagten »Computer«: Eine korrekte Antwort richtet sich nach einem Programm, das korrekt ist, weil es theoriegemäß ist. Für die Stoiker ist die Seele ein Körperorgan (es hat seinen Sitz an einer Stelle im Herzen, die so versteckt ist, daß die Mediziner sie noch nicht haben finden können); eine Seele besteht aus dem, was wir Neuronen nennen würden, und man weiß, daß die Neuronen gut arbeiten, wenn der interneuronale Schaltplan korrekt ist. Rechtes Handeln (*katorthôma*) und korrekt geformte Seele entsprechen einander wie die Gußform und der Abguß; das Insistieren auf der moralischen Korrektheit ist gleichbedeutend mit dem Insistieren auf der Korrektheit jenes »Seelenzustands«, den man trügerischerweise mit »Absicht« übersetzt; die Fortschritte hier verlaufen parallel zu den Fortschritten dort. Der Stoizismus hat niemals gesagt: »Ein Akt ist nicht wirklich moralisch, wenn die Absicht dahinter nicht rein war«; er hat vielmehr gesagt: »Man wird niemals moralisch und zugleich wohlerwogen handeln können, solange man seine Seele nicht in einen der Theorie gemäßen Zustand gebracht hat.«

Die Idee der Absicht, wahrscheinlich aus der biblischen Welt der Psalmen hervorgegangen, ist nicht griechisch-römisch; das klassische Altertum sorgt sich nicht um die demütige und weinerliche Reinheit des Herzens, prüft nicht auf Herz und Nieren, atmet nicht den Geruch der Seele ein. Wenn man das Gute tut, dann aus dem Grunde, aus dem man es tun mußte, und dieser Grund ist die Liebe zum Guten. Ebensowenig unterschied man zwischen dem Dekalog der vom Himmel gefallenen Gesetze (»du sollst wohltätig sein«) und der Sorge um ihre Umsetzung, die unserem Scharfsinn überlassen bleibt: Übt man Wohltätigkeit unüberlegt, so wird man den Namen »Wohltäter« nicht verdienen, und hätte man auch die besten Absichten der Welt gehabt. Seneca entwickelt eine Kasuistik der Wohltaten: Man muß wissen, wem man gibt, wann, wie usw.

Aus ganzem Herzen verwirft der Stoizismus eine Absichtsethik. Was die Kommentatoren getäuscht hat, ist die »resignierte« Haltung des Stoikers. Aber es ist eine Sache, aus Liebe zu dem vom Kosmos verhängten Geschick sich in Unglück und Scheitern zu fügen; und es ist eine ganz andere, im Falle des Scheiterns eine Entschuldigung oder Trost in der Reinheit der eigenen Absichten zu suchen. Die Stoiker sind Intellektualisten, und sie bekennen sich zur Einheit der Seele und zur Einheit der Tugenden, was die ihnen unterstellte Lehre dreifach unmöglich macht. Für einen Intellektualisten versteht sich der – gute oder schlechte – Wille von selbst, er bedarf keiner Erwähnung und unterscheidet sich nicht von der Vernunft; wenn die Menschen dieses oder jenes wollen, dann tun sie es, und wenn sie es wollen, dann deshalb, weil sie ihre – guten oder schlechten – Gründe haben, es zu begehren. Wenn sie dann hinterher rufen: »Das haben wir nicht gewollt, unsere Absichten waren lauter und rein«, dann ist es, als hätten sie wie Tollköpfe gehandelt.

Es genügt nicht, seine Pflichten zu erfüllen; man muß sie vollkommen erfüllen, und diese Vollkommenheit bemißt sich weniger an der Art, wie wir objektiv unsere Pflichten erfüllen, als an der vollkommenen Verfassung der Seele und des Handelnden. Freilich hängt das eine mit dem anderen zusammen: Nur der vollendete Weise wird niemals straucheln oder jene kleinen Fehler in der Einschätzung oder Ausführung einer Pflicht begehen, die ein unvollkommenes Urteil oder einen schwankenden Mut offenbaren. Es bleibt dabei, daß der Stoizismus die Vollkommenheit weniger am objektiven Resultat bemißt als am inneren Zustand des Individuums; solange dieses innerlich nicht vollkommen verwandelt ist, hat die Lehre ihr Ziel noch nicht erreicht. Der Stoizismus bleibt eine um das Individuum zentrierte Methode.

Daher rührt seine prinzipielle Inkohärenz; kann man Individualist sein und zugleich an eine universale, unparteiliche Vernunft glauben, die die Person nicht ansieht? Kann man man selbst bleiben und zugleich gerecht und unparteilich sein? Der Stoizismus ist von der rechten Einrichtung der Welt so sehr überzeugt, daß er das in der Tat für möglich hält; er glaubt sogar, daß der einzelne seine Selbstbestätigung aus der unermeßlichen Kraft der universalen Vernunft, der unparteiischen Gerechtigkeit ziehen wird.

Daran sind Zweifel erlaubt. Man kann sich im Gegenteil vorstellen, daß das Individuum wesensgemäß ein Strudel der Egozentrik ist und daß die Vernunft sich nicht auf eine Vielheit von Personen verteilen kann, ohne daß es zu tragischen Konflikten kommt, denen jeder entweder Vernunft und Gerechtigkeit oder aber die Vorliebe für sich selbst zum Opfer bringen muß. Der nonkonformistischste Philosoph des Altertums – er hieß Karneades – hatte diese Trennung zwischen Wahrheit und Leben wahrgenommen; eine Gewissensfrage genügte ihm, um sie zu beweisen. Angenommen, nach einem Schiffbruch klammern sich zwei Weise an einen Rettungsring, der nur einen von ihnen tragen kann: Wer wird sich für den anderen opfern? Das Leben ist nichts, und alle beide sind zu dem Opfer bereit; aber was sagt die Gerechtigkeit dazu? Unsere beiden Weisen sind einander an Tugend gleich, und die Gerechtigkeit kann sich nicht entscheiden. Wenn alle beide barmherzig sind, werden alle beide ertrinken; wenn sie schlecht wären, wäre das Resultat nicht weniger ungerecht. Die Gerechtigkeit scheitert an der Vielheit der Individuen, die einander wesensgemäß ausschließen. Diese Gewissensfrage ist keine müßige Spekulation; man denke sich beispielsweise einen internationalen Konflikt, bei dem es um Erdöl geht. Die christliche Nächstenliebe stößt auf eine nicht minder unlösbare Aporie, sie, die »bei sich selbst beginnt« und auch nicht zugibt, daß man sein ewiges Seelenheil für das seines Nächsten opfern müsse.

Wir aber, wir Modernen, sind der Meinung, daß das Liebste, was ein Mensch besitzt, sein Begehren ist, dieses Begehren, das ihm öfter zum Unglück als zum Glück gereicht (ohnehin haben wir es uns versagt, eine Philosophie des Glücks zu entwerfen); wir stellen uns eine Menschheit vor, deren Mitglieder und Horden sich um die knappen Güter streiten (den Marginalisten zufolge ist Knappheit der Grundbegriff der Volkswirtschaft), eine Welt, in der jedes Bewußtsein die anderen Bewußtseine herabmindern will, indem es ihren Neid erregt oder das Mittel der Proselytenmacherei und des Konformismus einsetzt. Der Stoizismus, der an die rechte Einrichtung der Welt glaubt, sieht die Dinge anders. Und darum kann er zu einer primären Synthese seines Tugendbegriffs (seiner Anweisung zum persönlichen Glück) mit der Ethik der Pflichten gegen den anderen fortschreiten: Die stoische »Ethik« wird *auch* die gewöhnliche Moral in sich schließen.

1. Sie kann sie in sich schließen, weil unsere Natur wenig verlangt; nur die Lasterhaften, deren Begierde entartet und grenzenlos geworden ist, streiten sich um Güter, die offenkundig immer knapp sind. Die Natur selber verlangt nur Quellwasser, Getreide, das der Jahreslauf uns liefert, eine Felsenhöhle oder eine Hütte aus Zweigen. Anders gesagt: Das Gesetz des Dschungels existiert für die Stoiker nicht.

2. Dieser Zustand des Friedens unter den Menschen (der, wie wir sehen werden, auch dem Wunsch der Natur in bezug auf das Menschengeschlecht entspricht) ist auch ein Zustand der inneren Ruhe für jeden Einzelnen; denn diese innere Ruhe, das Freisein von Leidenschaften, ist das Glück. Diebe oder Mörder sind unglückliche Menschen, weil sie aus Grausamkeit töten, aus Habgier stehlen und weil Grausamkeit und Habgier die Seele unglücklich machen – einfach dadurch, daß diese Seele, anstatt unbeweglich und im Frieden zu sein, sich erregt und sich quält. Ein befriedigter Sadist ist nicht glücklich, denn er ist einer Leidenschaft ausgeliefert, dem Sadismus. Mit einem Wort: Glück ist Freisein von Begierde. Wir sagten ja schon, daß die Festung leer sei...

Der Weise und die Männer von Wert

Der feierliche Augenblick ist da: Wir sollen die große Verheißung vernehmen. Bei der Geburt ist die menschliche Seele ein völlig rationaler und kohärenter Mechanismus (in ihr kämpft nicht ein begehrlicher Teil gegen einen vernünftigen Teil, und sie wendet in jedem Augenblick nur soviel Energie auf, wie sie benötigt: Sie schießt nie über das Ziel hinaus). Bedauerlicherweise währt dieser angeborene Zustand nur einen kurzen Augenblick; dann verliert die Maschine ihre schöne theoretische Reinheit. Erziehungsbedingte Friktionen blockieren ihr Funktionieren. Es kommt jedoch vor, daß die Maschine ihre eigene Störung erkennt (denn das rationale Urteil und die Freiheit haben das Vorrecht, die eigene Unfreiheit erkennen und sich aus ihr befreien zu können); dann unternimmt sie den Versuch, diese Friktionen zu beseitigen. Doch wird sie einige Zeit benötigen, um ihren Mechanismus zu entrosten. Wenn das Räderwerk wieder so sauber und rein ist wie eine theoretische Konstruktionszeichnung, verdient die Maschine den Titel Weiser; im Stadium des Entrostens sagt man, daß sie auf dem Wege zur Weisheit »fortschreitet«; bei Seneca wird ihr der Titel »Mann von Wert« zuerkannt. Ein entscheidender Augenblick dieses Fortschreitens ist gekommen, wenn die Maschine, obwohl noch nicht völlig frei von Blockaden, doch nicht mehr hinter den bereits erreichten Zustand zurückfallen kann. Solange die Maschine sich um die Beseitigung ihrer Blockaden bemüht, überwacht sie die geringsten ihrer Bewegungen; sobald aber ihre Bewegungen die Bewegungen der reinen Theorie geworden sind und nichts mehr sie hindert, weicht die Aufmerksamkeit der Ungezwungenheit, der Gelassenheit, ja sogar einer Art Unbewußtheit. Die Maschine empfindet ihr eigenes Funktionieren nicht mehr, weil alles rund läuft; mehr noch, die Maschine weiß nicht einmal – so Seneca –, daß sie zum Weisen geworden ist.[65] In dem Augenblick, da das letzte Fleckchen Rost verschwunden ist, befestigt sich der Zustand der Ungezwungenheit und Unbewußtheit wie ein großes Schweigen. Nicht, daß jede Empfindung verschwunden wäre, beileibe nicht; da jedes Lebewesen sich für sich selbst interessiert und sein Glück in seinem naturgemäßen Funktionieren findet, ist der dauerhafte Zustand des Weisen die Freude, was auch immer geschehe. Vollkommen im Einklang mit der Wahrheit und der Natur und ebenso vollkommen wie die Theorie selbst, ist der Weise *wahr geworden*: Er ist nicht mehr verkehrt. Denn man kann das, was die Natur will, nur *sehen*, wenn man selbst der Natur gemäß *geworden* ist; objektives Wissen und Selbstverwandlung bedingen einander; der wahre Wissende ist ein Weiser, und der Weise ist der einzige Wissende. Welchen Wert hat eine Wissenschaft, die ganz äußerlich bleibt? Eine Wahrheit, die man nicht verinnerlicht, ist keine Philosophie, sondern bestenfalls, wie Seneca erklärt, Kultur, gewöhnliche Neugier, Gelehrsamkeit (das, was sich »Grammatik« oder »Philologie« nannte – Worte, Worte, nichts als Worte). Wir sind weit entfernt vom modernen Rationalismus, vom Kult der wissenschaftlichen Wahrheit um der objektiven Wahrheit willen.

Der vollendete Weise hat nichts Gezwungenes, Gewolltes, Einseitiges an sich, wie man vielleicht erwarten würde; ganz im Gegenteil. Er lebt im Zustand der Freude und eines Halb-Bewußtseins, das die Antike dem Umhertappen des suchenden Bewußtseins für überlegen hielt. Er hat seine Weisheit jederzeit zur Hand; ob er Begierden und Befürchtungen beurteilt und verurteilt, ob er die wertneutralen Vorteile für gut oder schlecht hält oder ob er den körperlichen Schmerz stöhnend, aber ohne nachzugeben erträgt – er tut es, ohne daran denken zu müssen, völlig spontan, »wie einer, der liest und sich nicht bewußt ist, daß er liest«.[66] Wie der Gott »ist er unvermögend, nicht gut zu handeln«. Er lebt in einer stetigen Gegenwart und denkt niemals an die Zukunft, er ist von gelassener Unparteilichkeit gegen sein eigenes Menschsein und die Weltordnung, er kennt kein Leid mehr. Seine Freude, »dieses Vorrecht der Götter und jener, die ihnen nacheifern«, ist keine zeitweilige wie bei den Halb-Weisen; sie wird niemals mehr unterbrochen, weil kein äußeres Ereignis, kein zufälliges Glück oder Unglück den Weisen mehr berühren kann, dessen Freude nicht von äußeren Dingen herrührt, sondern von dem »Bewußtsein, das er von seinen Tugenden hat«.

Die große Verheißung war weithin bekannt, auch über den Umkreis der Sekte hinaus. Die Gebildeten, die Neugierigen und die Philologen waren auf dem laufenden; das Volk wiederum hielt die Weisen (darunter verstand es die leibhaftigen Philosophen) für Helden der Gesinnung, die nichts und niemanden fürchteten und mit Königen und Kaisern Fraktur redeten; die Anhänger von Recht und Ordnung hielten sie für Unruhestifter, die keinen Respekt vor den gesetzmäßigen Autoritäten kannten. Die Stoiker selber spazierten gerne in ihrer Berufskleidung durch die Straßen, wobei sie sich betont männlich gaben, was einige Spötter zu der Bemerkung veranlaßte, sie müßten wohl ihre schlecht verdrängte Weiblichkeit überkompensieren (von Seneca selber glaubte man, daß er kräftige Männer den zarten Knaben vorziehe). Schließlich war alle Welt neugierig, was es damit nun wirklich auf sich habe; man machte sich eine großartige und verkürzte Vorstellung von dem stoischen Versprechen. Ein Weiser stöhnt nicht auf dem Scheiterhaufen; um so boshafter erforschte man seine Reaktionen. Einmal durchquerte ein Schiff die gefürchtete Meerenge von Otranto, zwischen Albanien und Brindisi. An Bord befanden sich ein Stoiker, der strenge Aufsicht über seine jungen Schüler hielt, und ein reicher Grieche aus der reichen Türkei, von weichem, üppigem Gebaren. Während des Unwetters nun bewahrte der Weichling sein Lächeln, während der Philosoph erbleichte und zitterte, allerdings ohne den Mund aufzumachen. Alle Passagiere an Bord beobachteten die beiden, um zu wissen, woran sie waren.[67] Endlich in Brindisi, mokierte der Weichling sich über den Philosophen, der eine hochmütige Antwort gab, sich gegenüber einem weniger boshaften, gebildeteren Passagier aber rechtfertigte: Diese Rechtfertigung werden wir aus der Feder Senecas selber lesen.

Unser Autor beginnt mit der nachdrücklichen Feststellung, daß das Ideal des Weisen nichts Utopisches an sich hat und nichts Unmögliches verlangt; »der Weise besiegt das Übel, aber er empfindet es«; es wäre ein schönes Verdienst, den Schmerz nicht zu empfinden! Darin liegt die Würde des Menschen nicht; das glückliche Leben ist erhabener und weniger unerreichbar, wenn man versteht, es zu wollen. Der Stoizismus wäre nur dann nicht realisierbar, wenn Leib und Seele nicht zwei verschiedene Dinge wären; die Scheidelinie verläuft zwischen ihnen beiden, nicht aber zwischen zwei unterschiedlichen Teilen innerhalb der Seele; der Leib empfindet, und die Seele entscheidet. Indessen dürfen wir die Dinge auch nicht zu sehr vereinfachen[68]: der Weise empfindet unzweifelhaft den physischen Schmerz; dafür aber zeigt seine Seele, wenn es sich um einen Affekt handelt, keine Angst, auch wenn sein Leib erblaßt und zittert.

1. Das Erleiden von Schmerzen (verbrannt werden, erstochen werden) ist eine Empfindung, nicht anders als die Farben oder die Geschmacksempfindungen. Sie ist allen Menschen kraft der Natur gemeinsam, als eine in der Realität vorfindliche physische Gegebenheit. Das Urteilsvermögen findet auf sie keine Anwendung und vermag sie nicht zu vermindern (man kann nicht beschließen, nicht zu leiden). Der Körper registriert diese Gegebenheit getreulich und gibt sie an die Seele weiter, die nichts Besseres tun kann, als dem Schmerz nicht zu weichen. Auch

die Lust ist eine Empfindung. Einige Stoiker hatten sich in ihrem Übereifer zu der These verstiegen, der Weise sei unempfindlich gegen die Wirkung des Weines; Seneca glaubt das nicht: Wenn das wahr wäre, schreibt er, so müßte der Weise auch der tödlichen Wirkung des Gifts standhalten können.

2. Die Affekte, Begierden und Befürchtungen sind keine Empfindungen, sondern Urteile, Meinungen; auch variieren sie von Mensch zu Mensch; manch einer widersteht seinen Begierden, während er vor einem Schreckgespenst erzittert. Der Tod ist nur dann ein Übel, wenn man es für ein solches hält; insofern sind Affekte oder Leidenschaften nichts anderes als Urteile.

Doch sind sie es nicht von vornherein, und nicht bei allen Stoikern hatte die Lehre etwas so Karikaturenhaftes: Seneca, Epiktet und bereits Chrysipp waren der Ansicht, daß der erste Impuls der Leidenschaft nicht von einem Urteil begleitet werde, sondern sich der Einbildungskraft sogleich als Versuchung oder Schrecken präsentiere. Die Leidenschaft ist nicht von vornherein ein falsches Urteil: Dieses Urteil erfolgt erst in einem zweiten Anlauf.

3. Der Weise urteilt recht und zeigt, wenn der erste Augenblick vorbei ist, weder Begierde noch Furcht; er braucht ihnen nicht einmal so zu widerstehen, wie er den Empfindungen widersteht: Sein Urteil hat sie außer Kraft gesetzt. Aber – und hierauf kommt Seneca verschiedentlich zurück – der Weise ist auch nicht das gefühllose Geschöpf, für das man ihn halten sollte: Er behandelt den Tod nicht als Übel, er überantwortet sich nicht freiwillig seinen Henkern, doch er erzittert und erblaßt in der Hülle seines Leibes. Es begegnen ihm also *incommoda extrinsecus*[69], von außen kommende Unbequemlichkeiten: Vor der Leere empfindet der Weise Schwindel; sein Gesicht verzerrt sich, er zittert, er wird blaß, die Haare sträuben sich ihm, wenn man ihm eine schlechte Nachricht überbringt; weder der Wille noch die Vernunft vermögen hiergegen etwas. Man wird gut daran tun, solche Überraschungen der Sinne nicht mit einer Leidenschaft wie der Wut zu verwechseln; einen Wutanfall zu bekommen hat nichts mit einer solchen Überraschung zu tun, sondern ist etwas »Freiwilliges«, etwas, das von unserem Willen abhängt und das wir steuern und außer Kraft setzen können. Man wird diese Regungen um so leichter steuern, wenn man einmal begriffen hat, daß man sie steuern und seinem Urteil unterwerfen kann. Auch hier zittert der Weise, aber hat keine Angst.

Der Weise gerät niemals in Wut, aber er zittert oder erschauert; von außen kommende Stöße gehen also, wie Seneca immer wieder unterstreicht, nicht spurlos an ihm vorbei, wie um ihn daran zu erinnern, daß auch er nur ein einfacher Sterblicher ist; »aber dieser Stoß ist leicht und schürft nur die oberste Hautschicht seines Seins«, da der Weise an diese Abschürfungen nicht die Zustimmung eines falschen Urteils knüpft; beim Durchqueren des siebenhundert Meter langen Tunnels, der (noch bis in die jüngste Zeit hinein) Neapel und Pozzuoli verband, empfand Seneca einen körperlichen Schauder, aber kein heftiges Gefühl und keine aufsteigende Angst: Er fällte das Urteil, daß nichts jemals zu fürchten sei.

So müßte man nur beschließen, daß eine Gefahr im Grunde nichts ist, damit sie sich in Luft auflöst? In der Tat, sie wird sich auflösen; denn dieser Beschluß entbehrt der Willkür: Trotz des gegenteiligen Anscheins ist das, was wir »Gefahr« nennen, nicht jenes ungeheure Etwas, das wir zu sehen vermeinen, sondern etwas Doppeltes, das uns persönlich nur mit dem kleinsten Teil seines Volumens, mit einem Tangentialpunkt, berührt; der Rest dieses ungeheuren Etwas geht uns nichts an. Beispiele hierfür, aus den Briefen 28 und 29 gezogen: Was bedeutet es, ob man dreißig Verfolgern ausgesetzt ist oder einem einzigen? Die Verfolgung ist trotzdem nur eine. Was bedeutet es, ob wir von einer ganzen Meute von Mördern angefallen werden, die uns mit zwanzig Messern durchbohren? Ein einziger Stich ist tödlich, nicht zwanzig, und der Tod dauert nur den Bruchteil einer Sekunde. Denken wir den Gedanken weiter: Was bedeuten der Tyrann, sein prächtiger Palast und die tausend Janitscharen und Henker, die ihn umgeben? Vor solcher Größe muß man sich fragen: »Inwiefern werden wir davon *persönlich berührt*?« Die Antwort lautet: überhaupt nicht. Menschen sind Kreise, die einander nur an einem Tangentialpunkt berühren, der rein immateriell ist; zum Beispiel in der Sekunde, in der ich sterbe; die ganze Leibesfülle des Tyrannen berührt mich im Grunde nur da. Was bedeutet es, was der Tyrann über mich denkt oder was er mich durch sein ganzes Schaugepränge denken lassen will?

Das ist so, weil dort, wo die gewöhnlichen Menschen und die anderen Philosophen nur eine Sache sehen – die Herrschaft eines Tyrannen, ein Mordkomplott gegen mich –, die Stoiker zwei Dinge sehen: eine Substanz – Tyrann oder Mörder –, die etwas Handfestes ist, das leibhaftig existiert; und die rein unkörperliche Wirkung, die durch diese Substanz hervorgebracht wird: das Verbannungsurteil, der tödliche Streich. Unkörperlich deshalb, weil das, was eintritt, ein Ereignis, eine Sache ist, etwas nicht Sichtbares, das so geht, wie es gekommen ist. Ob ein Tyrann leibhaftig *existiert* oder nicht, kann mich in keiner Weise interessieren; was für mich von Bedeutung ist, ist das, was er *tun* kann. Gewöhnen wir uns also an, das, was existiert (die Substanzen mit ihren Eigenschaften: der Stahl mit seiner Schärfe, der Tyrann mit seiner Grausamkeit), von dem zu trennen, was geschieht, gemacht wird, eintritt (ein etwas unangenehmer Augenblick, der uns erwartet) und was unkörperlich ist. Unterscheiden wir die Darsteller auf der Bühne des Lebens von dem Stück, das sie spielen. Dann werden wir uns daran gewöhnen, nichts zu fürchten und nichts zu bewundern, uns durch nichts in Erstaunen versetzen zu lassen, *nil admirari*. Die stoische Gelassenheit beruht auf dieser Unterscheidung zwischen Körperlichem und Unkörperlichem; sie ist kein willkürlicher, voluntaristischer Entschluß (glaubt jedenfalls, es nicht zu sein).

Nun gut; aber *wieviel Zeit* werden wir brauchen, um uns an diese Unterscheidung zwischen Körperlichem und Unkörperlichem zu gewöhnen und mit gleichgültigem Blick dem Henker bei der Zurüstung seiner Instrumente zuzusehen? Rekapitulieren wir und besinnen wir uns! Der physische Schmerz wird bleiben: Dagegen vermögen wir nichts. Aber Angst, Zorn oder Begierde? Bei ihnen handelt es sich um nüchterne Urteile, die jedoch falsch sind (man urteilt zu Unrecht, daß die Angst berechtigt ist), und zugleich um Affekte, mit der ganzen Heftigkeit und Farbigkeit, die man an den Affekten kennt; das ganze Problem besteht darin, wie man es dahin bringt, den Affekt in ein Urteil aufzulösen. Chrysipp war nicht naiv: Er verkannte nicht, daß ein Bild vom Henker oder von der hübschen Frau in uns einen »Voraffekt« der Furcht oder der Begierde auslöst; daß der »Stoff« des unserem Urteil unterworfenen Vorgangs uns »provoziert« (das sind Senecas Ausdrücke) und in uns einen Antrieb auslöst, der uns mit sich fortreißt, wenn unsere innere Lenkung sich in einem Zustand verminderter Spannung befindet: Dem provozierenden Bild wird das falsche Urteil folgen. So muß man die Existenz eines Voraffekts zugeben; andernfalls wären alle Gefühle dieselben, Angst und Begierde würden sich nicht voneinander unterscheiden; sie würden sich auf eine innere Schwäche, eine Art Kraftlosigkeit und eine gleichartige, blasse Trübung reduzieren. Doch so ist es nicht: Die Furcht beruht auf einem Voraffekt der seelischen Einengung, der Zuschnürung, die Begierde aber auf einem anderen Voraffekt, einem Drang nach vorn. Das Prinzip bleibt aber: Die Voraffekte tangieren die Entscheidung nur im Falle der Kraftlosigkeit; wenn wir uns im Zustand der Spannung befinden, wird unser Urteil über sie gerechter sein und zu dem Schluß kommen, daß die Trübung der Seele lediglich ein Irrtum ist. Letzten Endes ist die Leidenschaft, ungeachtet des Vorhandenseins von Voraffekten, nichts anderes als ein falsches Urteil. In der Abhandlung *Über den Zorn* nutzt Seneca diese subtile Analyse Chrysipps weidlich aus; er macht aus ihr einen Film im Zeitlupentempo, er faßt die Analyse der Bestandteile eines einzigen Aktes als Abfolge mehrerer, voneinander unterschiedener Episoden auf: Wenn ein Voraffekt des Zorns uns anspringt, sollen wir uns die Zeit nehmen, uns wieder zu fassen.

Genaugenommen sprang uns der fragliche Voraffekt nur dank eines bereits formulierten falschen Urteils an und war ein vollständiger Akt, ein überlegter und gewollter Akt... So daß das Problem, wenn wir außer uns sind, nicht darin besteht, auf die Wiedergewinnung unserer Gelassenheit zu sinnen: Wir sind nur vermöge eines falschen, aber förmlichen Urteils unseres Innersten außer uns. Chrysipp hielt keine voluntaristischen Predigten, spekulierte nicht über die Rückgewinnung der Gelassenheit, solange noch Zeit ist, sondern über die langfristige, allmähliche Gewöhnung des Urteilsvermögens an das sofortige Urteilen im Anschluß an den Voraffekt. Solange wir diese vollkommene und spontane Weisheit nicht erreicht haben, gewinnen die Voraffekte die Oberhand über uns, bereiten sie uns Leiden. Denn wir sind in bezug auf sie in einem Zustand der permanenten Kraftlosigkeit, die bewirkt, daß wir bei jedem Streich falsch urteilen. Diese ständige, habituelle Kraftlosigkeit ist eine Krankheit; die Krankheiten der Seele aber heißen »Laster«. Wir erliegen den Leidenschaften aufgrund einer habituell gewordenen Schwäche. Die überwältigende Mehrheit der Menschen ist krank.

Geben wir es zu: Letzten Endes sind wir Kranke. Es bleibt dabei, daß, so, wie wir sind, die Affekte zählen: Das ist nun einmal so; welcher vernünftige Mensch, der kein Don Quixote ist, würde sie nicht in Betracht ziehen? Die Stoiker erwidern, daß man hoch hinaus soll. Wir haben die Wahl zwischen *zwei Strategien*. Die eine ist mittelmäßig und wird uns nicht die Glückseligkeit bescheren: Sie besteht darin, daß wir fortfahren, das zu sein, was wir sind. Die andere, schwierig, aber lohnend, besteht darin, daß wir uns unserer kraftlosen Gewohnheiten oder

»Laster« entschlagen; damit werden wir die absolute Sicherheit gewinnen. Aber wann? Haben wir noch genügend Lebenszeit, um für die geforderte lange Anstrengung entlohnt zu werden?

Die Frage stellt sich, und weder Chrysipp noch Seneca sind ihr ausgewichen; beide haben sie auf ihre Art beantwortet. Die Fragmente des Chrysipp, herausgelöst aus ihrem Zusammenhang, der uns unbekannt bleibt, besagen, daß es »nicht lohnen würde, auch nur den Finger krummzumachen, um Weisheit nur für einen Augenblick zu erwerben«; daß es nicht der Mühe wert wäre, »den Finger krummzumachen, um die Klugheit nur einen Augenblick lang oder erst am Ende seines Lebens zu besitzen«, und »daß eine Tugend, die nur kurze Zeit währte, keinen Nutzen hätte«.[70] Seneca hingegen hütet sich davor, eine solche Rentabilitätsrechnung anzustellen; er wiederholt immer wieder, daß man sein Leben lang lernen muß, zu leben, und daß man manchmal erst an der Schwelle des Todes an dieses Ziel gelangt. Aber er setzt auf eine andere Karte: Man muß es auf den letzten Augenblick ankommen lassen, auf die Art, wie man stirbt oder sich tötet. Man wird niemals ein Weiser werden, man wird nur in einen rechtschaffenen Menschen, einen Mann von Wert verwandelt werden (was schon viel ist): Der letzte Augenblick wird beweisen, daß Weisheit möglich ist. Das Sein endigend, wird man ein Weiser gewesen sein. Was die Frage betrifft, noch zu Lebzeiten ein vollendeter Weiser zu werden, so hat Seneca darauf verzichtet; er hat bestätigt, daß man sich seiner *Laster* entschlagen und ein Mann von Wert werden könne; aber nur der Weise bringt es dazu, sich von der Verlegenheit seiner *Voraffekte* zu befreien.

4. Die »leichten Beeinträchtigungen« durch Erzittern oder Erblassen variieren von Mensch zu Mensch, denn sie hängen vom Temperament ab, das heißt von der Art und Weise, wie die Natur jedes Menschen die vier Elemente in ihm dosiert oder »temperiert« hat. Ein Mensch, der aus mehr Erde als Luft gemacht ist, wird weniger leicht erzittern als andere, wird aber einen minder beweglichen Geist haben. Es gibt auch unter den Weisen individuelle Unterschiede: Der eine ist leutseliger, der andere ist feuriger und beredter; niemand vermag etwas gegen diese materiellen Unterschiede, diese angeborenen Notwendigkeiten.

Weit davon entfernt, gefühllos zu sein, lebt der Weise also in der Freude, empfindet physischen Schmerz, zeigt emotionale körperliche Reaktionen und hat sein individuelles Temperament. Seneca aber besaß einen zu ausgeprägten Sinn für psychologische Realitäten, als daß er es dabei hätte bewenden lassen; er hatte zu viel über das Ideal der Weisheit nachgedacht und zu gut dessen Grenzen erkundet, als daß er sich von ihm nicht eine Vorstellung gebildet hätte, die konkreter war als die Theorie. Er geht ausführlich auf die emotionalen Reaktionen ein, wenn sie rein sind, und die Beispiele, die er bringt, gehen über die Regel hinaus. Der Weise wird seine Freunde beweinen; er wird über sie nicht nur die Tränen vergießen, die das körperliche Pendant zur Trauer sind und sich der Steuerung durch den Willen entziehen; er wird sich auch erlaubte Tränen bewilligen, in denen süßes Erinnern liegt. Nur das demonstrative Weinen, das den Zuschauern gilt, wird er sich verbieten. Einen derartigen Verstoß gegen stoische Grundsätze hätte Epiktet zweifellos nicht geduldet.[71] An anderen Stellen geht Seneca ohne Rücksicht auf stoische Dogmen auf eine Einzelheit mit einer Ausführlichkeit ein, die das Gleichgewicht der Lehre zu verschieben droht. Ein ganzes Buch – seine längste Abhandlung – hat er dem Erweisen von Wohltaten gewidmet. Erschöpfend handelt er diese Tugend ab, die allein fähig ist, ein Band zwischen den Individuen zu stiften, welche die Tugend der Gerechtigkeit in ihrer Isolation beläßt. Der orthodoxe Stoizismus war auf die Wohltätigkeit nicht eigens eingegangen; sie war ihm nur eine Tugend unter anderen, und der Weise praktizierte sie, weil er sie alle praktizierte. Die ursprüngliche Verkehrtheit des Menschen etwas aus dem Blick verlierend, macht Seneca aus der Wohltätigkeit eine Haltung, die schlicht und einfach menschlich ist, einen Wert, der jedem fühlenden Herzen einleuchtet. Der Brief 109, der die Freundschaft unter Weisen behandelt, geht auch über den Buchstaben der Lehre hinaus. Wie kann der Weise Freunde haben, wenn er – vollkommen, wie er ist – sich selbst genug ist? Weil es nicht dasselbe ist, vollkommen zu sein und das ganze Spektrum des Möglichen abzudecken: Ein Weiser weiß nicht alles, zwei Weise wissen nicht dasselbe, ihre Vollkommenheit ist einer Endlichkeit eingeschrieben, und so werden sie einander ergänzen. Die Freundschaft, auch wenn sie zu nichts nütze wäre, ist eine natürliche Freude; die Weisen werden einander durch ihr Beispiel beweisen, daß die Vortrefflichkeit existiert, und damit ihre Freude vervielfachen. Vollkommenheit erhält sich nicht durch Nichtstun; die Tugend muß in Atem gehalten werden, sie bewahrt sich nur durch Übung und durch die Provokation des anderen. Diese letztere Behauptung, im Widerspruch zu dem stoischen Dogma, daß eine einmal zuverlässig erworbene Tugend nicht wieder verlorengehen kann, entsprach der Erfahrung, die sehr wohl zeigt, daß die Weisheit »nicht auf dem Punkt verharrt, wo man sie gelassen hat, sondern die Tendenz hat, zurückzuspringen wie eine allzu stark gespannte Feder, die man losläßt«.

Die Behauptung entspricht der Orthodoxie, aber der Akzent ist neu. Unter dem Deckmantel einer Metapher zielt Brief 39 auf eine Eigendynamik der Seele, vergleichbar der Flamme, die lodern will, und zwar empor: Die Seelengröße wird zu einem Handlungsprinzip. Seneca vermindert oder erweitert den Buchstaben der Lehre und entzieht sich der Ökonomie eines Stoizismus, der in sich selbst und seiner Selbstbewahrung befangen ist.

Ilsetraut Hadot spricht von der visionären Gewalt jener Seiten, auf denen Seneca das Ideal des Weisen entfaltet[72], das unerreichbar ist und doch zum Greifen nah erscheint. Bei aller geradezu lyrischen Ergießung werden diese intuitiven Seiten doch von einem klar gegliederten Ideengerüst gehalten, das Seneca wahrscheinlich Poseidonios verdankt. Was ist ein Weiser? Ein Mann, der, dank der Verinnerlichung der Vier Tugenden, in einer unablässigen Freude lebt, weil er sich dreier Vortrefflichkeiten erfreut: der Seelengröße, des Zutrauens zu sich selbst und der Sicherheit in bezug auf die Welt.

1. Der Weise sieht die Dinge nur mehr unter dem Gesichtspunkt der absoluten Wahrheit; die Wirklichkeit, so, wie sie ist, zählt für ihn nicht mehr, er hat sich vollständig mit seinem Ideal identifiziert; so, wie die Seele sich bei dem Gedanken an die Größenordnung des Kosmos weiten kann, beurteilt der Weise alles unter dem kosmischen, dem göttlichen Gesichtspunkt; die eigene Person zählt für ihn nicht mehr. Er sieht das Ganze und handelt im Ganzen – nicht mehr nach Maßgabe des kleinen Weltwinkels, in dem er lebt.

2. Wenn der Weise auf die Folter gespannt wird, wird sein physischer Schmerz nicht weniger furchtbar sein als bei jedem x-beliebigen Menschen; aber er wird nicht erliegen, ja mehr noch: Er ist sich von vornherein sicher, daß er nicht erliegen wird[73]; er weiß, daß er Zutrauen zu sich selbst haben kann; da seine Seelengröße nur dem Guten Bedeutung beimißt, wird er glücklicher sein, die Probe tugendhaft bestanden als sie verängstigt gemieden zu haben.

3. Schließlich hat der Weise nicht nur keine Laster und erfüllt alle seine Pflichten, nicht nur hat er seine äußerliche Welt auf eine immaterielle Hülle reduziert; er hat sich auch zu dem durchgerungen, was Seneca für nahezu unmöglich, um nicht zu sagen wahnhaft hielt: Für ihn haben sogar die seelischen Regungen – Angst, Scham, Zorn, Begierde –

jede Macht verloren. Wir haben gesehen, daß bei der großen Mehrzahl der Sterblichen diese versucherischen Seelenregungen sich zu lasterhaften Gewohnheiten verfestigen; der Mann von Wert, der »Gewandelte«, hat sich dieser Laster entwöhnt, ist aber gegen die Seelenregungen nicht gefeit. Er empfindet sie weiter, weil diese Gefühle Teil seiner menschlichen Natur sind. Wenn es die »Voraffekte« nicht gäbe, könnten wir nicht einmal zwischen Begierde und Angst unterscheiden; wir würden lediglich eine vage seelische Trübung empfinden. Der Weise entrinnt nicht der menschlichen Natur, er erlebt nach wie vor Affekte der Begierde oder der Angst, aber sie sind auf ein Mindestmaß reduziert: Er bleibt gerade noch weise genug, um sie unterscheiden zu können. Der Weise erfährt an sich eine leichte Irritation, er sieht hin und erkennt den Umriß eines Henkers oder einer Verführerin; das Gefühl ist gerade noch plastisch genug, um jenen und diese auseinanderhalten zu können. Nachdem der Weise beide Silhouetten unterschieden hat, wendet er sich gleichgültig ab.

In ihrer wehmütigen Realitätsferne, die sich ihres Wunschdenkens wohl bewußt ist, sind diese Seiten die schönsten, weil sie in das innere Leben Senecas und zugleich in eine Fiktion eintauchen; sie sind von der Einbildungskraft aus Erfahrungsansätzen extrapoliert worden, die über sich selbst hinauszugelangen suchten. Seneca liebt dieses überhöhte Bild seiner selbst so sehr, daß er es mit den Tugenden schmückt, die am wenigsten egozentrisch sind: der Wohltätigkeit und dem Sinn für Freundschaft. Vierzig Jahre der Arbeit an sich selbst und der ungeschönten Selbstbeobachtung finden ihre Krönung in dieser Frische der Begeisterung, die ebenso jugendlich beschwingt wie erfahrungsgesättigt ist und in der die Glut der Adoleszenz ebenso wieder auflebt wie die pythagoreische Krise des Zwanzigjährigen und der Enthusiasmus für die Konversionen der Jugend und die am Morgen des Lebens entdeckten Berufungen.

Nun, in diesem Jahre 63, da schwarzes Gewölk am politischen Horizont heraufzieht und Seneca seine beiden großen Werke beginnt, die *Briefe an Lucilius* und jene *Moralphilosophie*, die wir nicht mehr lesen werden und die er vielleicht nicht ausgeführt hat – in diesem Jahr fühlt Seneca sich für seine Mühen belohnt. Er fühlt sich seinem Ideal so nahe, wie man ihm nur kommen kann, und er erlebt die Freude, erschaffen zu haben und erschaffen zu sein. Schon im sechsten der Briefe ertönt eine feierliche Erklärung, einer der zwei oder drei größten Augenblicke eines Lebens:

»Ich bemerke, Lucilius, nicht befreie ich mich nur von Fehlern, sondern wandle mich [förmlich]... Ich wünschte daher mit dir zu teilen die so plötzliche Wandlung meiner Person... Vorstellen in deinem Geiste kannst du dir nicht, wieviel Bereicherung mir – ich sehe es – jeder einzelne Tag bringt.«[74] Was diese Läuterung sein kann, spricht Brief 94 ohne Umschweife, unter Berufung auf die Quellen aus[75]: »Die Philosophie, sagt er [Ariston], gliedert sich in diese beiden Teile, Erkenntnistheorie und Ethik. Denn wer gelernt und begriffen hat, was man tun und lassen muß, ist noch nicht weise, wenn sich nicht seine Seele dem, was er gelernt hat, anverwandelt hat.« Seneca ist kein vollendeter Weiser, denn er ist noch nicht verwandelt: Er ist dabei, sich zu verwandeln, die Veränderung ist im Gange, aber das Ziel ist (oder scheint) nicht mehr ferne. Das war der Mann, der jetzt sein größtes Werk schrieb und noch zwei Jahre zu leben hatte.

Bleibt zu fragen, wie der Zustand eines Verwandelten konkret aussah. Die *Briefe* quellen über von Selbstbekenntnissen und Selbstbeobachtungen, dazu bestimmt, die Leser zu belehren und zu erbauen; gleichzeitig liefern sie aber einige theoretische Anhaltspunkte. Die Briefe 71, 72 und 75 unterscheiden drei Stufen des Fortschritts. Die erste ist, seine größten Fehler abzulegen; die zweite ist, keine Fehler mehr zu haben und auch mit den heftigsten Affekten fertig zu sein, ohne daß jedoch die Verwandlung der Seele bereits so gefestigt wäre, daß die Möglichkeit eines Rückfalls ausgeschlossen werden könnte; die Stufe, die der Weisheit am nächsten kommt, ist, nicht mehr rückfällig werden zu können, ohne jedoch flüchtige Affekte wie Bedauern oder falsche Scham nicht mehr zu kennen. Dieser Zustand ist exakt der des Gewandelten, in welchem Seneca sich jetzt befindet.

Seine Bekenntnisse beweisen es. Seneca, der natürlich bestreitet, ein Weiser zu sein, der aber im Tunnel von Pozzuoli keine Angst gehabt hat, bekam verschiedentlich Gelegenheit, sich selbst auf die Probe zu stellen. Eines Abends traf er ausgehungert auf einem seiner Landgüter ein; nun gab es dort kein Brot; er mußte sich mit dem Graubrot seiner Pächter begnügen, was er ohne zu murren tat – sicherer Beweis seiner Fortschritte in der Tugend, da die unerwarteten Proben mehr über den Menschen aussagen als jene, auf die man seine Seele hat vorbereiten können. Ein andermal hatte er in Neapel eine Wohnung direkt gegenüber den öffentlichen Bädern gemietet; er versuchte, von dem Lärm und dem Geschrei, die aus dem Dampfbad drangen, zu abstrahieren, aber nur mit halbem Erfolg: Er konnte zwar trotz des Radaus arbeiten, von ihm bewußt absehen, aber er konnte die störende Empfindung nicht loswerden; er beschloß, umzuziehen. Die schlimmste Prüfung, die unseren Grandseigneur heimsuchte, war die Blamage vor seinen Standesgenossen. Er beschloß eines Tages, nicht in dem kostbaren Wagen zu reisen, der seinem Rang entsprach, sondern einen Bauernwagen zu nehmen, mit zwei oder drei Sklaven als einzigem Gefolge sowie einem Fuhrmann, der nicht einmal Schuhe anhatte. »Kaum bringe ich es über mich, dieses Fahrzeug als mein Eigentum angesehen zu wissen: es dauert bis jetzt an die verkehrte Scham vor dem Richtigen, und sooft wir auf eine elegantere Reisegesellschaft treffen, erröte ich unwillkürlich.«

Wie man sieht, erlebt auch der Verwandelte noch flüchtige Affekte, was die Abhandlung über die *Seelenruhe* den Zustand des Schwankens nennt.[76] Worin genau besteht also der Graben oder der Abgrund, der den vollendeten Weisen noch von dem einfachen Gewandelten trennt, den Seneca meistens »Mann von Wert« nennt? In dem Mangel an Sicherheit, erwiderten Chrysipp und seinesgleichen; Seneca erwidert subtiler: in dem Schwanken.

Fassen wir also zusammen! Wie der Weise, so kennt auch der Mann von Wert weiterhin die Empfindungen des physischen Schmerzes, tritt ihnen aber mutig entgegen. Wie der Weise unterscheidet er zwischen dem furchterregenden oder verführerischen Körper eines Henkers oder einer Kurtisane und den kurzen immateriellen Augenblicken (der Zeit, die es braucht, einen Kopf abzuschlagen oder der Wollust zu frönen), auf welche diese Erscheinungen sich reduzieren. Der Mann von Wert erfreut sich also der drei Standhaftigkeiten des Weisen: Er weiß zwischen den Begierden zu wählen und läßt eine »Freude« nur zu, wenn sie vernunftgemäß ist; er ist vorsichtig und weiß sich zu hüten, doch ohne der Angst zu erliegen; er weiß mit voller Überlegung zu wollen und widersteht den Schmeicheleien der nicht natürlichen Begierden. Da er es soweit gebracht hat, sich seiner schlechten Gewohnheiten oder »Laster« zu entschütten, hat der Mann von Wert, wie der Weise, sich der Lehre und der Tugend gemäß umgeformt; auch bewährt er alle Vier Tugenden gleichzeitig und erfüllt korrekt alle seine Pflichten.

Erfreut er sich auch der Drei Vortrefflichkeiten, die die Glückseligkeit des Weisen ausmachen? Gewiß besitzt ein Gewandelter die erste, die Seelengröße, die bewirkt, daß ihn die kleinen Kümmernisse des Alltags nicht mehr berühren; hat er sich doch gemäß der Lehre umgeformt, die bewirkt, daß man großzügig denkt und den Standpunkt des Ganzen einnimmt, auch wenn er dem Privatinteresse widerspricht. Auch Seneca weiß seit kurzem, daß er persönlich über die Seelenruhe in bezug auf äußere Verführungen oder Bedrohungen gebietet. Es war ein Schlüsselerlebnis: Seneca hatte einen so heftigen Asthmaanfall gehabt, daß er überzeugt war, sterben zu müssen; doch das Bild seines bevorstehenden Todes schreckte ihn nicht. »Nimm das, was ich dir sagen werde, als für dich bestimmte ärztliche Anweisung«, schreibt er Lucilius: »Ich werde in meiner letzten Stunde nicht zittern; von nun an bin ich geübt.« Unter Nero war es nicht unnütz, diese Sicherheit zu erwerben, und die Ereignisse sollten in Kürze beweisen, daß Seneca seine Seelenruhe nicht bloß vermutet hatte.

Bleibt die dritte Vortrefflichkeit: die innere Sicherheit oder Gewißheit, keine Rückschritte mehr zu machen, nicht in seine früheren Irrtümer zurückzufallen. Chrysipp war der Ansicht, daß der Strebende, wäre er auch der rechtschaffenste Mensch der Welt geworden, seine guten Gewohnheiten noch nicht völlig im Sinne der Lehre gefestigt hat[77]; was würde ihn andernfalls noch vom Weisen unterscheiden? Er befindet sich noch in einem unfesten Zustand und kann sich wieder verbilden und in die Sünde zurückfallen. Seneca zitiert diese Auffassung in Brief 71 und stellt ihr stillschweigend seine eigene entgegen; es ist ein Punkt, schreibt er, wo der Mann von Wert dem Weisen ganz nahe kommt, sich darüber aber nicht Rechenschaft geben kann. Welche Wand, so wird man fragen, verbirgt ihm diese Nähe? Man darf annehmen, daß es der Zustand des Schwankens ist, die kleinen demütigenden Zwischenfälle, die zu beweisen scheinen, daß der Grund des Menschseins nicht verändert ist, und die Rückfälle befürchten lassen. Worin besteht nun aber dieses Schwanken?

Es besteht, denke ich, darin, daß man noch nicht dahin gelangt ist, die Affekte auf das zu reduzieren, was wir ihr gerade noch identifizierbares Minimum genannt haben. Aber wird man jemals dahin gelangen? Wenn ein veritabler Weiser, auf einem elenden Karren thronend, dem schönen Fahrzeug und den Blicken seiner Standesgenossen begegnet, wird er diesen Zwischenfall als geeignet ansehen, jeden anderen Menschen zu demütigen, ohne daß es ihm selbst den leisesten Stich ins Herz gäbe. Das aber könnte der rechtschaffenste Mensch der Welt nicht von sich sagen. Das Schwanken ist im Grunde genommen etwas Geringfügiges, das aber ausreicht, die Glückseligkeit zu verderben und um die Sicherheit der erreichten Fortschritte fürchten zu lassen. Die Wand ist dünn, aber sie ist nahezu undurchdringlich; einmal in tausend Jahren gelangt ein Weiser dahin, den Untergrund seines Menschseins hinreichend zu revolutionieren, um diese Seekrankheit abzustellen und in größter Heiterkeit ein ruhiges Meer zu befahren.

In diesem Jahre 63, da Nero zum Tyrannen wird, hat Seneca also keine Angst mehr vor den großen Prüfungen, er weiß, daß er ein rechtschaffener Mensch ist, aber er weiß auch, daß der allzu menschliche Mensch in ihm noch nicht tot ist. Wenn er schreibt, man werde ihn in seiner letzten Stunde nicht schwach werden sehen, dann geht er eine große Verpflichtung ein; vielleicht geht er sie darum öffentlich ein, um sich den Zwang aufzuerlegen, sie einhalten zu müssen. Man ahnt bei ihm eine ängstliche Ungeduld, endlich auf die Probe gestellt zu werden; es ist eine seiner Lieblingstheorien, eine von jenen, die ihm den Ruf eintrugen, ein Rhetor und Übertreiber zu sein: Ein zu wenig bewegtes Leben ist beunruhigend, schreibt er, weil es einen in Unkenntnis darüber läßt, ob man im Sturm bestehen würde; man hat nicht wirklich gelebt, wenn man das Unglück nicht gekannt hat. Ist das Prahlerei, ist es eine römische Lust am Ruhm? Oder wäre es eher eine geheime Angst und eine »Flucht nach vorn«?

Flucht nach vorn, Schwindelgefühl, vielleicht Ungeduld, es hinter sich zu bringen – Stolz allemal. Daher die merkwürdigen Erklärungen der Briefe 66 und 67: Ist es genug, ein rechtschaffenes, aber friedliches Leben gehabt zu haben? Ist es sicher, daß ein Leben ohne große Prüfungen etwas Neutrales ist, einem geprüfteren Leben vorzuziehen? Nein: Ein allzu beschauliches Dasein ist nichts anderes als ein totes Meer. Man hat in diesen Übertreibungen Rhetorik erkennen wollen oder einen gewissen Ästhetizismus.[78] Besser hätte man von einer Ungeduld gesprochen, endlich die Feuertaufe zu empfangen, von einer soldatischen Lust am Ruhm.[79] »Dienen wir den anderen als Vorbild«, pflegt Seneca mit Vorliebe zu sagen. Aber er ruft auch aus: »Messen wir unsere Charakterstärke!«

Nun, »der Tag unseres Todes spricht das Urteil über unser ganzes Leben« und »an den Fortschritt, den ich hätte machen können, werde ich noch bei meinem Tode glauben«, an diesem Tag wird sich zeigen, ob ich die Tugend nur auf den Lippen getragen habe oder in meinem Herzen. Das ist gewiß nicht der katholische Gedanke, daß ein guter Tod ein ganzes Leben aufwiegt; vielmehr ist es eine Binsenwahrheit: Wer sich sein Leben lang zur Weisheit erhebt, wird im Augenblick des Todes seine höchste Höhe erreicht haben. Vor allem aber ist es die Überzeugung, daß die Art des Sterbens die höchste Probe ist, die einzige, die wirklich beweiskräftig ist.

Der Freitod selbst ist in den Augen Senecas die Handlung schlechthin, sagt mit Recht J. M. Rist[80]; er ist fast das Mittel, um durch das einfachste Mittel – ein letztes, aber unmittelbar wirkendes Mittel – zur Weisheit zu gelangen. Zweifellos ist dies auch das Symptom einer ängstlichen Ungeduld und eines geheimen Zweifels an der möglichen Verwirklichung der Weisheit: als Weiser sterben, da als Weiser zu leben vielleicht nur eine Utopie ist.

Eine überspannte Haltung, die typisch ist für unseren Autor. Die stoische Orthodoxie ging nicht so weit; wie das ganze heidnische Altertum (wenigstens bis zur Renaissance des Platonismus im 2. Jahrhundert u. Z.) billigte sie den »wohlerwogenen Freitod«, den des Besiegten etwa, der seine moralische Integrität wahren will, oder den des Kranken, der sich sinnloses Leiden und das Schauspiel seiner eigenen Erniedrigung ersparen will. Die Häufigkeit des Freitods in der römischen Aristokratie ist bekannt. Sprechen wir aber trotzdem nicht von einem *mal du siècle*, einer vorweggenommenen romantischen Melancholie[81]: Das, was das römische Recht *taedium vitae* oder Lebensüberdruß nannte, ist ganz einfach das, was unsere Psychiater als depressiven oder suizidären Zustand bezeichnen. Die Anzahl der Selbstmorde zur Zeit Senecas hatte auch einen in den Umständen bedingten Grund; angesichts der Gefahr, wegen Majestätsbeleidigung verurteilt zu werden, zogen die Senatoren es vor, sich lieber selbst zu töten, als den Henker und seine Foltern abzuwarten und ihr Eigentum konfisziert zu sehen; es kam auch vor, daß der Kaiser ihnen die Aufforderung zukommen ließ, ihrem Leben ein Ende zu machen. In Japan wurde unter den Tokugawa das Harakiri (oder *seppuku*) zum vornehmen Ersatz der Todesstrafe.

Trotzdem genügt dies nicht, um die wahre Wonne zu erklären, mit der Seneca in Brief 77 einen Freitod schildert, bei welchem die Euthanasie kaum mehr als ein Vorwand gewesen sein kann; es erklärt auch nicht die Häufigkeit und Bereitwilligkeit von Senecas Lobliedern auf den Tod als die immer offene Pforte, den Schlüssel zur wahren Freiheit. Beim Lesen dieser veritablen Hymnen wird man in einen Taumel der Phantasie gerissen, und es fehlt nicht viel, so fühlt man sich zum Sterben bereit – so suggestiv ist Senecas Schreibweise. Dieser Extremismus ist kein Zufall;

im Grunde offenbart er nur die tiefste Wahrheit des Stoizismus, die darin liegt, das Leben vom Tode her zu betrachten und die Sektenanhänger wie lebendig Tote leben zu lehren, da nichts mehr von Interesse ist, außer dem körperlosen, kaum noch persönlichen Ich, dessen Dasein ohne Nachteil erlöschen kann, da dieses Ich nichts erwartet. Sehen wir genau hin, wenn wir Seneca auf einer beliebigen Seite aufschlagen, auf der er nicht vom Tode spricht, sondern von der Vortrefflichkeit, vom Glück, von der Seelengröße oder den vorzuziehenden Werten. Vergeblich schenken wir dieser so falsch klingenden Konzeption vom Menschen und vom Leben kaum Glauben, wir bleiben trotzdem in ihrem Bann, wir lesen weiter, und zuletzt ahnen wir, woher der Zauber rührt: Solange die Lese-Illusion dauert, stellen wir uns vor, wir lebten in einer Welt, die gleichzeitig lastend und leicht geworden ist, weil wir nicht mehr an etwas denken, was aus ihr verschwunden ist: die unbewußte Allgegenwart des Todes. Vor über einem Jahrhundert hat es ein sanfter Nietzscheaner, der heute ein wenig vergessene Jean-Marie Guyau, auf den Punkt gebracht: »Sterben, ausruhen von jener Anspannung, jener Mühsal ohne Anfang und ohne Ende, woraus das Leben selbst besteht, das war das letzte Wort des Stoizismus.«[82] Man muß zugeben, daß der Epikureismus ebenso leer, ebenso arm war; aber er lehrte den Menschen, das Zwischenreich auf entspanntere Art hinter sich zu bringen.

Und nun wollen wir einen Blick zurückwerfen auf die Landschaft, die wir im Laufe mehrerer Kapitel durchmessen haben: Wir werden sehen, wie die Einzelheiten der Gegend sich in drei große Komplexe gliedern, die sich ihrerseits wieder zu einer Einheit zusammenfügen. Der Stoizismus gewinnt also jene systematische Einheit, jene Kohärenz, die die zünftigen Philosophen als große Leistung begrüßen und als neuerlichen Beweis für die Wahrheit einer Lehre zu betrachten geneigt sind.

Wir haben gesehen, daß alles auf dieser Welt Spannung ist. Wir haben ferner gesehen, daß im Laufe der Zeit die Hauptaufgabe darin besteht, aufmerksam zu sein, und daß vermöge ihrer Spannung die Seele dahin gelangen wird, sich zu wandeln, ihre Gestalt oder Form zu verändern. Schließlich haben wir gesehen, daß der also Gewandelte lediglich rechte Handlungen oder *katorthôma* vollbracht hat. Nun kann nichts so recht sein wie das Rechte: Die Korrektheit ist, oder sie ist nicht, das ist eine Frage des »alles oder nichts«, nicht des Grades (aus diesem Grunde zählen alle Fehler, ob gravierend oder nicht); eine Linie ist entweder gerade oder verzogen, und wenn sie gerade ist, ist sie vollkommen gerade, sie kann nicht noch gerader sein, sie ist vollkommen. Es gibt also drei Pole: Spannung, Form, Korrektheit.

Hören wir nun, was ein antiker Spezialist für schwierige Philosophie, einer der Kommentatoren des Aristoteles, schreibt: »Die *Form*, sagen die Stoiker, geht auf die *Spannung* zurück; das gilt zum Beispiel für den Zwischenraum, der zwei geometrische Punkte voneinander trennt. Auch definieren sie die *gerade* Linie als Linie, die bis zum äußersten gespannt ist.«[83] Die drei Pole koinzidieren miteinander.

Da haben wir also die Kohärenz – zumindest die verbale Kohärenz. Die Korrektheit eines Verhaltens (das man metaphorisch und redensartlich »recht« nennt) ist dieselbe wie die Korrektheit einer geometrischen Geraden, die nur auf der Wandtafel existiert, oder vielmehr in der mathematischen Idealvorstellung, und diese Korrektheit ist auch die eines Fadens, den man spannt, indem man ihn an beiden Enden faßt. Der stoische Materialismus ist nichts weiter als ein Spiel der Metaphern.

Die Lese-Illusion und die Leidenschaften

Der Titel dieses Kapitels ist ungerecht: Ich hätte von einer halben Illusion sprechen sollen. Kein Stoiker hat jemals die höchste Glückseligkeit erreicht, aber auch kein Buddhist hat jemals das Nirvana erreicht, und kein Taoist ist jemals unsterblich geworden oder hat den Tiger geritten. Indessen geben Stoizismus wie Buddhismus Lebenshilfe; man träumt davon, ein Weiser zu werden, und man vergißt darüber den Tod, oder man ritualisiert seinen Tagesablauf, oder man trägt seine inneren Konflikte erfolgreicher aus... Es ist üblich, das eine zu tun und dabei an etwas anderes zu denken, auch wenn man sich damit nur zur Hälfte betrügt.

Diese gewaltigen Ausuferungen des Ichs, als welche Doktrinen aller Art sich darstellen, können dem Menschen doch dazu dienen, sein charakterliches Gleichgewicht wiederzufinden; sie sind aber auch und vor allem Erweiterungen, die kein anderes Ziel haben als sich selbst: Der Mensch ist zu formlos und zu unvorhersehbar, als daß in seinem Falle alles auf die etwas beschränkte Logik des Gleichgewichts und der Entsprechung hinausliefe, wonach Ideologie die Religion verdrängt, der Zirkus die Politik, der Fußball den Sozialstaat ersetzt, so daß das Ganze insgesamt dasselbe bliebe. Das Ganze gibt es nicht, und diese Erklärungen laufen leer. Wir sind auch nicht funktional; eher gleichen wir den Wolken; wir treiben unerklärliche Pseudopoden zu unvorhersehbaren Punkten vor: zur Leidenschaft für Tulpen, zum Triumph einer Philosophie oder zu nationalistischen Bewegungen. Bleibt festzuhalten: Wir besitzen die Fähigkeit, uns von Halb-Romanen verzaubern zu lassen, deren keiner den folgenden erahnen läßt; gegen jede Erwartung gelingt es gewissen dieser Romane, namentlich den Religionen und manchmal den Doktrinen, ihren Erfolg über ein halbes oder ein ganzes Jahrtausend zu behaupten.

Dauerhaft oder nicht, sind diese Wucherungen doch wir selber, sie sind unser Fleisch, sie erweitern unser Sein, wir empören uns, wenn man uns zumutet, sie zu beschneiden, und wir sehen mit Verachtung auf jene hinab, die ihrer entraten müssen. Aber sind wirklich *wir* es, die *sie* besitzen? Eher sind sie es, die uns besitzen; Glaubensüberzeugungen, Doktrinen und historische Leidenschaften sind »objektive Geister«; wir denken in ihnen, oder vielmehr: Sie denken für uns; wir machen die Gesten, die sie in uns aufrufen und die wir für die unseren halten, während wir dabei überhaupt nicht denken (die Bedeutung eines Ritus liegt in dem Ritus selbst; legt man Speisen an einem Grabe nieder, denkt man nicht, daß die Toten sie essen werden; man denkt auch nicht mehr das Gegenteil: Der Ritus denkt für uns). Wo hören wir auf, wir selber zu sein? Das ist unmöglich zu sagen: Jedes Individuum ist ein Chaos, und das Chaos ist nicht ärmer an Gegliedertem als an Grenzen.

So ist es nicht verwunderlich, daß noch niemand auch nur den geringsten kulturellen oder religiösen Wandel erklärt hat und daß dies auch in einem Jahrhundert der Soziologie und der Kultur noch nicht gelungen ist. Wir werden nicht nach den historischen oder sozialen Ursachen des Stoizismus suchen, auch nicht mehr nach seinen psychologischen Wurzeln, weil man dabei so viele Wurzeln finden wird, wie man will[84]; die Psychen sind schwer von dem zu trennen, was die objektiven Geister aus ihnen machen; aus den Verbalisierungen der Doktrin werden wir selber; wir ziehen aus ihnen unsere Leidenschaften, und Leidenschaften sind Quellen der Kraft. Ohne daß es im übrigen gelänge, unser inneres Chaos zu vereinheitlichen. Daher rührt das unaufhörliche Elend, von dem die Abhandlung *Über die Seelenruhe* spricht.

Zumindest ist es möglich, diese lokalen Erhitzungen in seinem Inneren mimetisch nachzuempfinden. Eine Seite Rousseau, aus dem VIII. Buch der *Bekenntnisse*, läßt die Erhitzung nacherleben, die der Stoizismus 1700 Jahre früher darstellte: »Im darauffolgenden Jahre, im Jahre 1750, erfuhr ich, als ich schon gar nicht mehr daran dachte, daß meine Abhandlung [»Hat der Fortschritt der Wissenschaften und Künste zum Verderb oder zur Veredelung der Sitten beigetragen?«] in Dijon den Preis davongetragen habe. Diese Nachricht rief wieder alle jene Gedanken, aus denen sie entstanden war, in mir wach, beseelte sie mit neuer Kraft und ließ jene ersten Keime von Heldensinn und Tugend, die mein Vater und mein Vaterland und Plutarch schon in meiner Kindheit in mein Herz gelegt hatten, machtvoll aufschießen. Ich konnte mir nichts Größeres und Schöneres mehr vorstellen, als über Schicksal und Meinung der Menschen hinaus frei und tugendhaft zu sein und sich selber zu genügen.«[85] Plutarch wird nur aus Anhänglichkeit an die Kindheitserinnerungen genannt; was hier charakterisiert wird, sind der Stoizismus Senecas und einige seiner Leidenschaften. Wir haben miterlebt, wie ein Individuum von einem objektiven Geist erfaßt worden ist (so wie man von dem »Einfassen« eines Wasserlaufs spricht).

Das weitere ist absehbar: Mit dem Stoizismus kam die Leidenschaft für den Stoizismus; es ist wie mit der Psychoanalyse: Kann sie den Patienten schon nicht heilen, versorgt sie ihn wenigstens mit einer neuen Leidenschaft – der für die Psychoanalyse. Nein: Ein Stoiker wird niemals zum Weisen werden; er hat dazu nur die Virtualität in sich, er kann nur die entsprechende Geste andeuten und seine Geste durch das Denken verlängern. Doch das ist bereits genug: Im Falle des Menschen besitzen die wirkungsmächtigen Wesen Aktualität, die Virtualitäten haben ebensoviel Wert wie die Realitäten, und wir verschwenden viele Anstrengungen auf diese Virtualitäten, die zu keinem Ergebnis führen werden.[86]

Da die Virtualitäten ebensoviel Leidenschaft entfachen wie die Realitäten, bleibt die nietzscheanische Kritik am Stoizismus wahr, aber wirkungslos. Als Leser de La Rochefoucaults kannte Malebranche[87] die Finten der Selbstachtung: »Wenn man Cato ins Gesicht schlug« (eine Anspielung auf Senecas Brief 14 – P. V.), »ärgerte er sich durchaus nicht, rächte er sich durchaus nicht, verzieh er auch durchaus nicht, sondern leugnete hochmütig, ihm sei irgendein Unrecht geschehen ... Da er nicht wirklich Rache nehmen kann oder zu nehmen wagt, trachtet er danach, eine sei's auch imaginäre Rache zu nehmen, die seiner Eitelkeit und seinem Stolze schmeichelt, was ihm jene Seelengröße verleiht, die ihn den Göttern ähnlich macht.«

Malebranche ist zu hellsichtig, um den christianisierten Stoizismus zu übernehmen, der viele seiner Zeitgenossen verlockte. Denn es wäre irrig, zu verkennen, daß die stoische Religiosität (aber was heißt hier »Religiosität«?) weniger den Göttern gilt als dem Weisen, so daß sie sich selbst anbetet; dank der Weisheit wird der Mensch den Göttern gleich. »Die Götter sind durchaus nicht eifersüchtig« und erlauben es den Menschen, ihnen in der Glückseligkeit und in der Sicherheit zu gleichen; der einzige Unterschied zwischen dem Weisen und Jupiter ist der, daß der oberste Gott auf unbestimmte Zeit bleiben wird (doch wissen wir, daß die Glückseligkeit durch Dauer nicht größer wird). Wer es lernt, sich mit frischem Wasser und Maisgrütze zu begnügen, wird nimmermehr hungern oder dürsten; und: »auch Jupiter hat nicht mehr«. Außerdem lebt der Weise in Sorglosigkeit, während Jupiter daran arbeitet, den Kosmos zu erhalten, und nur in jenen Zwischenzeiten des Chaos, welche zwei Zyklen der ewigen Wiederkehr voneinander trennen, ausruht und seinen Gedanken nachhängt.

Was Senecas Bewunderung erregt, ist die Betrachtung des so wohlgeordneten Kosmos und die der Weisheit selbst. Mit seinen Vier Tugenden, mit allen seinen übrigen Eigenschaften, »jener Menschlichkeit, die bei den Menschen so selten ist«, seiner Seelengröße, seinem Taktgefühl und seiner Sanftheit flößt der Weise einen heiligen Respekt, eine religiöse Begeisterung ein; wenn man von ihm nur eines seiner Augen sähe, »würde man in Ekstase geraten wie bei der Erscheinung einer Gottheit«. Die großen Wahrheitsentdecker – Sokrates, Platon, Zenon oder Cato – erregen eine fast ebenso lebendige Leidenschaft; »weihen wir ihnen einen Kult gleich jenem der Götter; warum nicht ihren Geburtstag feiern«, so wie man den Jahrestag der Tempel oder jenes *genius* feiert, der mit jedem Menschen verbunden ist?

Die Götter kümmert es nicht, »ob man ihnen fette Kälber opfert oder Goldstücke in die Opferstöcke ihrer Heiligtümer steckt«; so fordert auch die Weisheit keine andere Frömmigkeit, als daß man sich ebenso recht verhält wie sie; diese Korrektheit ist die einzige wahre Religion. Wozu also sind Tempel gut? »Der Kosmos ist überall ein Tempel«, weil er überall vollkommen durchdacht ist. Die stoische Religion kennt weder Kult noch Übernatürliches noch Ungleichheit zwischen dem Göttlichen und dem Menschlichen, und ihr Gott ist ein »großer Meister«, der vollkommene Architekt des Kosmos.

Ein Gott, dem man gleicht, kann weder Vater noch Meister sein;

non pareo deo, adsentior, »ich gehorche Gott nicht, ich folge seinem Rat«. Dieser Gott würde keine Gebete zu erhören wissen, weil er schon alles zum Besten bestellt hat und weil er seine eigenen Gesetze respektiert; er würde uns auch kein Leid zuzufügen wissen. Die Beziehungen zwischen Seneca und seinem Gott sind die zwischen zwei freien, gleichberechtigten Weltbürgern, die unabhängig voneinander sind und nur der Vernunft gehorchen. Riten oder religiöse Anwandlungen wären knechtisch und absurd; am Tag des Sabbat Leuchter entzünden oder jeden Morgen die Götter in ihrem Heiligtum grüßen: Das sind Verhaltensweisen von Sklaven, und »Gott kann nicht anders, als Sklaven machen«. Wir bewundern mit Recht das Werk des göttlichen Meisters, in welchem unsere Vernunft sich wiedererkennt; doch was den Gott selbst betrifft, haben wir keinerlei Empfindung[88]: seltsame Religiosität, welche die Liebe Gottes und jede persönliche Beziehung zwischen dem Geschöpf und seinem Schöpfer nicht kennt!

Ebensowenig kennt sie das Übernatürliche. Will man aus der »Religion« kein Sammelsurium all dessen machen, was den gesunden Menschenverstand übersteigt, etwa der »Glaube« an den Kommunismus oder die Leidenschaft für Fußball, so weisen alle religiösen Einstellungen ein sehr präzises Merkmal auf: Sie beziehen sich auf nichts Empirisches oder Reales[89]; für den wahren Gläubigen ist die Vorsehung weder Urheberin von Wohltaten noch Beschützerin gegen reale Zufälle; stößt ihm ein Unglück zu, wird er nicht sofort annehmen, die Vorsehung habe ihm ein noch größeres Unglück ersparen wollen oder ihn einer Prüfung unterzogen: Bevor er sich solche rationalen Erklärungen zurechtlegt, wird seine erste Empfindung sein, daß auf unerklärliche Weise und man weiß nicht wie dieses sehr reale Unglück in man weiß nicht welcher anderen Welt nicht absurd ist und einen Sinn hat. Und wenn dieser Gläubige sich »in den Händen Gottes geborgen« fühlt, dann versteht er darunter eine spirituelle Geborgenheit, die mit den Zufällen der realen Welt nichts zu schaffen hat und sich auch durch keine praktische Anstrengung in die Wirklichkeit übertragen läßt. Wir haben es hier mit dem Gegenstück zum providentiellen stoischen Gott zu tun (der buchstäblich, körperlich, identisch ist mit dem Zentralnervensystem, dem Gehirn eines Kosmos, der seinerseits ein sehr großes Tier von vollkommener Kugelform ist).

Die Stoiker sind Deisten; ihr Gott ist nichts anderes als die Inkarnation der Vernunft und das Mittel, um die Einrichtung der Welt zu erklären. Ihnen zufolge steckt in den Ideen des gesunden Menschenverstandes eine Annäherung an die höchste Wissenschaft; die Religion mit ihren Mythen, Riten und Leidenschaften ist der naive Ausdruck einer geläuterteren Wahrheit; Voltaire wird mit ihnen sagen, daß der Pfarrer Gott dem Volk verkündet und daß Newton ihn dem Weisen beweist. In seinem Brief 41 hat Seneca bewunderungswürdige Worte gefunden, um den Schauder zu beschreiben, den man in heiligen Hainen oder an den Quellen der großen Ströme empfindet; aber er entnimmt dem nur ein Argument a fortiori: Um wieviel majestätischer als diese ist doch der Anblick, den die unerschütterliche Seele des Weisen bietet! Und es ist justament dieser Weise selbst, der in ihm Religiosität im genauen Sinne des Wortes erregt, und zwar deswegen, weil der Weise im Grunde genommen *nicht existiert* (oder so gut wie nie): Er ist lediglich Gegenstand der Erwartung, einer Erwartung, die im Grunde genommen hofft, niemals in Erfüllung zu gehen, auf daß nicht das bewunderungswürdige Bild trivial und allzu real werde: Es ist eine Erwartung des messianischen Typs.[90]

Die einzige wirkliche Religiosität der Stoiker ist die Anbetung des Menschen durch den Menschen. Dabei gewinnt der Mensch die Dimension jenes Kosmos, dessen »Mikrokosmos« er ist. Das ist der Kern der platonischen Anwandlungen, die man Seneca und seinem erklärten Wunsch zuschreibt, zum Glauben an die Unsterblichkeit der Seele zu finden; von daher rührt auch das, was man seinen kosmischen Masochismus nennen könnte.

Voreilig hat man von einem Abgleiten Senecas in eine platonische Spiritualität und von einem »Einfluß« Platons gesprochen; die Frage ist aber nicht, ob er Platon zitiert, sondern warum und in welchem Sinne. Die *Briefe an Lucilius* sind keine theoretische Abhandlung; Seneca will seinen Leser bekehren und erziehen, und seine Strategie veranlaßt ihn manchmal zur Berufung auf den universell verehrten Namen Platons; es kommt auch vor, daß er zur Stützung des Stoizismus Epikur ins Feld führt: Die am wenigsten verdächtige Anerkennung ist die durch einen geschworenen Feind... Seneca ist darum nicht vom Epikureismus »beeinflußt«, und er ist es noch weniger vom Platonismus.

Scheinbar steht Seneca platonischem Empfinden nahe, wenn er ständig wiederholt, daß der Körper das Gefängnis der Seele und unser Dasein ein erzwungenes Verweilen, eine Zeit des Kriegsdienstes ist (so formulierte es Sokrates im *Phaidon*), so daß wir unseren Körper einst ohne Bedauern verlassen werden; vielleicht werden wir dieses Verlassen sogar durch die Selbstentleibung erzwingen[91]; »was ist unser Leib? Ein Gewicht auf der Seele, zu ihrer Qual.« Wir brennen darauf, uns zum Himmel zu erheben, von wo wir gekommen sind.

Aber wie erheben wir uns dorthin? Nach unserem Tode? Nein, bereits zu unseren Lebzeiten: durch das Studium der Natur, die Betrachtung des großen Ganzen und durch Aneignung der Weisheit; wenn unser Körper uns bis zur Todessehnsucht beschwert, dann deshalb, weil er unser Gesichtsfeld einengt: Unsere leiblichen Augen lassen uns nur einen ganz kleinen Teil des Universums wahrnehmen, unsere leiblichen Begierden und Schrecken blenden unsere Vernunft. Sich zum Gott zu erheben, heißt, ein Weiser zu werden, indem wir die in uns angelegten Keime der Wahrheit entwickeln und uns dabei durch das Studium der Natur, das den Geist erweitert, helfen lassen. Der Leib ist nicht eine begehrliche Schande, die die Reinheit unserer Seele trübt, sondern die Beschränkung unserer Fähigkeit, das Ganze zu sehen und der Natur zu folgen. Es ist wohl wahr – liest man in der Abhandlung *Über die Muße* –, daß unsere Seele ein kleines Stück von Gott ist, ein göttlicher Funke; aber inwiefern? Wir wissen es schon: Diese »Funken«, diese Keimzellen der Wahrheiten oder angeborenen Ideen fangen Feuer, wenn sie mit Sinnesdaten und der Induktion in Berührung kommen, welche uns die Weisheit erkennen lassen. Rationalismus also, nicht Spiritualismus und am allerwenigsten Sorge um das Jenseits. Im Wissen um den göttlichen Ursprung der Keime in unserer Seele werden wir noch in diesem sterblichen Leben »den Göttern gleich sein«; wir sind schon zu Lebzeiten »dem Himmel versprochen«.

Wenn natürlich die Seele zufällig unsterblich wäre, so wäre das noch besser... Unsterblich im vollen Sinne des Wortes wird sie freilich nicht sein können, da sie, wie alle Dinge (einschließlich der kleineren Gottheiten), in der kosmischen Katastrophe vergehen wird, die die einzelnen Zyklen der ewigen Wiederkehr voneinander trennt; aber immerhin werden wir ein paar tausend Jahre lang das Leben einer Seele ohne irdischen Körper, des Feuers ohne Erde, Luft oder Wasser geführt haben; in heiterer Gemütsverfassung werden wir uns in die Betrachtung des Kosmos in seiner ganzen Pracht und Größe vertieft haben... Dürfen wir auf diese Quasi-Unsterblichkeit hoffen? Bevor wir diese Frage beantworten, müssen wir erklären, in welchen Begriffen die Stoiker vor Seneca über das Schicksal der Seele nach dem Tode dachten.

Die Unsterblichkeit der Seele – welch eine geheimnisvolle, erschütternde und erhabene Frage, könnte man denken... Nur waren die Stoiker von dieser Frage so wenig erschüttert, daß sie von ihr sehr wenig geredet haben, daß sie zu keinem klaren Ergebnis gekommen sind und daß sie das Problem in denkbar prosaischen Begriffen formuliert haben. Unsere Seele ist aus Luft und Feuer zusammengesetzt, und dieses letztere Element hat die Tendenz, nach oben zu steigen; nach unserem Tode werden die schwereren Elemente – Luft, Erde, Wasser – auf der Erde zurückbleiben, während das Feuer unserer Seele wieder in das große Feuer eingeht, das am Himmel strahlt; es wird in Gestalt einer kleinen Kugel gen Himmel steigen (weil die Luftblasen, die sich vom Boden eines Teichs lösen, in Form kleiner Kügelchen aufsteigen). Allerdings wird das Feuer unserer Seele nur aufsteigen, wenn es einen Ausgang aus seiner leiblichen Hülle findet; angenommen, ein Mensch findet den Tod, weil er von einer herabstürzenden Felswand zerschmettert wird: Dann ist nicht sicher, ob es der Seele gelingen wird, sich einen Weg ins Freie zu bahnen.

Materialismus in Reinkultur! Es kommt also nicht darauf an, *ob* man an die Unsterblichkeit der Seele glaubt oder nicht, sondern *wie* man daran glaubt: als an eine physische Erscheinung, die zu prosaisch ist, um viel Eifer auszulösen, oder als an einen erhabenen metaphysischen Roman. Die Stoiker vermochten in ihr nur eine physische Erscheinung zu sehen, über deren Realität ihre Ansichten auseinandergingen; die Seele ist nur einer der verschiedenen Teile des Körpers und selber ein Körper neben anderen; als solche ist sie denselben Notwendigkeiten unterworfen wie andere Körper. Nach platonischer Tradition hingegen ist die Seele von erhabenerer Art; sie ist ein göttliches Wesen (ein *daimôn*, wie Platon sagt), das nur vorübergehend in einem Körper hienieden wohnt; ihr übernatürliches Schicksal aber ist nicht homogen mit den Notwendigkeiten der Körper: Der Mensch hat eminente Pflichten gegenüber diesem übernatürlichen Wesen, das in ihm Aufenthalt genommen hat wie ein Reisender, der in einer Herberge abgestiegen ist, oder vielmehr wie ein Gefangener, der im Kerker des menschlichen Körpers festgehalten wird und dessen glückliches Schicksal es ist, eines Tages die Freiheit wiederzuerlangen. Seneca hält sich von diesem Platonismus ziemlich fern; er empfindet Pflichten nur gegen sich selbst und die anderen Menschen, und zwar in diesem Leben. Doch kann er inkonsequenterweise nicht zugeben, daß diese Seele den physikalischen Gesetzen unterworfen ist. Trotzdem hält er sie für etwas Körperliches und berichtet in der Abhandlung *Über die Seelenruhe* voller Bewunderung von einem Stoiker, der, zum Tode verurteilt und in Erwartung seiner Hinrichtung, bei seinen Leidensgefährten beobachtete, wie die Seele genau in dem Augenblick entwich, da der Verurteilte enthauptet wurde (in ähnlicher Weise lauerte Margarete von Navarra, eine gute und sogar aufgeklärte Christin, auf den Augenblick, da die Seele wie ein Atemhauch aus einer im Sterben liegenden Hofdame entwich). Seneca mag sich aber nicht der allzu positivistischen Auffassung anschließen, diese Seele, die wie ein Atemhauch oder eine Luftblase aufsteigt, könne auch eingeklemmt werden.

Ein solcher Positivismus ist etwas, das Seneca nicht mehr mitmachen kann; er ist zwar nicht Platoniker genug, um von der Unsterblichkeit der Seele überzeugt zu sein, aber er ist zu sehr Platoniker, um eine so platte Problemstellung dulden zu können. Das zukünftige Schicksal ist etwas zu Erhabenes, als daß es sich durch körperliche Kontingenzen blokkiert sehen könnte: diese Kontingenzen und jenes Schicksal gehören nicht derselben Ordnung an; sich die Seele unter einem Kieselstein eingeklemmt zu denken ist ebenso lächerlich, wie sich eine Königin vorzustellen, die ihrer Würde verlustig geht, weil sie über die Schleppe ihres Kleides stolpert. Seneca ist versucht, sich von seinem Lieblingstraum hinreißen zu lassen, und macht aus der Unsterblichkeit der Seele einen von jedem physischen Realismus befreiten Roman.

Aber er erliegt der Versuchung nicht. Er spricht an zwanzig Stellen von dem Los der Seele nach dem Tod, doch ohne einen Schluß zu ziehen: Er weiß es nicht und gibt es zu; ebensowenig verhehlt er, daß er gerne an die Unsterblichkeit der Seele glauben würde: »Ich habe zauberhafte Stunden hinter mir, ich hatte Freude daran, über die Unsterblichkeit der Seele nachzudenken, ich überließ mich diesem so angenehmen Traum.« Wahrheit oder »Trugbild für furchtsame Geister«, wie er sich in seiner Tragödie der *Troerinnen* fragt? Seneca ist zu klug und aufrichtig, als daß er bereit gewesen wäre, den Wunsch Vater des Gedankens sein zu lassen.

Aber das ist nicht alles. Der bewunderungswürdige Brief 102, der mit diesem so angenehmen Traum beginnt, fährt nämlich mit einer Erweiterung der Frage fort, bis ihr jede wahre Bedeutung abgesprochen wird. Warum möchten wir gern an die Unsterblichkeit glauben? Weil unsere Seele größer ist als unser Leib und diese niedere Welt; »groß und edel ist die menschliche Seele; keine Grenzen läßt sie sich setzen außer denen, die sie auch mit dem Gott gemeinsam hat.«[92] Alle Räume und alle Zeiten nimmt sie für sich in Anspruch und trotzt dem Körper. Der Tag des Todes ist der Geburtstag eines ewigen Lebens; Seneca rechnet keine Sekunde lang mit einem Gericht über die Seelen, mit einer allein dem Verdienst vorbehaltenen Unsterblichkeit und mit Höllenstrafen für die Sünder: An solche Ammenmärchen glauben nicht einmal mehr die Kinder. Also ist Seneca entschlossen, an das Jenseits zu glauben? Nein: Er wollte den Geist seines Lesers erheben; der Schluß des Briefes zieht aus dem schönen Traum eine Lehre für das Leben hienieden: Die Hoffnung auf das große *Vielleicht* soll uns anspornen, schon jetzt so zu handeln, daß es die Zustimmung des Gottes finden könnte und unser Verhalten einer möglichen künftigen Gesellschaft der Götter würdig wäre. Welches Verhalten? Du sollst nicht töten, du sollst nicht stehlen? Gewiß, aber das versteht sich eigentlich von selbst; das wahre Verhalten der irdischen Götter, die wir sind, besteht darin, daß wir wirklich und wahrhaftig diese Götter werden, indem wir uns kraft der Weisheit und des Studiums der großen Natur über die Enge unseres Leibes erheben. Werden wir im Geiste ebenso *kosmisch*, wie der Gott es ist. Seneca weicht der unlösbaren Frage nach dem Los der Seele nach dem Tode aus, aber er suggeriert uns eine Entindividualisierung aus dem Pathos des Pantheismus. Der Mensch wird ein Gott sein, wenn er ebenso groß denkt wie diese Welt, deren große Gottheit zuletzt allein die Seele ist; die Seele des Menschen aber ist ebenso unermeßlich wie jene.[93]

In seinen Träumereien über den Menschen und die Natur fühlt Seneca, daß die Seele virtuell so unermeßlich wie der Kosmos ist; doch er leidet weiter unter den allzu realen Grenzen unserer Endlichkeit oder, wie er sich ausdrückt, unseres Leibes. So hat er in seiner Phantasie die Flucht nach vorn angetreten, um die irdischen Bande zu zerreißen; er hat, mit einem Wort, das gehabt, was der moderne Sprachgebrauch ein »masochistisches Phantasma« nennt. Die Natur war gezwungen, den Menschen als Wesen zu erschaffen, das dem Tod verfallen ist, da die Materie die Unsterblichkeit des Körpers nicht duldet; so ist der Gedanke ein Trost, daß in regelmäßigen Abständen das große Ganze selbst vernichtet wird, bevor der Gott es wieder aufbaut (was buchstäblich schon unendlich viele Male geschehen ist, da Kosmos und Gott ewig sind). Und es wäre eine Lust, den Augenblick eines dieser periodischen Vernichtungswerke mitzuerleben und sich in den kosmischen Untergang zu stürzen; »an dem Tag, da der Gott beschließt, ein vernutztes Universum einzureißen, um es neu zu errichten, werden wir Teil der großen Katastrophe sein.«

»Es hieße, zu sehr das Leben lieben, willigte man nicht freudig ein, unterzugehen mit dem ganzen Kosmos«, heißt es in der Tragödie *Thyestes*. Indem wir diesen Tod annehmen, dürfen wir uns einbilden, der Rausch der Selbstaufopferung berechtige uns zum Einswerden mit dem großen Ganzen, das ebenfalls untergeht; wir haben dafür bezahlt. Es kostet nicht weniger als ein lebenslanges Sichbemühen, das wahrscheinlich doch niemals ans Ziel gelangt. Das ist Samson, der sich mitsamt seinen Feinden von ihrem einstürzenden Tempel begraben läßt. In der Tragödie *Hercules Oetaeus* steigt der Held, der sich selbst den Flammen überantwortet, zur Gottheit auf.

Es war notwendig, das Wort »Masochismus« zu gebrauchen, das heutzutage vom Nimbus des Faszinierenden umgeben ist; hat man es ausgesprochen, ist alles gesagt. Es fragt sich, ob es bei diesem Ansehen mit rechten Dingen zugeht und ob nicht sehr verschiedene Dinge unter diesem Begriff zusammengefaßt werden: Der Masochismus der gemeinen Selbsterniedrigung ist etwas anderes als der Masochismus der grandiosen Selbstentäußerung. Ebensowenig ist klar, daß der Masochismus, der auf dem Papier mit dem Sadismus ein Begriffspaar bildet, dies auch in Wirklichkeit ist und daß jeder gute Masochist, von einer anderen Seite gesehen, sadistisch ist; in Wirklichkeit ist das falsch – oder vielmehr, es stimmt immer, weil »sadistisch« auch alles oder nichts heißen kann... Kurzum, das alte Begriffspaar »Aktivität-Passivität« war auch nicht blasser, dabei aber weniger vage. Der Masochismus Senecas ist ein grandioser Masochismus, eine Selbstaufopferung als letzte Steigerung der Empfindung des *Erhabenen* (auch dies ein Wort, das durchaus genügt).

1. Das Erhabene wird stärker empfunden, wenn man sich in ihm verliert. Seneca ist fasziniert von den tellurischen Gewalten; in den *Naturales quaestiones* rühmt er die Erdbeben; bei einem Erdbeben sterben ist nichts, schreibt er mit einer Litotes; »eines Tages müssen wir sterben, auf die eine oder andere Weise; glücklich sollen wir uns daher schätzen, von etwas so Gewaltigem gefällt zu werden«, schreibt er mit sehnsüchtiger Begier.[94] Er träumt nur von Vulkanen; Lucilius ist in Sizilien: In den Augen Senecas kann man dort nichts Besseres tun, als auf den Ätna zu steigen. Das vom Sturm aufgewühlte Meer fasziniert ihn dermaßen, daß

er sich eines Tages hineingestürzt hat. Die See zwischen Neapel und Pozzuoli war unruhig an diesem Tag, und der Steuermann konnte das Schiff nicht an das Ufer lenken, das hier felsig und steil ist. So warf Seneca sich in die Fluten und gewann mit großer Mühe das Ufer.[95]

2. Er war geprüft worden, und er wollte geprüft werden. Dasselbe Bedürfnis nach Erprobung seiner Fähigkeit, sich einer höheren Gewalt aufzuopfern, steht auch hinter dem verdächtigen Gedanken, daß ein allzu glatt dahingehendes Leben einem toten Meer gleiche, daß wir unserer selbst nur sicher sein können, wenn das Unglück uns geprüft hat, und daß der Gott es liebt, den starken Menschen dem Unglück zur Beute zu geben, um sich an dem großartigen Schauspiel zu ergötzen, diese beiden Gladiatoren miteinander ringen zu sehen: Narzißmus durch Identifikation mit dem göttlichen Betrachter. Das Schauspiel zählt viel für Seneca, der irgendwo schreibt, daß man die Natur studieren müsse, damit dieses großartige Werk nicht ohne Zeugen bleibe, und daß der Gott unsere Zeugenschaft brauche.[96] Seneca ist eine starke Persönlichkeit, oszillierend zwischen dem Narzißmus und der Selbsthinopferung an das Erhabene; die kompakte Welt des Stoizismus muß ihm unablässig Atemnot bereitet haben, die mit konvulsivischen Wonneschauern einherging; man spürt diese Schauer in so mancher seiner Wendungen. Es ist das Oszillieren zwischen der egozentrischen Sorge um sich selbst und der Hingabe an den Kosmos.

3. Seneca war suizidär, aber auf eine ganz besondere Weise. Wir dürfen nicht der naheliegenden Versuchung erliegen, Suizid und Masochismus miteinander in Verbindung zu bringen: Es gibt anerkannte Sadomasochisten, für die der Selbstmord sich als unmöglich erwiesen hat; versuchen wir also nicht, das Chaos einer Individualität zu egalisieren. Seneca war ohne Zweifel mutig, nämlich kaltblütig, wie es unter anderem sein Tod beweist. Im übrigen war der Freitod für ihn zeitlebens eher ein Gegenstand der Sehnsucht als eine Obsession; er empfand ganz ruhig und ohne jeden Zwang, daß der Freitod ihm zu Gebote stand. Die Psychiater werden die Existenz einer solchen ruhigen Geneigtheit zum Tode bestreiten; in unbewußtem Naturalismus behaupten sie, das Leben könne nicht die Vernichtung des Lebens wollen, ausgenommen in depressiven, pathologischen, krankhaften Fällen. Doch wenn dieser Naturalismus nur eine Legende wäre? Wenn es eben doch Menschen gäbe, die imstande sind, sich zu töten, und die hierin den souveränen Ausweg sehen, ohne daß dieser erfreuliche Gedanke etwas Zwanghaftes hätte?

Sie fühlen, daß im Notfall die Selbsttötung eine Linderung, ja eine erhabene Freude sein wird: Das genügt ihnen.

4. Es gibt einen anderen Charakterzug Senecas, den man vernünftigerweise nicht zum Vorangegangenen in Beziehung setzen wird: die wohlverhohlene Lust am Autoritativen, das Ergötzen daran, die Gewissen zu beherrschen. Dieser Charakterzug verrät sich selten, weil die antike Seelenlenkung nichts von dem gebieterischen Paternalismus hat, den der Katholizismus so schätzt; ein Seelenführer ist kein Priester; unter Heiden mit guten Manieren redet man von gleich zu gleich, man ist unter freien Menschen, die den höfischen Ton der Gesprächspartner in den philosophischen Dialogen Ciceros zu wahren wissen. Doch gibt es eine merkwürdige Seite in Senecas Schriften, eine einzige, deren Lektüre nachdenklich stimmt: das Vorwort zum IV. Buch der *Naturales quaestiones.* Dieses Vorwort ist zugleich eine Widmung des Buches an den lieben Lucilius; doch für jeden, der von der Lektüre der *Briefe an Lucilius* kommt, in denen Seneca eine gleichbleibende Höflichkeit und Freundschaftlichkeit gegen seinen Schüler an den Tag legt, ist diese Widmung frappierend: Seneca hat miterlebt, wie Lucilius sich gegenüber Gallio, dem geliebten Bruder seines Meisters, zu demonstrativen Schmeicheleien hat hinreißen lassen – ganz harmlosen Schmeicheleien, die nicht über die weltläufigen Höflichkeiten hinausgegangen sein müssen, wie sie jeder Senator mit Recht von einem geringeren Herrn, einem einfachen Ritter, erwarten durfte. Lucilius hat sich dennoch eine Blöße gegeben, und es bricht bei Seneca ein plötzlicher Rigorismus hervor: Jetzt hat er etwas gegen seinen Schüler in der Hand, er packt ihn, er läßt es ihn spüren, und er macht auch die Leser zu Mitwissern. Er erzählt den Vorfall haarklein, läßt sich dann zu Lucilius herab, um ihn wieder aufzurichten und somit die eigene Dominanz zu unterstreichen, und läßt ihn erst nach einem langen Katz-und-Maus-Spiel wieder laufen, das über viele Seiten geht, aus denen wir nicht Zorn, aber eine etwas grausame Lust herauslesen. Die Tünche der liberalen Konventionen ist abgeblättert, Seneca überläßt sich einem *acting out.* Was uns vermuten läßt, daß in seinen nicht schriftlichen Beziehungen zu Schülern und Freunden der Senator und Freund des Princeps sich auf eine mitunter herrische, ja ein wenig perverse Art beweisen mußte – im Namen der von ihm verkündeten Tugend.

5. Endlich ist Seneca unendlich begeisterungsfähig für hochfliegende Ideen, ohne dabei verbiestert oder bekehrungswütig zu sein. Seine

besten Seiten verdanken sich dieser Eigenschaft; man würde von Religiosität sprechen, würde dieser Eifer sich für den Gott, für das Übernatürliche entflammen und nicht, wie es hier geschieht, für die Schauspiele der Natur (welche gewiß von der Vorsehung bestimmt, vor allem aber gewaltig und sinnreich ist), für den menschlichen Heroismus der weltlichen Heiligen des Stoizismus, Sokrates oder Cato, und vor allem für sein ideales Bild vom Weisen und vom Glanz der Weisheit. In den *Naturales quaestiones* und in den letzten Briefen an Lucilius reißt die naturwissenschaftliche und anthropozentrische Leidenschaft Seneca zu einem solchen Aufschwung der Seele hin, daß der Philosoph mit etwas Glück in eine mystische Erfahrung im eigentlichsten Wortverstand hätte eintauchen können, in einen ekstatischen Zustand liebevollster Annäherung an den mit der Gott-Natur identischen Weisen.

Der Eifer für diese erhabenen Gegenstände ist das letzte Wort von Senecas Masochismus, den man, mit seinem antiken Namen, Seelengröße nennen muß. Der Weise genießt, wenn er ihrer eingedenk ist, die Drei Vortrefflichkeiten, darunter die Seelengröße, das Wesensmerkmal dessen, den wir einen »Intellektuellen« nennen würden – empfänglich für die ungeheure Größe der Welt und die großen Ideen, die sich in jener Zeit nicht mit der Weltpolitik, sondern mit dem Schicksal des Kosmos beschäftigten. Diese Großzügigkeit der Perspektive bewirkte die Synthese zwischen dem auf Sicherheit bedachten Individualismus des Stoizismus und der nicht minder großen Bedeutung, die die stoische Lehre der Moral, den Pflichten gegen den Nächsten und der Liebe zu allen Menschen beimaß: Der Stoiker ist kein Egozentriker, und darum ist er auch kein Egoist. Die Seelengröße erklärt auch die angebliche stoische Resignation: Der militante Intellektuelle, dieser Patriot des Kosmos, nimmt das Unglück, das ihn trifft, willig hin, weil das Wohl des Kosmos es so gewollt hat; ruhigen Herzens opfert er seine unbedeutende Person, damit die große kosmische Armee marschieren kann. Der Stoizismus ist eine auf Sicherheit bedachte Anweisung zum individuellen Glück; er gilt jedoch auch, und nicht zu Unrecht, als Ergebung in das Fatum und als anspruchsvolle Sittenlehre: die Seelengröße oder der Sinn für das Erhabene, oder der Masochismus bewirkt, daß diese drei Pole zuletzt zusammenfallen.

Der Soldat des Kosmos

Bis jetzt haben wir unsere Wette gehalten, den Stoizismus Senecas zu skizzieren als Antwort auf die ihn prägende Frage: Was verbürgt das Glück des Individuums, oder vielmehr seine Sicherheit? Der nun noch nachzutragende Aspekt der stoischen Lehre stellt zwar dieselbe Frage, geht aber weit über sie hinaus, oder besser gesagt: Er läßt sie in einer kosmischen Vision sich verflüchtigen; begeistert wird der Einzelne im großen Ganzen aufgehen, dessen Teil oder gar Miniaturausführung er ist und an dessen Busen er sein Unglück vergessen und den anderen Menschen begegnen wird. Das macht: Die »Rechtschaffenheit« wird sich fürderhin nicht mehr mit ihrem heroischen Egoismus begnügen, sie wird auch die sozialen Tugenden der Gerechtigkeit, Wohltätigkeit und Menschlichkeit in sich aufnehmen; die Sittlichkeit im stoischen Wortverstande wird von nun an die Sittlichkeit im gewöhnlichen Sinne einschließen.

Der Stoizismus wird weiterhin ein individualistisches Streben nach Glück sein, zugleich aber ein Altruismus, der sich bei den populären Predigern der Lehre mitunter bis zum Konformismus zuspitzt. Um Emile Bréhier zu zitieren: Stoiker sein heißt versöhnen. Das geht nun freilich auf Kosten der inneren Stringenz des Systems; die andere große Philosophie des 3. vorchristlichen Jahrhunderts, der Epikureismus – eine dem Stoizismus verschwisterte, aber mit ihm verfeindete Lehre – war weniger konziliant und bewahrte dem individuellen Streben nach einem Glück in Sicherheit mehr Treue.

Daraus darf man nicht den Schluß ziehen, der Stoizismus sei eine Philosophie wie jede andere gewesen, die auf eine einzige, zentrale Frage zurückführen zu wollen bloß ein Spiel mit Worten bedeute. Man kann nur schließen, daß er, wie die Kompositordnung in der Architektur, sofort über sich selbst hinauswollte. Vor allem aber gibt es keine »Philosophie wie jede andere«; das Haus der Philosophie bietet vielerlei Waren, die nichts Gemeinsames haben, ebensowenig wie es »den« Roman schlechthin gibt, ja nicht einmal »den« bürgerlich-realistischen Roman; Balzac hat keinerlei Ähnlichkeit mit Proust. Das Problem des absolut sicheren Glücks war nun einmal das, was man um 300 v. u. Z. unter Philosophie verstand; das war ein geschichtliches Faktum, das wir so »nicht wiedersehen werden« – oder wenn es doch wieder auftritt, dann nicht vermöge irgendeiner ihm innewohnenden überzeitlichen Bedeutung, sondern aufgrund einer zufälligen Konstellation der Dinge im Wirbel der Zeiten. Dank der inneren Verwandtschaft des Epikureismus mit dem Stoizismus hat Seneca die »vierfache Arznei« empfehlen können, zu welcher Epikur seine Lehre verdichtet hatte: die Götter sind nicht zu fürchten; unser eigenes Totsein erleben wir nicht; der Schmerz ist entweder lang und erträglich oder unerträglich, aber kurz; die uns notwendigen Güter sind bereit und zur Stelle.[97]

Der Stoizismus Senecas ist nur von der sehr speziellen Fragestellung aus zu verstehen, deren Beantwortung er unternimmt; das ist sein Entwurf und die ihn treibende Bewegung. Wer eine Philosophie als Gefüge typischer Antworten auf immer dieselben Probleme behandelt, verkennt den Stoizismus; anstatt sich seine innere Bewegung zu eigen zu machen, zergliedert man ihn in drei von der Gepflogenheit der Zunft sanktionierte Gebiete: Physik bzw. Metaphysik, Erkenntnistheorie und Ethik; man glaubt, weil der Stoizismus die Worte »Tugend« und »Rechtschaffenheit« benutzt, habe auch er seine Vorstellung von »der« Moral gehabt, nicht anders als Kant und viele andere; und so wäre auch die »stoische Ethik« eine Ethik neben anderen. Und dann wundert man sich, daß diese Ethik so ist, wie sie ist. Schon vor hundert Jahren hat Victor Brochard, gegen den damals herrschenden Neukantianismus, verdienstvollerweise daran erinnert, daß der tragende Grund der antiken »Ethik« das Streben nach Glück gewesen ist und nicht ein kategorischer Imperativ; er hätte noch hinzufügen sollen, daß gerade der Stoizismus – um nur von diesem zu sprechen – keineswegs das Ziel hatte, »die« Ethik zu begründen; er übernahm keine vom Himmel gefallenen Gebote, denen alles aufzuopfern unsere Pflicht ist, sondern er hatte *seine* »Ethik«, die nichts anderes war als eine Lebenskunst, und ermahnte uns, diese am Bessersein interessierte Methode zu befolgen. Aus diesem Grunde war der Stoizismus dazu gemacht, gelebt zu werden, im Gegensatz zu vielen modernen Philosophien, die reine Lesephilosophien bleiben: Der Stoizismus war keine Beschreibung der Welt, sondern eine ärztliche Verordnung. Foucault hatte recht, wenn er von der »Sorge um das Selbst« im antiken Denken sprach und sich nicht allzu lange bei der Sorge um die Rechtschaffenheit aufhielt.[98]

Faßt man die Sicherheitsmethode der Stoiker als Konzeption der Ethik auf, so bedauert man, daß die Stoiker den Imperativ auf eine so selbstsüchtige und wenig zuverlässige Grundlage gestellt haben. Oder aber man macht es wie der große Ideengeschichtler Victor Goldschmidt und gleitet über diesen Punkt einfach hinweg; die antike Ethik war ein Eudämonismus, das ist alles; damit geht Goldschmidt zu einem Vergleich zwischen dem Stoizismus und Kant über. Andere erkennen zwar an, daß an dieser Ethik etwas Besonderes war, fassen sie aber ganz verkehrt auf: die stoische Ethik habe einen viel größeren Bereich abgedeckt[99] als die heutige Ethik, da sie »auch« die naturgemäßen Funktionen wie Essen und Trinken einbezogen habe. Wieder andere halten sich schlicht an das historisch überlieferte *factum brutum*, daß für das antike Denken Rechtschaffenheit und Glück untrennbar zusammengehörten. Zugegeben; aber wir können dieses Faktum nicht einfach so hinnehmen; ein Gedankengebäude ist schließlich kein Steinhaufen. Wie haben die Alten so denken können? Was ging dabei in ihnen vor? Warf ihre Sicht der Dinge nicht spezifische Probleme auf?

Wenn die Stoiker nicht zwischen Rechtschaffenheit und Glück unterscheiden mochten, so war das zunächst einmal nur ein Spiel mit Worten: Als »rechtschaffen« galt ihnen eine Haltung, die den Einzelnen in den Zustand glücklicher Sicherheit versetzte ... Dann aber wollten sie in ihre Lehre die Rechtschaffenheit im geläufigen Sinn des Wortes einbeziehen; sie nahmen dafür einen Abstecher in den Kosmos und diverse Schwierigkeiten in Kauf; denn ihre »Ethik« und »die« Ethik enthielten zwei einander entgegengesetzte Regelsysteme.

Woher stammt die Ethik im gewöhnlichen Sinne des Wortes? Aus der Natur selbst, die über das Heil der menschlichen Gattung en bloc nicht weniger wacht als über das Wohlergehen jedes einzelnen Vertreters dieser Gattung. Auf zwei Wegen lehrt die Natur uns unsere Pflichten gegen den Nächsten kennen: durch den Instinkt (*aphormé*) und durch die Keimzellen der Vernunft in uns. Derselbe Instinkt, der bewirkt, daß jedes menschliche Wesen sich für sich selbst interessiert, bewirkt auch, daß es sich um seinen Nachwuchs, seine Nächsten und die Menschheit insgesamt interessiert; der Mensch ist des Menschen Freund. Die Natur hat uns auch die angeborenen Ideen (Seneca nennt sie »Keimzellen«) der Gerechtigkeit mitgegeben, die unsere Vernunft zur Blüte entfalten wird. So hat sie uns die Abneigung gegen das Verbrechen eingepflanzt; dies beweist die Existenz der Reue. Die Menschen sind soziale Wesen, dazu gemacht, in Gemeinschaft zu leben, und die Natur hat sie dazu erschaffen, einander beizustehen, so wie sie den Hund dazu bestimmt hat, dem Menschen zu helfen.[100]

Es bietet sich das idyllische Bild einer Sittlichkeit, die ebenso natürlich ist wie der Nahrungstrieb oder die Entwicklung der Sprache beim Kind. Die Natur garantiert die öffentliche Ordnung in der menschlichen Gattung und regelt Rivalitäten dank der Tugend der Gerechtigkeit; im Stadion, meint Chrysipp, stellen sich die Läufer kein Bein (oder sollten es jedenfalls nicht tun, ist man versucht hinzuzusetzen). Du sollst deinem Nächsten nicht die Frau wegnehmen, denn, wie Epiktet so fein sagt: »es ist bereits geteilt und vergeben«; beim Festgelage ißt man auch nicht die Fleischportion des Tischnachbarn.[101]

Diese Menschen, die sich kein Bein stellen: sind es die Menschen, so, wie sie sind, jedenfalls im großen und ganzen? Oder die Menschen, so, wie sie sein sollten und letzten Endes auch wären, wären ihr altruistischer Instinkt und die Keimzelle der Gerechtigkeit nicht durch ihre Erziehung verbildet worden? Die Stoiker haben hier anscheinend ihre Theorie von der ursprünglichen Verkehrtheit, der *diastrophé*, vergessen; vergessen, daß alle Menschen verrückt geworden sind und daß es an ihnen (den Stoikern) ist, jenen, die ihre eigene Geisteskrankheit begriffen haben und von ihr geheilt werden wollen, eine Methode der Umerziehung anzubieten; Seneca malte uns eine verdorbene Welt, in welcher der Mensch des Menschen Wolf ist... Hier liegt die Unvereinbarkeit der stoischen »Ethik« und der gängigen Ethik klar zutage. Sind die Stoiker denn nicht Heroen der läuternden Selbstverwandlung? Handeln die übrigen Menschen einigermaßen rechtschaffen, wenn sie auch immer hart am Rande des Ehebruchs und der Gaunerei entlangschrammen, oder sind es Geisteskranke? Und wenn ja, welche Haltung sollen die Stoiker gegenüber der Gesellschaft einnehmen, in die sie sich gestellt sehen? Sind sie Stoiker geworden, um ihre individuelle Heilung zu betreiben oder um die Tugenden des Altruismus zum Nutzen einer Welt von Narren zu üben? Hier herrscht eine Ungewißheit, die sich im Politischen noch verschärft; soll der Stoiker, wie es Altruismus und Pflichtgefühl gebieten, sich an den öffentlichen Dingen beteiligen? Oder soll er die Politik fliehen, weil das Gemeinwesen augenscheinlich verdorben ist und er in ihm nur eine Politik machen könnte, gegen die sein Gewissen sich sträubt? Tut er nicht besser daran, sich ganz und gar dem Studium und der Verbreitung des Stoizismus zu widmen? Wir werden sehen, wie Seneca unter Nero sich diese Frage bei Gefahr für Leib und Leben vorlegte. Durch den Willen der Stoiker zur Versöhnung war diese Frage unlösbar geworden; Chrysipp mußte einen Mittelweg gehen: Der Weise wird sich nur dann in die Politik mischen, wenn sein Staat eine bessere Verfassung als andere hat.[102] Doch er und die anderen sagen auch wiederholt, daß der Weise ein Patriot ist und seinen Staat liebt. Aber welchen Staat? Den, in welchem er tatsächlich lebt, oder einen Idealstaat, der in Gedanken die wenigen existierenden und in der ganzen Welt verstreut lebenden Weisen vereinigt? Es scheint, als habe die stoische Sekte ihre Mitglieder nie mit einem solchen Fall von Internationalismus konfrontiert; die stoischen Texte, welche Rechtsfragen betreffen, geben vielmehr zu verstehen, daß, sobald das wahre Gesetz herrscht – jenes, das die Weisheit inspiriert –, die Worte »Staat«, »Gesetz« und »Vertrag« sich auflösen werden und das Problem verschwinden wird, ohne daß man es »zu Lebzeiten« hätte sezieren müssen. Die Wahrheit ist, daß die Stoiker sich nicht entscheiden konnten und es auch nicht zu entscheiden vermochten; sie benutzten das positive Recht verschiedener Gesellschaften als Materialsammlung für eine immense Geschichte der Dummheit, während sie gleichzeitig empfahlen, sich im Alltagsleben an die Gesetze zu halten.[103] Um Rist[104] zu zitieren: Wie haben die Stoiker, für die der Wert der Menschen sich nach der moralischen Vortrefflichkeit jedes Einzelnen bemaß, gleichzeitig glauben können, es gäbe Ähnlichkeit und Freundschaft zwischen ihnen selbst und dem Rest der Menschheit?

Diese Uneindeutigkeit geht auf die Zeit der Gründung des Stoizismus zurück und zeigt sich an dem kynischen Moment, das sich von Anfang an dreist in die stoische Lehre gedrängt hat. Nicht zufrieden damit, daß sie die beiden Enden der Kette in der Hand hielten, hatten Zenon und Chrysipp politische Utopien geäußert, in denen sie die Extreme noch übertrieben: Mit wütendem Rationalismus forderten sie die Abschaffung des Eigentums, des Geldes und der Gerichte und rechtfertigten die körperliche Arbeit freier Männer, eine geschlechtsneutrale Einheitskleidung, nackte Schenkel und den Gemeinbesitz der Frauen; den Weisen erlaubten sie, sich mit Kuppelei ihren Lebensunterhalt zu verdienen, auch durfte man im Falle der äußersten Hungersnot den Leichnam des eigenen Vaters essen; der Jugend verboten sie in übertriebenem Zartsinn das Stirnrunzeln und den müden Blick; die stundenlangen Debatten der Männer im Barbierladen hatten junge Menschen zu meiden. So sah der Staat aus, in dem es sich lohnte, an den politischen Dingen teilzunehmen! Seneca enthält sich der leisesten Anspielung auf diesen kynischen Grundton, der seiner Sekte dauernde Heiterkeitserfolge eintrug und ihm selbst ein ebensolcher Greuel gewesen sein muß wie das Paradoxon über den Weisen, der zugleich ein guter Päderast und tüchtiger Zecher sein kann.

Die Schwierigkeit ist damit nicht beseitigt: Muß man das Verhalten des Weisen vor dem Hintergrund eines Staates zeichnen, der nach seinem Bilde geschaffen ward, eines Staates der Weisen also, oder muß man die Rolle des Weisen in einem wirklichen Staat betrachten? Die letzte Seite der Abhandlung *Über die Muße* macht diese Unschlüssigkeit deutlich. Die Frage ist, ob der nach Weisheit Strebende Anteil an den öffentlichen Angelegenheiten nehmen soll; manche sagen, er solle es in solchen Staaten tun, die nicht allzu tugendlos sind und in denen seine Mitwirkung weder vergeblich noch kompromittierend ist. Aber, so fragt Seneca: Welche Staaten erfüllen denn in euren Augen diese Bedingung? Es wird euch nicht schwerfallen, herauszufinden, daß kein wirklicher Staat dafür tugendhaft genug ist.

Dieselbe Unschlüssigkeit liegt dem langen Dialog *Über die Wohltaten* zugrunde. Was Seneca unter diesem Wort versteht, ist umfassender als das, was wir mit »Wohltat« oder »erwiesenem Dienst« meinen (das Verteilen von Gaben spielte in der antiken Gesellschaft eine große Rolle); doch letzten Endes hat der Sinn dieses Wortes sich nicht grundsätzlich verändert: Eine Wohltat ist ein Dienst, der weder geschuldet war noch entgolten wird (der Bäcker, der mir sein Brot gegen Geld verkauft, ist nicht mein Wohltäter). Nun behauptet Seneca, daß Wohltätigkeit das Fundament der Gesellschaft ist, daß sie das soziale Band knüpft. Man wird das mit Recht stark übertrieben finden: Zusammenhalt und relative Ordnung der Masse werden in erster Linie durch den Druck der Institutionen, durch Arbeitsteilung und ökonomische Tauschbeziehungen garantiert.

Es gibt jedoch eine Erklärung für die übertriebene Bedeutung, die Seneca der Wohltätigkeit beilegt. Er träumt von einer idealen Gesellschaft, einem Staat der Weisen, in welchem das soziale Band die Liebe ist – jene Liebe, die nach Zenon den Staat am Leben zu erhalten hilft[105]; dort, wo die Liebe herrscht, werden Institutionen, Gerichte und Geld überflüssig; die Liebe des Menschen zum Menschen garantiert allein den sozialen Zusammenhalt. Wenden wir uns den wirklichen Staaten zu, unvollkommenen Abbildern dieser idealen Welt, so werden wir auch hier noch Verhaltensweisen finden, die liebevoll, das heißt frei und selbstlos sind; daher tragen sie den Namen »Wohltaten«. Seneca hat also unberechtigterweise der Wohltätigkeit, einer marginalen Verhaltensweise, jenen Rang zugeschrieben, den bei Zenon die Freundschaft oder die Liebe innehatten: den Rang eines Fundaments der Gesellschaft. Hier haben wir eine Soziologie, die auf eine Psychologie der Tugenden und Laster reduziert und ihrer Substanz entleert ist.

Wir werden uns also hüten, den Stoizismus mit einer politischen oder politisch folgenreichen Ideologie zu vergleichen; das wäre bei einer christlichen Sekte legitimer. Denn das Christentum erfand die Proselytenmacherei und die Kirche, die sich mit der legitimen Herrschaft über die gesamte Menschheit ausgestattet weiß. Die Kirche beschränkt sich nicht darauf, sich jedem Menschen anzuempfehlen; sie fühlt sich berechtigt, auf die nach Wahrheit Strebenden zuzugehen, sie bei der Hand zu nehmen, und nicht bloß passiv auf sie zu warten. Wir halten es zu Unrecht für selbstverständlich, daß eine Botschaft wie der Stoizismus, die sich an alle Menschen richtet, hiermit auch die Absicht verbindet, die ganze Menschheit mit ihrem Denken und mitunter sogar in ihrer Wirklichkeit zu verändern. Das trifft nicht zu; eine solche Absicht ist erst eine christliche Neuerung. Der allgemeingültige Gehalt einer Lehre ist das eine, doch geht die Lehre in ihrem Gehalt nicht restlos auf: Ihr stillschweigender Ehrgeiz ist das andere. Wir irren, wenn wir immer wieder behaupten, jede religiöse oder theoretische Überzeugung sei von Haus aus, eben durch die Vehemenz der Überzeugung, totalitär. Wir haben bei dieser Behauptung das christliche Beispiel vor Augen; es hat die Luft, die wir atmen, so sehr geschwängert, daß der Sozialismus die Proselytenmacherei und den autoritären Ehrgeiz der Kirche übernommen hat, ohne es zu wissen und zu wollen. In der heidnischen Welt verhielt es sich anders; es gab keine Kirche des Bacchus oder der Isis, und der Isistempel in dem einen Ort hatte mit dem des Nachbarorts ebensowenig zu tun, wie die Bäckereien zweier benachbarter Dörfer etwas miteinander zu tun haben. Bei den Stoikern gab es ebensowenig einen Papst oder eine Hierarchie wie in der Religion der Isis. Der Epikureer Diogenes von Oinoanda ließ in der südlichen Türkei in einer Säulenhalle, die als sein Grabmal gedacht war, eine Inschrift anbringen, die einen Abriß seiner Lehre enthielt und von jedermann gelesen werden konnte; denn da alle Menschen im Irrtum lebten, fühlte Diogenes sich »aus Liebe zur Menschheit« gedrungen, ihnen den Epikureismus als Heilslehre anzuempfehlen. Wie man sieht, eröffnete er eine Seelenapotheke und wartete auf Kundschaft; das war alles. Die Epikureer und Stoiker haben keinen Augenblick lang daran gedacht, daß eines Tages die ganze Welt stoisch oder epikurisch sein müsse; hätte man ihnen das prophezeit, so hätten sie es nach einigem Nachdenken wohl nicht für unmöglich gehalten; denn schließlich war ihre Lehre für jeden Menschen gut. Aber spontan wären sie nie auf diesen Gedanken gekommen – eben weil sie weder Kirche noch Bekehrungseifer kannten.

Die Haltung des Stoizismus zur Gesellschaft beschränkte sich darauf, sie so zu nehmen, wie sie war, und auf jeden einzelnen Menschen zu warten. Das einzige Problem, das sich stellen konnte, war dieses: Stand der Weise von Anfang an exterritorial zur Welt, wie sie war, und trat in sie erst nach bewußter Überlegung ein, sofern er in sie eintrat? Oder ging es darum, nicht bloß auf dem Papier ein Traumbild des Stoizismus zu entwerfen, sondern die Lehre an Schüler weiterzugeben, die in einem wirklichen Staatswesen geboren waren und diesem bereits zugehörten? Über den Weisen, sagt Seneca zuletzt, sprechen wir ein andermal; im Augenblick geht es um dich und um mich. Individuelle Revolution oder konformistische Partizipation?

Die Stoiker liebten es nicht, sich entscheiden zu müssen. Sie haben »wie kein anderer den Ehrgeiz, das Leben des Einzelnen wie das der Gesellschaft zu lenken«[106]; gegenüber den kollektiven Verpflichtungen verhalten sie sich zaghaft, weil sie zwar als die Besten bewundert werden wollen, aber wenig geneigt sind, als Querköpfe zu gelten, auf die man mit dem Finger zeigt. Das unterscheidet sie von den Epikureern, die öffentliche Funktionen mieden und den Menschen nicht für des Menschen Freund hielten. Der Epikureismus war frei von den Unstimmigkeiten des Stoizismus, weil er die Moral aus einem wohlverstandenen Egoismus und aus der Angst vor der Polizei herleitete; niemand will von einem anderen geschädigt werden, und daher sind die Menschen übereingekommen, keinem anderen zuzufügen, was sie selber nicht wollen, daß man es ihnen antue.[107] Eine Lehre, die frösteln macht; der Stoiker aber ist ein Mensch, der ethische Wärme und die innere Genugtuung seines uneigennützigen Eifers braucht. Auch ist der Stoizismus erfolgreicher gewesen als der Epikureismus, weil ethisches Eifern eine verbreitete Leidenschaft ist.

Leider hatte das antike Denken eine gewisse Mühe, sich die Uneigennützigkeit vorzustellen, und verwickelte sich oft in einen verbalen Streit um Egoismus und Altruismus. Warum erwies man dem Nächsten etwas Gutes, wenn man davon keinen persönlichen Lustgewinn hatte? Es galt als selbstverständlich, daß jeder Mensch notwendig nach dem eigenen Glück trachtet (während die Wohltaten nach Seneca gewollte Akte sind). Wie kommt es, daß die Menschen sich um die Nachkommen sorgen, daran interessiert sind, was man nach ihrem Tode über sie sagt, und dem Bedeutung beimessen, was andere, die nicht in ihrer Haut stecken, im stillen über sie denken? Für manche Stoiker endet jedes Gut dort, wo das Individuum, dem es zukommt, aufhört; es kann die Grenzen, die die Körper voneinander trennen, nicht überschreiten; Seneca denkt hierüber ersichtlich lange nach, beschränkt sich aber auf die Feststellung, daß man das Für und Wider dieser Anschauung mit guten Gründen vertreten hat und daß die Diskussion noch im Gange ist.[108] Nichtsdestoweniger hatte der Stoizismus einige Mühe, den Altruismus mit der Sorge um das Ich zu versöhnen, die grundlegend blieb; daher sein Umweg über den Kosmos. Das Heidentum kennt nicht die Liebe als Begegnung mit einem »Du« inmitten von »denen da«. Geben wir noch einmal Rist das Wort: Unser Verhältnis zum Nächsten ist ein mittelbares, es entspringt dem Gehorsam gegen das Große Ganze; dieses Verhältnis leitet sich aus dem einzigen ab, das uns unmittelbar angeht: aus unserer ur-eigenen sittlichen Vortrefflichkeit, *our own isolated moral excellence*.[109] Der Mensch erweitert sein Ich dadurch, daß er sich mit dem Kosmos identifiziert; darüber hinaus wird er sein Ich und sein persönliches Unglück dadurch vergessen, daß er sich mit dem kosmischen Faktum identifiziert und der Natur seine eigene Natur zum Opfer bringt.

Dies wird der neue Weg sein, um unsere Autonomie und unsere Sicherheit zu retten – eine totale Sicherheit, denn wir akzeptieren im voraus das Große Ganze; wir akzeptieren es, weil wir ihm nicht entgehen können: Im Kosmos der Stoiker ist alles Fatum. Ich und die anderen, wir sind in denselben Topf geworfen worden; das Kalkül der individuellen Sicherheit und der Respekt vor dem *ordre public* des Kosmos, Eigeninteresse und soziale Verpflichtung, sind gleichrangig. So daß ich nicht der göttlichen Lenkung der Welt gehorche, sondern selber, in meinem Denken, diese Lenkung bin.

Wir stellen also fest, daß der Kosmos, die Natur wohlgeordnet ist; denn die Vernunft, die diese schöne Ordnung geschaffen hat (»Kosmos« bedeutet »Welt« und zugleich »Ordnung«), gefällt unserer eigenen Vernunft, unserer Fähigkeit, zu urteilen und ordnend zu gestalten. Es geschieht aus Respekt vor der kosmischen Ordnung, daß wir anderen Menschen kein Bein stellen. Die Natur, schreibt Seneca, hat uns als Brüder erschaffen, und das muß uns dazu ermahnen, gerecht und wohltätig zu sein; er faßt hier auf eine etwas rhetorische Weise eine verstecktere Argumentation zusammen: Die Natur oder der Gott der Vorsehung (beides ist, der erfüllten Funktion nach, ein und dasselbe unter verschiedenen Namen) wacht über die Erhaltung des Kosmos, und unsere Vernunft nimmt davon Kenntnis. Nun hat sie Gefallen an dem, was wie sie selber geordnet, harmonisch und im Einklang mit sich selbst ist. Wenn die Vernunft sieht, daß der Kosmos so trefflich regiert wird, hütet sie sich, wenn man so sagen darf, davor, kategoriale Klagen und Ansprüche zu erheben: Sie sieht alles vom Standpunkt der lenkenden Herrschaft, des Gemeinwohls. Da sie vernünftig ist, respektiert sie eine Ordnung, die ebenso vernünftig ist wie sie selbst. Die Stoiker mögen keinen Augenblick lang glauben, daß die Vernunft sich auch mit dem Egozentrismus des Einzelnen verbünden und ihm Mittel und Wege zeigen könnte, seinen Rivalen am planmäßigsten ein Bein zu stellen; sie scheinen der Auffassung zu sein, daß die Vernunft Lust zur Vernunft hat; Ähnliches wird von Ähnlichem nachgeahmt und geliebt.

Nun ähnelt der Mensch, das vernunftbegabte Wesen, dem Kosmos; er ist ein Mikrokosmos, ein kleines Reich inmitten des großen Reiches; Da er von der rationalen Fähigkeit zum ordnenden Gestalten geleitet wird, ist der Mensch dem Universum gleich, bezieht einen universalen Standpunkt und verhält sich dementsprechend. »Die Seele ist beim Menschen dasselbe, was der Gott im Kosmos ist.« Wenn wir uns als gute Väter oder gute Nachbarn betragen, tun wir nichts anderes, als einem Instinkt folgen; wenn wir die kosmische Ordnung achten, folgen wir einer Vorliebe unserer Vernunft, die diese Ordnung versteht und gutheißt. Ebenso, wie die Stoiker uns ermahnen, der Natur zu folgen, sagen sie uns gleichzeitig, daß wir Mikrokosmen *sind* und den *ordre public* der Welt lieben und daß wir die *Pflicht* haben, jenes zu sein und diesen zu lieben.

Bisher hat uns der Stoizismus gelehrt, durch das Bannen von Ängsten und Begierden unser eigenes Ich zu retten; nunmehr ermahnt er uns, den Mitmenschen zu achten, indem wir alle Dinge aus der Vogelperspektive ansehen. Denn es gibt eine Tugend, die Seelengröße, die die kleinlichen Gründe der Furcht oder der Begier verachtet und hoch hinaus will[110]; sie heftet sich nicht an Kleinigkeiten und bleibt vor den Launen Fortunas stolz und unerschütterlich. Bei Seneca nimmt sie eine strategische Stellung unter den Tugenden ein.

»Strategisch« ist das rechte Wort. Wiederholt bemüht oder impliziert Seneca, wenn er die Haltung des Stoikers gegenüber dem Kosmos und dem Verhängnis verständlich machen will, ein militärisches Bild: Der Mensch ist ein Soldat des Kosmos. Die Menschheit ist eine fehlerlos organisierte Armee unter Führung eines unübertrefflichen Feldherrn, des Gottes der Vorsehung, der zum Heil des Ganzen jedem seinen Posten zugewiesen hat. Aus der Sicht des einzelnen Soldaten sieht es freilich so aus, als habe bei der ungleichen Rollenverteilung der Zufall oder Fortuna die Hand im Spiel gehabt; aber was macht das? In der Armee wie in jeder anderen Ansammlung von Menschen weiß man von vornherein, ohne ein Wort darüber zu verlieren, daß es unvermeidlich manche geben wird, die ein schlechtes Los gezogen haben und geopfert werden; manche werden gefährlichere oder mühsamere Aufgaben als andere erhalten. Doch wenn der Soldat von Patriotismus für den kosmischen Staat erfüllt ist, wird er jenen Auftrag und seine Opferung freudig hinnehmen; ich würde die Krankheit hinnehmen, wenn ich wüßte, daß das Schicksal (eine der weiteren Funktionen des Gottes) sie mir zubestimmt hat, sagt Chrysipp. Was sind Leben und Gesundheit im Vergleich zum Heil des großen Staates? Ich würde mich mit Freuden opfern. Es kommt alles darauf an, die Dinge von oben, mit den Augen des lenkenden Gottes zu betrachten. »Nehmen wir alles, was uns auf kosmische Weisung begegnet, mit Seelengröße hin; wir sind durch unseren Dienst als Soldaten verpflichtet, uns in Form zu halten und keine Sorge an das zu verschwenden, was zu vermeiden nicht in unserer Macht steht. Wir wurden in eine Monarchie hineingeboren: der Gehorsam gegen den Gott, ihren König, ist wahre Freiheit.« Mit solchen Worten ermahnt Seneca uns, freiwillig das kosmische Fatum zu tragen.

Denn es gibt das Fatum; die Vorsehung des Gottes ist auch Geschick, und alles, was in unserer Biographie und in der Weltgeschichte begegnet, war schicksalhaft, gerade weil die Welt gut eingerichtet ist: Sie wäre schlecht eingerichtet, wenn die Ereignisse zufällig und ohne Grund einträten; das würde bedeuten, daß die Welt der vollkommenen ordnenden Gestaltung entbehrt, daß die kosmische Armee nicht absolut präzise, sondern mit Schwankungen marschiert und daß der Gott nicht alles kontrolliert. Doch so ist es nicht; seine Vorsehung kontrolliert alles, so daß alles zum Besten bestellt ist. Die Herrschaft der Vorsehung hat überhaupt nichts Totalitäres; sie läßt den Menschen ihre freien Entscheidungen, die nichtsdestoweniger schicksalhaft sind; selbst Jupiter, sagt Epiktet, würde uns nicht zu etwas zwingen können, was wir nicht tun wollen. Wie aber kann der Mensch gleichzeitig frei und determiniert sein? Ist das nicht ein Widerspruch in der Lehre? Hierüber streiten die Gelehrten noch; wir lassen diese schwierige Frage[111] auf sich beruhen, zu der Seneca sich kaum äußert. Er beschränkt sich auf den Hinweis: »Das Schicksal leitet, die ihm folgen, und zieht, die ihm widerstreben.« Der stoische Fatalismus ist (oder wähnt sich) eher reflektiert als resigniert; nachdem der Gott der Vorsehung einmal die Welt ordnend gestaltet hat, wendet er sich nicht von ihr ab; streng wacht er über ihre weitere Entwicklung, nichts überläßt er dem Zufall; alles, was geschieht, ist der Vorsehung gemäß. Die Stoiker sind nicht der Ansicht, sich dem Geschick zu unterwerfen, weil es unausweichlich ist: Sie willigen in ihr Geschick ein, weil es vernünftig und auf das Wohl des Menschengeschlechts berechnet ist. Seneca kommt zu der Überzeugung, daß die ruhige Hinnahme des Geschicks vor allem eine Quelle des inneren Friedens ist; »um welchen Preis kann der Lauf unseres Lebens gleichmäßig, ohne affektive Wirbel dahinfließen? Du sollst es erfahren: ein wahrhaft tugendhafter Mensch wird niemals rufen: ›Verdammtes Pech!‹ und wird, was ihm begegnet, niemals für ein Unglück halten; er wird sich sagen, daß er Bürger des Kosmos ist, Bürger der ganzen Welt, und daß er Soldat ist: er schickt sich in Mühsal und Strapazen wie in einen befohlenen Dienst.«

Die Stoiker, wir haben es gelesen, betrachten sich als Weltbürger, auf griechisch *kosmopolitês*; wir haben aber auch gesehen, in welchem Sinne: Sie waren Patrioten des Kosmos und seiner Bestimmung, sie liebten dieses Vaterland aller Menschen und bewiesen ihm dadurch ihre Liebe, daß sie seinen *ordre public*, das heißt die Gerechtigkeit, respektierten und mutigen Herzens in ihre Bestimmung einwilligten, wie immer sie aussah. Die Probleme des antiken Denkens sind nicht die unseren, und es ist müßig, nach der Politik oder dem Internationalismus zu fragen; hatte der Weise die Pflicht, die öffentlichen Lasten seines kleinen Gemeinwesens mitzutragen? Diese Frage stellte sich auch, nur fiel die Antwort anders aus: Entschloß sich der Weise zur Mitwirkung, so übte er seine öffentlichen Funktionen mit Gerechtigkeit aus, wie es seiner Eigenschaft als Bürger eines gerechten Kosmos zukam; wurde sein Vaterland von einem rivalisierenden Staat besiegt und annektiert, trug er dieses Fatum mit Seelengröße (die sich im beredten Schweigen oder in der Selbsttötung beweisen konnte). Es ist nur zu leicht, unsere eigenen Vorstellungen und Besorgnisse auf die Gedanken von einst zu projizieren und in Anachronismen zu verfallen. Der Stoizismus erklärte, die menschliche Gattung sei eine Einheit und alle Menschen seien durch den Besitz der Vernunft gleich, die allein zählt; welche Einstellung hatte er zu dem, was in unseren Augen der Skandal der Sklaverei ist? Die Stoiker glaubten an ein von der Vorsehung bestimmtes Geschick; waren sie der Meinung, der Triumph des römischen Imperialismus und der Sieg des Caesarismus über die Freiheit seien im Sinne der Geschichte gewesen? Sie meinten gar nichts; ihr Kosmopolitismus und ihr Fatalismus erstreckten sich nicht auf diese Bereiche.

Weltstaat, Schicksal, »Gesellschaft«, »Politik«

In jenen alten Zeiten war das Fernrohr der Reflexion nicht auf die beiden Horizonte eingestellt, die für uns die Welt begrenzen: Gesellschaft und Geschichte. Die Alten machten ebensoviel Krieg und Politik wie wir, sie gingen für Caesar oder für die Freiheit in den Tod, aber ihre mentale Welt begrenzte der Horizont der Natur oder Fortunas bzw. des Geschicks. Und kein Mensch hat jemals daran gedacht, die Sklaverei abzuschaffen; dieser Gedanke ist später nicht einmal den Christen gekommen, und auch die Stoiker sind nicht auf ihn verfallen. In welchem Jahrhundert sie auch leben, es ist den Menschen nicht möglich, über die wechselnden Dekorationen hinauszusehen, die den Horizont ihres Daseins umstellen, und endlich den nackten Bühnenhimmel zu erblicken – und nicht von ungefähr: Es gibt ihn nicht.

Dabei schien alles so gut anzufangen. Der Stoizismus ist universalistisch; jeder Mensch, wer er auch sei, ist seiner Pflicht gemäß Soldat der kosmischen Armee unter dem Befehl einer Vorsehung, die nur das Wohl der menschlichen Gattung will; das sagt uns die Vernunft, denn diese Armee ist die der Vernunft. Um in ihr zu dienen, genügt es also, ein vernunftbegabtes Wesen zu sein; eine andere Eigenschaft als die, ein Mensch zu sein, ist nicht erforderlich; man muß weder reich noch adlig noch frei geboren sein. Sogar die Frauen (wer wagte es, zu widersprechen?) sind zugelassen! Nach streng philosophischer Prüfung ist die Vernunft das einzige Kriterium für die Zugehörigkeit zur menschlichen Gattung. Warum sind die Menschen gerecht und wohltätig gegeneinander? Warum soll man »dem Verirrten den Weg zeigen, dem Hungrigen sein Brot brechen?« Weil »diese Welt, die du siehst und in der Götter und

Menschen beieinanderwohnen, eine einzige ist; derselben Familie gehören wir alle an, auf dem nämlichen Grund und zu der nämlichen Bestimmung hat die Natur uns gebildet«, nämlich auf der Grundlage der Vernunft und zum Zwecke der Glückseligkeit. Folglich: »Was will das denn heißen: ein römischer Ritter, ein Freigelassener, ein Sklave? Nur Worte sind dies, geboren aus dem Dünkel oder der Ungerechtigkeit.« An der Aufrichtigkeit Senecas besteht kein Zweifel; sie hindert ihn aber nicht, beim Wiedersehen mit einem Sklaven, der ihn als kleines Kind einst liebevoll umsorgt hatte, die Zahnlosigkeit dieses Greises zu bespötteln, und zwar in dessen Gegenwart, wie bei einem alten Hund; Seneca selbst berichtet uns davon in aller Unschuld, dann folgt eine Meditation über die Vergänglichkeit.

Die Einheit der menschlichen Gattung ist nicht erst von den Stoikern entdeckt worden; sie ist seit zwei Millionen Jahren bekannt, seit den ersten Hominiden, denn allen höheren Tieren ist bekannt, daß sie derselben Spezies angehören; eine Katze erkennt eine andere Katze und unterscheidet sie sehr genau von Hunden. Ein Mensch ist jedes Wesen, das zweibeinig, federlos und sprachbegabt ist. Das ist eine schöne Entdeckung, die nur noch nutzbringend anzuwenden bleibt. Die Nazis betrachteten auch die Juden als Menschen; denn sie behandelten sie als minderwertige Rasse, die der Abschaum der Menschheit war. Es genügt eben nicht, Prinzipien zu haben; man muß ihnen auch treu sein (wir haben die Menschenrechte *und* die Wasserstoffbombe), und noch schwieriger ist es vielleicht, zur Einsicht in alle ihre Konsequenzen zu gelangen. Seneca erklärt, daß alle Menschen Brüder seien, und stellt die Tugend der Menschlichkeit sehr hoch, aber über die Gladiatoren bringt er Sätze zu Papier, die einem die Sprache verschlagen. Auch über die Pflicht, die Sklaven als »Freunde von geringem Rang« zu behandeln, hat er einen menschlichen und großmütigen Brief geschrieben; es lohnt sich, bei diesem Brief 47 zu verweilen.

Zunächst muß man wissen, daß die Vorschrift, Sklaven menschlich zu behandeln, nichts Revolutionäres hatte und keine besondere Errungenschaft des Stoizismus war; schon seit vierhundert Jahren verlangte die moralische Feinheit bei den Reichen und Mächtigen, daß man Sorge trug, sich natürlich gegen Untergebene, ungezwungen gegen alle und milde gegen die Besiegten zu geben – jedenfalls, wenn man sich damit selber nichts vergab. Man nannte das die Tugend der Menschlichkeit und führte sie ständig im Munde; sie verlangte, daß man, wenn man die Wahl hatte, immer die menschlichste Haltung wählte: Du sollst Almosen geben, aber ohne das Erbe zu schmälern; du sollst den besiegten Feinden das Leben schenken, aber nur, wenn die nationale Sicherheit nicht verlangt, sie über die Klinge springen zu lassen. Denn wo die Notwendigkeit waltet, ist man nicht mehr frei, und es gibt keinen Spielraum für die Tugend mehr. Menschlichkeit praktizierte man in einem Bereich, den man die Grauzone der Barmherzigkeit nennen könnte; ein Sklave bleibt ein Sklave, aber man wird ihn menschlich behandeln, ohne darum die Berechtigung der Sklaverei in Frage zu stellen. Die Heiden hatten also zwei Einstellungen, und die Christen taten es ihnen nach; ein Herr, der einerseits von seinen Sklaven fehlerlose Dienste verlangte und sie grausam bestrafte (Beispiele hierfür findet man in Brief 47), konnte andererseits in seinem Testament verdiente Sklaven freilassen und mit einer kleinen Rente bedenken; es war menschlicher, seinen Sklaven Liebe einzuflößen als Furcht; es gehörte sich, im Freundeskreis zu erklären, daß Sklaven natürlich Menschen seien wie du und ich, und die Kinder lernten das in der Schule, genauso, wie man ihnen weise Sentenzen und gängige Sprichwörter beibrachte. Auch die Einstellung der Sklaven war, wie die ihrer Herren, eine doppelte; ein guter Sklave liebt und bewundert seinen Herrn und ist bereit, sein Leben für ihn zu opfern.[112] Der Stoizismus hat für sich die Tugend der Menschlichkeit übernommen, einschließlich ihrer Marginalität: Er bestreitet nicht die Rechtmäßigkeit der Sklaverei; er wird sich darauf beschränken, die Benennungen zu korrigieren.

Wenden wir uns nun von der moralischen Feinheit und den Sprichwörtern den Denkern zu! Platon und Aristoteles wissen sehr wohl, daß auch Sklaven Menschen sind, aber Aristoteles (um bei ihm zu bleiben) fügt sogleich hinzu, daß sie Menschen zweiten Ranges seien. Diese Lehre verdient eine gewisse Aufmerksamkeit, weil der Stoizismus praktisch das Gegenteil behauptet. Ungeachtet seines etwas rhetorischen Schulmeistertons baut Brief 47 auf sehr festen begrifflichen Grundlagen auf.

1. Für Aristoteles ist der Sklave zwar ein Mensch, aber von der Natur dazu bestimmt, körperliche Arbeit zu verrichten; um das zu erkennen, braucht man ihn sich nur anzusehen: Sein Körper ist breit und muskulös, während der Körper freier Männer schlank und feingliedrig ist; sein Geist wäre unvermögend, den freien Künsten zu obliegen. Zweifellos gibt es Ausnahmen, da die Natur nur das große Ganze bewirkt; man hat die Nachkommen freier Männer gesehen, die nicht besser waren als Sklaven; und es kommt vor, daß freie Männer nach der Einnahme

ihrer Stadt in die Sklaverei verkauft werden. Für die Stoiker hingegen besteht die menschliche Natur nur aus der Seele, der Vernunft, und läßt die Muskeln oder die Trägheit des Geistes außer Betracht.

2. Für Aristoteles ist körperliche Arbeit eines freien Mannes von Natur aus unwürdig; die Stoiker beweisen dagegen, daß die Natur nichts dergleichen dekretiert hat: Man sieht auch freie Männer dahin gelangen, daß sie körperlich arbeiten müssen, etwa in Zeiten einer Hungersnot, wo es gilt, den Acker zu bestellen, oder auch im Krieg, wo sie selbst ihre Ausrüstung schleppen. Die Natur hat bei den Stoikern nur über die Seele Verfügungsgewalt, um sie bei allen Menschen gleich zu erschaffen.

3. Für Aristoteles ist der Sklave in demselben Sinne der Besitz seines Herrn wie eine bewegliche Sache, ein Werkzeug (nur daß das fragliche Werkzeug mit der Sprache begabt ist). Für die Stoiker ist die Vorstellung widernatürlich, daß man einen Menschen besitzen könne, weil die Vernunft frei und souverän ist; der Sklave kann ebensowenig irgend jemandes Besitz sein wie sein Herr. Daraus folgt, daß man die Benennungen ändern muß; wenn der Sklave für seinen Herrn arbeitet, dann in seiner Eigenschaft als souveräner Mensch; anders gesagt: aufgrund eines Vertrages, wie ihn zwei gleichberechtigte juristische Personen miteinander schließen können. Daher die Formulierung Chrysipps, die Seneca geflissentlich aufgreift: »Der Sklave ist in Wirklichkeit ein Mietling auf Lebenszeit.«[113]

Die Diskussion dreht sich nicht um die Einheit der menschlichen Rasse, die seit jeher gegeben ist, sondern um das, was den Menschen zum Menschen macht. Für die Stoiker zählt allein die Vernunft, und sie genügt; Chrysipp hat der Vernunft ihre Rechte zurückgegeben. Auch für Paulus definiert die unsterbliche Seele den Menschen; so hindert die Sklaverei niemanden daran, sein Seelenheil zu wirken; daher kommt der Apostel zu dem Schluß: »Ihr Knechte, gehorchet in Allem den leiblichen Herren.«[114] In der kosmischen Armee der Stoiker verteilt Fortuna die Rollen auf die Kämpfenden; der Kaiser wird gewissenhaft seine Rolle als Kämpfender spielen, wie es einst Marc Aurel tun wird, und der Sklave wird gewissenhaft den freien Vertrag eines Mietlings auf Lebenszeit einhalten, den Fortuna implizit für ihn abgeschlossen hat. Nach den Bedingungen dieses Vertrages wird der Sklave arbeiten, und sein Herr wird ihm Lebensmittel und Kleidung gewähren.[115]

In der Praxis ergibt sich aus dem Stoizismus derselbe Status quo wie bei Aristoteles und bei Platon. Das lebenslange Mietlingsverhältnis ist dem Sklaven durch sein individuelles Geschick zubestimmt, so daß der »Vertrag« nichts weiter ist als ein Wort. Der Sklave kann den Vertrag nicht aufkündigen; denn er gilt auf Lebenszeit. Und was wird er tun, wenn sein Herr die eingegangenen Verpflichtungen nicht einhält und ihn schlecht ernährt? Die erhaltenen Texte sagen hierüber nichts, aber man kann sich leicht vorstellen, daß die Narrheit des Herrn, der den Sklaven wie eine Sache behandelt, den weisen Sklaven nicht von der Beachtung seiner eigenen Pflichten entbindet; die Narrheit eines anderen ist für den Weisen keine Entschuldigung.

Nachdem Chrysipp die Benennungen geändert hat, kann er noch einmal betonen, daß die Sklaverei widernatürlich ist[116]: Der Natur gemäß aber ist der Vertrag auf Lebenszeit. Ein Vertrag ist keine von oben aufgezwungene Regelung; er wird zwischen souveränen Vertragspartnern geschlossen, die seinen Inhalt nach Gutdünken festlegen und dabei auf die Natur Rücksicht nehmen können; die Stoiker liebten Verträge, und es war in ihren Augen nur recht und billig, sie zu halten. Fazit: Chrysipp ist durch die Umdeutung der Sklaverei in ein Vertragsverhältnis zu einer Konstruktion gelangt, die vor seinen Augen philosophische Gnade findet; er hat von seiner Seite keine Zugeständnisse an die zeitgenössische Gesellschaft gemacht. Wenn also die Stoiker die Herren gewesen wären und die Gesellschaft nach Gutdünken hätten umgestalten können, so hätten sie die Sklaverei, wenn auch unter einem anderen Namen, beibehalten.

An wirklichen Veränderungen sind indes nur zwei Kleinigkeiten zu erkennen. Für Aristoteles waren die Sklaven zu ungehobelt, um dem Studium der Philosophie obliegen zu können; für Platon sind sie nicht dazu da, um sich emporzubilden, sondern um statt der freien Männer den Acker zu bestellen; sie waren lernfähig (versuchsweise ließ Sokrates einem jungen Sklaven Geometrieunterricht geben), aber das war nicht die Rolle, die ihnen zugedacht war. Für die Stoiker wie für die Kyniker und die Epikureer ist die Philosophie auch Frauen und Sklaven zugänglich. Es ist dies zwar ein Ereignis in der Philosophiegeschichte, aber es hatte keine Folgen für die Entwicklungsgeschichte der Menschheit. Ein weiterer Unterschied war der folgende: Indem der Stoizismus auch die dem kollektiven Gewissen der Griechen und Römer am Herzen liegende Tugend der Menschlichkeit ins Kalkül zieht, stattet er sie mit der Autorität der Philosophie aus; er macht die Menschlichkeit zur strengen Pflicht und appelliert nicht mehr nur an den moralischen Feinsinn und die gute

Gesinnung. Die praktischen Folgen sind weniger gewiß: Der Stoizismus hält es mit der Philosophie der Anpassung; auch kommt es nicht nur darauf an, ein menschlicher Herr sein zu wollen, man muß auch, um dahin zu gelangen, seine Wirkung nach außen beachten; Seneca hatte keinen Zweifel daran, daß er gegenüber den kleinen Leuten den Grandseigneur hervorkehrte. Schließlich haben Billigkeit und Wohlwollen der Stoiker nur die einzelnen Menschen im Blick und ignorieren die Institutionen und die Gesellschaft. Der Sklave wird gut oder schlecht behandelt werden, je nachdem, wie er es verdient, weil die stoische Gerechtigkeit nicht Schwäche ist und die Wohltätigkeit nicht Blindheit. Dafür wird die Ungerechtigkeit der Sklaverei als Institution nicht wahrgenommen; die stoische Lehre rechnet nicht mit den Institutionen (daher werden die Sklaven als Freunde behandelt), weil für sie die Institutionen nicht zählen (daher bleiben die Sklaven Sklaven). Der Stoizismus ist eine Ethik, und die Soziologie gab es noch nicht; in dem Raum zwischen dem Gesetz der Natur und dem Individuum nahm er keine »Gesellschaft« wahr.

Für uns ist diese Haltung befremdend und irrig, aber sie war Tatsache; unsere Menschenrechte sind als Idee nicht natürlicher als andere Ideen. Die Alten waren über die Sklaverei ebensowenig entsetzt, wie ihnen ihre Unkenntnis der Glühbirne und des Dampfschiffs zu schaffen machte. Der Stoizismus kennt keine Überzeugungen, sein einziger Inhalt ist eine verkürzte Vorstellung vom Ich und eine zu allgemeine Vorstellung von der Welt. Ihm fehlen die Mittel, Politik zu denken und politische Positionen zu beziehen. Zur Zeit Senecas lieferte er den Monarchisten ebenso wie den Gegnern der Kaiserherrschaft Argumente oder Vorwände.

Schließlich dürfen wir nicht vergessen, daß »Politik treiben« (*politheuesthai, capessere rem publicam*) nicht wie bei uns bedeutete: »politische Grundsätze und eine Meinung zur Politik haben« oder »agitieren«; es bedeutet lediglich: »sich an den öffentlichen Aufgaben des Vaterlandes beteiligen, weil das als die Pflicht jedes freien Mannes gilt«, anstatt sich der Muße oder dem Müßiggang zu ergeben, was darin bestand, eben keine öffentlichen Funktionen wahrzunehmen und sich namentlich dem Studium der freien Künste oder der Philosophie zu widmen.[117] Dies wird das große Dilemma Senecas vom Jahre 63 an sein. Was die zu verfolgende politische Linie betraf, so dachten die Stoiker darüber kaum nach, sie brachten für die Frage keine Leidenschaft auf und vertraten keine theoretische Position. Marc Aurel war Stoiker, aber als Privatmann, und die

Sekte als solche ist stets weder eine oppositionelle Lehre gewesen noch eine offizielle Ideologie wie der Konfuzianismus.

Fazit: die Unmöglichkeit, eine konkrete Politik zu denken, und die Verkürzung des Problems auf die Moral eines Individuums, das auf die Fähigkeit zum Vernunftgebrauch reduziert wird. Von hier aus kann man alles rechtfertigen und alles bestreiten, eine rationale Utopie errichten oder fordern, daß der Mensch vernünftig und fügsam sein solle. In puncto individueller Freiheit oder nationaler Unabhängigkeit haben die Stoiker nur einen Gedanken: Die eigentliche Freiheit ist die, nicht der Sklave seiner Leidenschaften zu sein.[118] Das verträgt sich gut mit dem großen Grundprinzip fast allen politischen Denkens der Antike: Nur der ist würdig, über andere zu gebieten, der sich selbst zu beherrschen weiß; unwürdig ist es, einem sittenlosen Wüstling, einem Nero gehorchen zu sollen. Was für das Oberhaupt gilt, gilt auch für die Beherrschten: Nicht zu gehorchen wissen, ein Aufrührer sein heißt, sich selbst nicht zu beherrschen wissen. Die politische und soziale Disziplin spiegelt die innere Disziplin wider. Von diesem Grundsatz ausgehend, wird man sehr wohl den Sklaven vorschreiben können, ihrem Herrn zu gehorchen. Ebenso kann man den römischen Imperialismus rechtfertigen; dies hat der Platoniker Cicero getan.[119] Wer die pax romana ablehnt, ist moralisch undiszipliniert, eine rebellische Natur. Die größte Fallinie im Stoizismus ist die Reduktion der Politik auf eine Ethik der Selbstzucht. Doch vermag der Stoizismus kaum zu entscheiden, wer nun seine Leidenschaften beherrschen soll: Müssen der Herr, der Eroberer, der Kaiser ihre tyrannischen Impulse unterdrücken? Oder müssen der Sklave, der Ureinwohner, die Untertanen Caesars ihre eigene Unfügsamkeit zügeln? Jeder Stoiker konnte das auf seine Weise entscheiden: Seine Lehre hatte in dieser Hinsicht nichts zu lehren. Daneben gab es eine andere Fallinie, die darin bestand, die Partei der guten Ordnung, der etablierten Ordnung zu ergreifen: Der Moralismus ermutigt kaum die Revolte, die Utopie, die Hoffnung.

Nehmen wir zum Beispiel den »Kosmopolitismus« der Stoiker, dieser »Weltbürger«. Diese Welt ist so wenig die menschliche Gesellschaft, daß sie »Menschen und Götter« gemeinsam als Bürger hat; es ist der natürliche Kosmos: die Erde mit ihren Jahreszeiten und Ernten, der Himmel mit seinen Göttergestirnen. Der Kosmos ist die gemeinsame Stadt der Götter und der Menschen, weil er für jene wie für diese ordnend gestaltet worden ist, als ihr angenehmer Aufenthaltsort: Das macht sie zu Mitbürgern; sie leben dort zusammen. Gleichwohl gibt es heutzutage Leute, die darauf beharren, Politik in diesem Universalismus zu sehen. Wiederholen wir uns also zum x-ten Male und betrachten wir einen kompromißlosen Satz aus Brief 95: »Nicht allein im persönlichen Bereich, sondern auch in der Öffentlichkeit verüben wir Wahnsinnstaten. Totschlag unterdrücken wir und Mord – bei einzelnen: aber Kriege und das ruhmreiche Verbrechen des Völkermordes? Nicht Habsucht, nicht Grausamkeit kennt ein Maß. Und solange derartiges verstohlen und von Einzelpersonen verübt wird, ist es weniger schädlich und weniger ungeheuerlich: Auf Grund von Senatsbeschlüssen und Volksentscheiden werden Grausamkeiten verübt und werden von Staats wegen Dinge befohlen, die dem einzelnen verboten sind. Was, heimlich begangen, mit dem Kopf bezahlt würde, loben wir, weil es Männer im Feldherrnmantel getan haben. Nicht schämen sich die Menschen, das sanfteste Geschlecht, sich zu freuen an gegenseitigem Blutvergießen.«[120] Seneca prangert hier die Grausamkeit ganzer Völker an, die schlimmer ist als die einzelner Menschen; er sagt nicht, schließt aber auch nicht länger aus, daß es sich mit dem römischen Volk genauso verhalte (die Worte »Volksentscheid« bzw. »Senatsbeschluß« sollten auf lateinisch die Versammlungs- und Ratsentscheidungen des gesamten Gemeinwesens, des römischen wie des nicht-römischen, bezeichnen); in Wahrheit ist es so, daß Seneca die Dinge als Moralist sieht und daß er die Grausamkeit menschlicher Staaten generell anprangert. Geschieht das im Namen des Universalismus? Das ist sehr fraglich; den Völkern ihr Laster der Grausamkeit vorhalten ist *eine* Sache, von einer politisch geeinten Menschheit träumen eine ganz andere: Es wäre schon genug, wenn jedes einzelne Gemeinwesen tugendhaft und sanft wäre. Die stoische Argumentation verfährt tugendhaft und ethisch; auf die Ebene der politischen Institutionen erhebt sie sich nicht. Entweder träumen die Stoiker von einem Staat der Weisen, in dem es weder Gerichte noch Geld gibt; man weiß nicht recht (und vielleicht wußten sie es selber nicht), ob dieser Staat die ganze Menschheit war oder die lokale Zusammenballung einer aus lauter Weisen bestehenden Menschheit; oder sie diktieren, wenn sie einmal nicht über der Wirklichkeit schweben, realen Menschen ihre Pflichten und sagen ihnen dann, sie hätten die Pflicht, ihr Amt in dem Gemeinwesen zu versehen, das das ihre ist; so daß eines Tages einer ihrer Schüler Gefahr läuft, sich bei der Vorbereitung zu einem Eroberungskrieg gegen eine fremde Stadt wiederzufinden ... Es ist *eine* Sache, als Philosoph zu sprechen, zu sagen, daß alle Menschen Brüder sind, und die Atombombe zu beklagen – ohne das eigene Vaterland auszuschließen, das in dieser generellen Redeweise offenbar mitgemeint ist –, und eine ganz andere, auf den Boden der Tatsachen zurückzukehren und festzustellen, daß eine gefährliche Nation diese Bombe besitzt. Die Stoiker sprechen als Philosophen; der Mensch ist für sie ein vernünftiges Tier und auch ein Tier, das zum Leben im »Gemeinwesen« geschaffen ist; mehr sagen sie nicht – nicht einmal, ob das Wort »Gemeinwesen« in diesem Fall als Singular oder als Plural gemeint ist.

Fazit: ein leerer Universalismus, ohne praktische Anwendbarkeit. André Breton hat gesagt, der Patriotismus sei die unphilosophischste aller Ideen, und wenn man wirklich an die Philosophie glaubt, wird man ihm nicht widersprechen können. Die Stoiker freilich hätten ihm nicht recht gegeben, in Anbetracht dessen, daß sie über diese Frage nie so lange nachgedacht haben: Sie haben das Problem nicht einmal geahnt; sie sind ausgewichen. Es hat sich ein antiker Kommentar zu Platon erhalten, aus dem das eher beiläufig hervorgeht.[121] Die Menschen lieben von Natur aus jene, die ihnen gleichen, so daß für die Platoniker der Patriotismus naheliegt, weil unsere Landsleute uns mehr gleichen als die Fremden. Unser Kommentator bekräftigt das mit Nachdruck: Er tadelt die Stoiker, die – unverbesserliche Übertreiber, die sie sind – behaupten: »Dem letzten asiatischen Barbaren fühlen wir uns ebenso nahe wie uns selbst« und unseren Mitbürgern. Die Erläuterung, die der Kommentator gibt, trifft zweifellos ins Schwarze: Der Stoizismus arbeitet konsequent mit dem Gegensatz zwischen der Unvollkommenheit oder *hexis*, die ein Mehr oder Weniger zuläßt, und der Vollkommenheit oder *diathesis*, für die alles gleichförmig ist: Etwas ist gerecht, oder es ist nicht gerecht. Wenn man die Menschen vollkommen liebt, liebt man sie alle gleichermaßen und gibt nicht der partiellen Schwäche nach, manche mehr zu lieben als andere; denn alle Menschen sind gleichermaßen vernunftbegabt und gleichermaßen unsere Brüder. So weit, so gut; doch bei der Umsetzung dieser Erklärungen in die Tat wird man bald feststellen, daß Seneca patriotische Gründe dafür beibringt, warum man nichts am Status quo ändern soll: Der rechte Weg, die asiatischen Barbaren zu lieben, besteht für Rom darin, sie zu ihrem eigenen Besten unter seiner Hegemonie zu halten.

Denn Seneca bleibt ein Mann der Vergangenheit. Man schreibt dem Stoizismus gern den Aufschwung der politischen Moral im römischen

Reich zu: soziales Gefühl, Sorge um die Benachteiligten, Gleichheit aller vor dem universellen Gesetz; wenn eine Philosophie es vermocht hat, die römische Herrschaft sittlich zu heben, dann, so sagt man, war es der Stoizismus; denn keine andere war so edel wie er. Man muß jedoch festhalten, daß eine Philosophie nicht ganz in dem aufgeht, was sie verkündet, sondern auch das ist, was sie verschweigt und unterschlägt; denn nichts bei Seneca läßt jenen politischen und moralischen Aufschwung voraussehen, der ein Jahrhundert später tatsächlich eintrat, ohne daß Seneca ihn prophezeit hätte. Das 2. Jahrhundert u. Z. erlebt nach und nach das Ende des Reiches als »kolonialer« Hegemonialmacht, in der das römische Italien die Metropole und die Provinzen bessere Kolonien waren, und die Heraufkunft eines Staates, in dem alle nicht unfreien Untertanen Staatsbürger sind, mögen sie nun Italiener oder Ureinwohner der Kolonien sein. Anderthalb Jahrhunderte nach den *Briefen an Lucilius*, im Jahre 212, hat ein großer Kaiser, den die senatorische Tradition verleumdet hat, nämlich Caracalla, mit einem Federstrich alle freien Menschen seines Reiches zu römischen Staatsbürgern gemacht. Es war der Abschluß einer langen Entwicklung, die zur Zeit Senecas begonnen hatte und deren Initiator eben jener Kaiser Claudius war, an dem der Senator Seneca kein gutes Haar lassen mochte. Wir kommen hierauf gleich zurück. Außerdem erlebt das 2. Jahrhundert u. Z., daß die römische Regierung mehr Fürsorge für ihre Untertanen und für die kleinen Leute walten läßt; sie wacht über das Gedeihen der einheimischen Gemeinwesen in den Provinzen, verteilt unbebautes Land an die Armen [122], will aus dem Kaiserreich das machen, was Henri Marrou eine Genossenschaft des Glücks genannt hat, wacht über das Wohlergehen der eingesessenen Bevölkerung oder erklärt zumindest, daß es ihre Pflicht sei, darüber zu wachen [123]: Dies alles sind Sorgen, die keine einzige Zeile Senecas voraussehen läßt.

Ebensowenig zu überdenken vermag der Stoizismus die internationale Politik, die Grenzen, das Problem der Pluralität der realen Gesellschaften, in welche die große menschliche Gesellschaft zerfällt; entweder nimmt er das Problem nicht wahr, oder er macht sich auf naive Weise den Ethnozentrismus ebenso zu eigen wie den Patriotismus, ohne den Widerspruch zu bemerken oder sich Gewissensfragen wie die nach dem Internationalismus, nach ungerechten Kriegen und Rassenschranken zu stellen. Der stoische Kosmopolitismus ist ein Ozean der Abstraktion, in dem die Grenzen des römischen Reichs ebenso verschwimmen wie die Grenzen Athens. Die Politik ist nicht die vordringlichste Sorge der Stoiker. Bergson hat darauf hingewiesen, daß so gut wie alle Moralisten ganz tugendhaft unsere Pflichten gegen das Vaterland herbeten und dann diejenigen aufzählen, die wir gegen die Menschheit haben, daß aber in diesem letzteren Punkt ihre Anweisungen nur fromme Wünsche bleiben – gerade vage genug, um nicht den Fall annehmen zu müssen, daß die Pflicht gebietet, das Vaterland um der Menschheit willen zu verraten.

Der Stoizismus kann die Politik nicht denken, weil er den Menschen auf seine reine Vernunft reduziert. Jede Eroberung spricht der Gerechtigkeit hohn und gründet auf Habsucht, aber von welcher Seite im Buch der Weltgeschichte könnte man das nicht sagen? Der stoische Geschichtsschreiber Poseidonios, der die Eroberung der griechischen Welt durch Rom miterlebt hatte, erklärte die Weltgeschichte aus den menschlichen Leidenschaften, so daß man sich bei der Lektüre angesichts dieses Panoptikums der Torheiten nur fragen kann: »Wozu das alles?«[124]

Seneca verurteilt das Prinzip des Krieges und der Eroberung überhaupt, vertritt aber gleichzeitig einen von keinem Zweifel angekränkelten römischen Patriotismus. Man muß das ausdrücklich betonen; denn sobald man von stoischem Kosmopolitismus spricht, läßt man sich leicht zu dem voreiligen Schluß verleiten, dieser Kosmopolitismus habe die Stoiker zu einer großmütigen Haltung gegenüber den Besiegten veranlassen und die Römer eines Tages auf die Gewährung der Rechtsgleichheit zwischen italienischer »Metropole« und den »Kolonien«, das heißt den Provinzen, einstimmen müssen. Dieser Schluß wäre ebenso falsch wie die Unterstellung, das Christentum und Paulus hätten das Verschwinden der Sklaverei bewirkt. In einem Pamphlet macht Seneca sich über jene Gallier lustig, denen Kaiser Claudius die Senatorenwürde verliehen hatte; der Stoiker Thrasea entrüstete sich in einem Prozeß von Provinzialen gegen einen römischen Statthalter, der sich die Taschen durch Ausplünderung seiner Untertanen gefüllt hatte, über die Schwäche des Senats gegenüber den Provinzialen und ergriff die Partei des Erpressers. Das römische Reich war nach Seneca von der Vorsehung dazu bestimmt, vom Sonnenaufgang bis zum Sonnenuntergang zu reichen[125]; als die Römer eine Stadt eingenommen hatten, geschah es zwar, daß die Soldateska sich für eine Weile vergaß und die Bevölkerung ein wenig massakrierte; aber Seneca vermerkt befriedigt, daß sie bald »genug hatte und zu römischer Sitte zurückgekehrt war«.[126] Zur Rechtfertigung der römischen Hegemonie greift Seneca auf ein traditionelles Argument zurück: Die Römer üben ihre Hegemonie mit Gerechtigkeit aus, sie verwalten die Interessen der Welt so entsagungsvoll wie fremde, so sorgfältig wie die eigenen[127]; er sieht nicht, daß es um die Frage geht, ob diese Hegemonie selbst überhaupt gerecht war. Er begnügt sich mit der Feststellung, daß die Eroberung Galliens durch Cäsar »im Interesse des Staates geschah«[128] und daß es löblich war, »zu vergrößern das Reich«[129]. Die einzigen Eroberungen, die Seneca verurteilt, sind die Eroberungen anderer; für Alexander den Großen findet er kaum harte Worte genug.[130].

Es gibt aber doch eine Stelle bei Seneca, die eine Ausnahme zu sein scheint, auch wenn sie schließlich die Regel bestätigt, und die sich merkwürdigerweise auf Spanien bezieht, die erste Heimat unseres Philosophen. In einem Brief[131] erinnert Seneca an eine Episode aus der Zeit der Eroberung Spaniens durch die Römer, nämlich die Belagerung Numantias durch den jüngeren Scipio. Diese Feste unweit Sorias in Altkastilien war das Alesia Spaniens gewesen; die Verteidiger, als sie jede Hoffnung verloren sahen, gaben sich lieber den Tod, als sich von den Römern gefangennehmen zu lassen; Seneca preist den Mut der Belagerer ebenso wie den der spanischen Belagerten, die, wie er sagt, »in der Umarmung der Freiheit das Leben aushauchten« (diese Freiheit war, wohlverstanden: die stoische Freiheit, die das Mittel an die Hand gibt, seinem Leben ein Ende zu machen, wenn Fortuna stärker ist).

Warum diese Gleichbehandlung von Eroberern wie Einheimischen? Aus spanischem Patriotismus oder vielmehr: aus einer Art Adelsstolz auf die lokale Vergangenheit?[132] Das ist nicht unmöglich. Aus stoischer, Senecanischer Sympathie für die Größe des Freitods? Gewiß. Aber nicht weniger gewiß ist, daß Seneca die Eroberung Numantias für legitim hält.[133] Wie kann er dann beiden Lagern recht geben? Die Antwort lautet, daß der Mensch weniger weiß als der Gott; die Spanier konnten nicht wissen, daß die Eroberung durch die Römer im Sinne der Vorsehung lag; sie argumentierten anhand des Wenigen, das sie wahrnahmen, nämlich einer Aggression, und verteidigten ihre Heimat; objektiv war ihre Entscheidung falsch, aber in sich selbst war sie richtig. Sie entzogen sich dem Widerspruch, indem sie den großen und schönen Ausgang wählten, der immer offen ist: den Selbstmord. Cato argumentierte nicht weniger richtig und nicht weniger falsch, als er die Partei einer Republik ergriff, die vom Geschick zum Untergang verurteilt war; er tötete sich ebenfalls.

Sind also Vorsehung und jener »Sinn der Geschichte«, der die Modernen so sehr beschäftigt, ein und dasselbe? Das war eine bittere Frage für einen Untertanen jener Caesaren, die im Interesse ihrer Monarchie die Republik kassierten. Doch seien wir nicht voreilig; unsere Probleme sind nicht die Probleme der Stoiker. Wir müssen Schritt für Schritt vorgehen.[134]

1. Das Schicksal läuft von der ursprünglichen Einrichtung der Welt an wie ein im voraus und ein für allemal gespanntes Seil ab; die Pläne der göttlichen Vorsehung sind zu vernünftig, als daß der Gott sie während dieses Ablaufes ändern müßte; die stoische Vorsehung handelt nicht jeweils ad hoc, sie wirkt weder Wunder noch Gnaden; sie läßt das Seil ablaufen, und es wäre vergeblich, sie durch Gebete erweichen zu wollen.

Diese sehr philosophische Vorsehung hatte nichts mit der Vorsehung oder der Fortuna gemein, woran die Mehrheit der Menschen glaubte. Nach volkstümlicher Überzeugung waren Ereignisse »von der Vorsehung geschickt«, wenn sie den eigenen Wünschen entsprachen; man verschloß die Augen vor widrigen Ereignissen, falls man an der Vorsehung nicht zweifeln wollte, oder man stellte im Gegenteil die Vorsehung in Frage, wenn es mit der Politik oder dem Los des Einzelnen schlecht lief. Man wollte gerne glauben, daß die Stadt oder das Reich unter dem Schutz Fortunas oder der Vorsehung der Götter standen, deren Beistand man durch Gebete und Opfer erflehte; aber man hatte zu oft Gelegenheit, sich zu fragen, ob nicht das blinde Glück oder ein absurdes Geschick die wahren Herren der Geschichte und der individuellen Biographien waren; es kam vor, daß man die Götter, ihren Zorn und ihre Launen verfluchte. Die stoische Vorsehung steht in diametralem Gegensatz zu diesen überkommenen Ideen; sie sorgt für den guten Gesamtzustand des Kosmos und der Menschheit, aber nicht für das individuelle Schicksal jedes Einzelnen und noch weniger – falls das überhaupt geht – für das Schicksal der Städte und Reiche; es wäre gewagt zu unterstellen, das römische Reich sei von der Vorsehung gewollt. Die Stoiker hätten unterschreiben können, was Voltaire in einem Brief von 1762 sagt: »Die individuelle Vorsehung ist, unter uns gesagt, eine absurde Chimäre; die Kette der Ereignisse ist unermeßlich und ewig; das Ansehen der Person, private Gunst und Ungunst haben nichts mit einer unendlichen Ursache[135] zu tun. Es wäre mehr als lächerlich, daß der Ewige Baumeister ständig in kleine Begebenheiten eingriffe; er kümmert sich nicht um unsere Mäuse, nicht um unsere Katzen, nicht um unsere Jesuiten und schon gar nicht um unsere Parlamente.« Die Bestimmungen des Einzelnen wie die diverser Gruppen, großer oder kleiner, entspringen der Notwendigkeit, den Kosmos und die menschliche Gattung insgesamt zu erhalten; sie entspringen auch menschlichen Entscheidungen, die schicksalhaft (oder wenn man lieber will: im voraus vom Gott gewußt), aber frei sind. Der Gott, sagt Seneca, wacht über das Ganze, braucht sich aber nicht um alles, sondern nur um einzelnes zu kümmern.

2. Die Vorsehung wacht also nur über die Menschheit en bloc, nicht über individuelle Lebensläufe; mehr noch: Sie wacht über die Menschheit als lebendige und vernünftige Gattung, nicht über die Menschheit, insofern sie in das Abenteuer der Geschichte verstrickt ist. Ihr Wirken beschränkt sich auf zweierlei: der Gattung en bloc das Überleben zu garantieren und jedem einzelnen ihrer Vertreter die Möglichkeit zu geben, sich vermöge seiner Vernunft selbst zu befreien. Die Vorsehung ähnelt einer liberalen, nicht-dirigistischen Regierung, die dem Handeln der Einzelnen freie Hand läßt und sich darauf beschränkt, die das Leben der Nation ermöglichenden öffentlichen Dienstleistungen zu garantieren, etwa die Volksschule einzurichten, die jedem Staatsbürger eine Chance gibt, sofern er das Zeug hat, diese Chance zu nutzen, woraufhin die Verflechtung von physischen und psychologischen Kausalitäten (oder »Freiheiten« im modernen Sinne des Wortes) im Laufe der Zeit ein Schicksal knüpft, das wir Biographien und kollektive Geschichte nennen.

Wie wir wissen, hat die Vorsehung die Natur zum Wohl der menschlichen Gattung gestaltet: Die Tiere stehen uns zu Diensten, die Jahreszeiten lassen das Getreide wachsen... Die Menschen haben den Instinkt, über ihre Nachkommen zu wachen, und finden die angeborene Idee der Gerechtigkeit in ihrer Gattung vor. Nachdem die Vorsehung das Welttheater in dieser Weise ausgestattet hat, verleiht sie jedem Vertreter der Gattung virtuell dieselbe Möglichkeit, zu überleben und die Glückseligkeit zu erlangen, und zwar vermöge seiner individuellen Vernunft, die fähig ist, die angeborenen Ideen der Tugend und der Glückseligkeit umzusetzen. Es liegt in der Freiheit des Einzelnen, diese Ideen zu entwickeln und durch seine Tüchtigkeit sein eigener Befreier zu werden. Leider sind die meisten Menschen schlechte Schüler, so daß ihr eigenes Leben und die Weltgeschichte jenes ungeheure Panoptikum der Torheit ergeben, das wir kennen; aber das ist nicht die Schuld der Vorsehung, die mit ihren Belehrungen sehr weit geht; denn – das wollen wir jetzt anmerken – in pädagogischer Absicht hat die Natur die Wanzen geschaffen, die uns lehren, die Schlaflosigkeit zu ertragen; in pädagogischer Absicht auch, laut Seneca, das Gold unter der Erde verborgen, um es unserem begehrlichen Blick zu entziehen.

3. Die Vorsehung mischt sich nicht in das, was aus dem jetzt Geschehenen später folgen wird; man kann noch so viele stoische Texte lesen, man wird in ihnen kaum Anspielungen auf die Geschichte finden. Bis auf eine, die die Regel bestätigt: den Trojanischen Krieg, und das ist höchst erhellend.

Der Trojanische Krieg war ein providentielles Ereignis, das den Zweck hatte, das Übermaß der menschlichen Bevölkerung zu reduzieren, das die Erde nicht mehr tragen konnte. Chrysipp hatte diese Erklärung in zwei Tragödien des Euripides gefunden und ihr gern Glauben geschenkt; denn die Dichter sind das Sprachrohr der »Allgemeinbegriffe«. Wenn also die Vorsehung in die Geschichte eingreift, dann um des biologischen Gleichgewichts der Gattung willen.

Andere Interventionen der Vorsehung sind nicht auf das Überleben der Gattung gerichtet, sondern pädagogisch; der Gott schickt mitunter Pest und Hungersnot zur Züchtigung der Ungerechten und zur Belehrung aller. Die Vorsehung züchtigt die Menschen nicht einer immanenten Gerechtigkeit zuliebe (die ist nur ein frommer Wunsch der Leute; darüber hinaus hatte die Züchtigung für die Stoiker nichts Mystisches: In ihren Augen darf sie kein anderes Ziel als ein erzieherisches haben); die Vorsehung schickt den Menschen die Pest nur, um ihnen ein lehrreiches Exempel zu geben. Das Argument ist einigermaßen apologetisch, und es wurde noch weiter getrieben: Die kleinen Unglücksfälle (Krankheit, Tod, Folter, Ruin), die den Menschen von Wert zustoßen, sind für alle Menschen eine Lehre, daß diese vermeintlichen Mißgeschicke in Wahrheit keine sind; denn sonst würde die Vorsehung sie nicht auch über Gerechte bringen. Umgekehrt lehrt uns laut Seneca das Glück der Ungerechten, die falschen Güter des Wohlstands und des Reichtums zu verachten. Man wird diese Behauptungen ihres apologetischen Charakters entkleiden und einfach sagen dürfen, daß die Vorsehung im voraus wußte, daß es durch die Verkettungen des Schicksals unglückliche Gerechte und glückliche Ungerechte geben würde, und zwar als sekundäre Auswirkungen einer guten Ordnung des Ganzen; die Vorsehung wird erwogen haben, daß diese Schicksalsfügungen zugleich höchst lehrreiche Beispiele abgeben würden.

4. Trotzdem zeugt es von größerer Frömmigkeit, die Ereignisse, die

die Vorsehung zugelassen hat, ihrer ausdrücklichen Absicht zuzuschreiben. In seinem Dialog *Über die Vorsehung* betont Seneca, daß die Götter nur über die zweckmäßige Einrichtung des Universums wachen und daß das Heil der Menschheit insgesamt ihnen wichtiger ist als das Schicksal jedes Einzelnen; in seinem 110. Brief verschiebt er die Frage, »ob die Götter soviel Zeit haben, sich um die Angelegenheiten von Privatpersonen zu kümmern«, in sehr skeptischem Ton auf später.[136] Aber in Brief 95 schreibt er unter Berufung auf Chrysipp[137], daß die Götter sich »manchmal« um den Einzelnen kümmern. Und es kommt vor, daß er – freilich nach Art einer Freudschen Verneinung – zu glauben scheint, daß es sich in der Tat so verhalte; »mir *scheint*, die Natur habe den Kyniker Demetrius in unserer Zeit zur Welt kommen lassen, damit er uns ein Beispiel sei«, schreibt er; »ich *kann nicht bezweifeln*, daß wir ihn der Vorsehung zu danken haben.« Epiktet wird die Ansicht vertreten, daß Sokrates, Diogenes und Zenon vom Gott den Rat erhalten hätten, die Menschen zu unterweisen. Das ist praktisch alles, was die stoischen Texte hierzu hergeben, und man muß feststellen, daß die Vorsehung nur zu pädagogischen Zwecken eingreift. Der Historiker Poseidonios hat in der Unzahl der Ereignisse die Vorsehung nicht stärker walten sehen, als der stoische Geograph Strabon sie in den Einzelheiten seiner Karten zu entdecken vermochte. Die Stoiker sprechen niemals von einem providentiellen Führer oder einem providentiellen Sieg; kein Wort über den providentiellen Charakter der römischen Herrschaft.

5. Die Geschichte bietet ein dermaßen düsteres Bild, daß man versucht ist zu sagen, das pädagogische Wirken der Vorsehung sei kläglich gescheitert. Die Stoiker hatten zwei Antworten zur Rechtfertigung des Gottes. Zum einen das, was Leibniz »entrempêchements« [wechselseitige Behinderung] genannt hat: Die Entwürfe der Vorsehung kommen sich gegenseitig ins Gehege; die großen Fische müssen leben, und darum fressen sie die kleinen. Im Gesamtplan der Natur sind Krankheiten enthalten (zweifellos aus vortrefflichen Gründen), die meiner eigenen Natur widerstreiten. Opfern wir uns also für das Ganze; wenn ich wüßte, daß es mir bestimmt ist, durch eine Dreckpfütze zu gehen, würde mein Fuß von selbst hineintreten, sagt Chrysipp mit dem ihm eigenen Übereifer.[138]

An diesen physischen Übeln ist der Gott unschuldig, während alleiniger Urheber des sittlichen Übels der Mensch ist. Plutarch ist im Unrecht, wenn er der stoischen Vorsehung den Tod Senecas und die Verbrennungsöfen des Tyrannen Phalaris anlastet: Die Schuldigen sind vielmehr Phalaris und der Ankläger Senecas.

Sie sind schuldig, weil der Mensch ein frei handelnder ist; für die antike Philosophie wirft die Freiheit nicht, wie für die Modernen, ein Problem auf, weil sie für sie evident ist und sich von selbst versteht; das, was die Stoiker Freiheit nennen, ist die allmähliche Befreiung des Ichs, zu der der Weise dank seiner »Freiheit« (im modernen Sinn des Wortes) gelangt; wir wollen nicht ins Einzelne gehen [139] und lediglich festhalten, daß Seneca in Anlehnung an seine Lehrmeister unterscheidet zwischen »vorangehender Ursache« – Versuchung, Schreckgespenst oder die Gelegenheit, die den Dieb macht – und »bewirkender Ursache«; die Schönheit Helenas führte Paris in Versuchung, der unfähig war, sich zu sagen, daß so viel Schönheit nichts sei, und handelte, indem er Helena entführte. Man wird sagen, daß Paris sich seinen begehrlichen Charakter nicht ausgesucht habe; das ist richtig, aber schließlich war er es, der begehrlich war, und nicht ein anderer, und er war es, der zur Tat schritt. Der Einzelne ist nicht determiniert; er selbst ist es, der determiniert. Aber der Gott, der sein Verhalten vorhergesehen hat, hat es in das unermeßliche Seil der kommenden Geschicke hineinverwoben und so den künftigen Trojanischen Krieg geplant. Jeder Handelnde ist »frei« (im modernen Sinn des Wortes), und umgekehrt ist er in seinem Dasein allein; Seneca erläutert, daß es nicht die Legion gäbe, sondern nur die Legionäre; so, wie das Glück nicht über die körperlichen Grenzen eines jeden hinausreicht, so wirkt die Kausalität nur durch ein Individuum auf das nächste; jeder einzelne Soldat, der Paris vor die Mauern Trojas folgte, war verantwortlich für das, was er tat.

Geben wir zu, daß uns, trotz Chrysipp, eine Schwierigkeit in diesem Trojanischen Krieg zu schaffen macht; es ist im Grunde dieselbe wie bei der Belagerung Numantias: Es gibt – die Stoiker mögen sagen, was sie wollen – eine Diskrepanz zwischen dem blinden Geschick und unserer individuellen Vernunft, zwischen »der« Natur und unserer persönlichen Natur, zwischen der unparteiischen Vernunft und unserem Egozentrismus, zwischen dem idealen Gut und den »vorzuziehenden wertneutralen Gütern«, an denen unser Lebenswille hängt usw. Die Vorsehung hat den Trojanischen Krieg in ihren Plan für das beste aller Geschicke eingebaut; was wird der Weise tun müssen, wenn er erkennt, daß der Gott die Überbevölkerung der Erde beschneiden will? Muß er in vorauseilendem Gehorsam sich selber töten? Oder statt dessen einen anderen zur Selbsttötung bewegen, weil für den Gott die Identität der Opfer unwichtig ist? Man sieht Karneades vor sich, wie er in seiner Ecke sitzt und grinst... Noch mehr wird er grinsen, wenn er in Bälde sehen wird, daß die Wahrheit (die Wahrheit des Gottes) und unsere Vernunft zweierlei sein können.

6. Der Trojanische Krieg ist ein Sonderfall; die Stoiker sprechen im allgemeinen viel weniger von der Geschichte als von Einzelschicksalen, weil ihr Ziel ist, jeden Menschen zur Annahme seines eigenen Schicksals zu bewegen. Gewiß war die Theorie des Schicksals und der Vorsehung auf die große Geschichte ebenso anwendbar wie auf einzelne Menschen, aber eine Philosophie trägt nicht ihren ganzen Sinn in sich selbst; um sie zu charakterisieren, zählt das, worüber sie spricht, ebensosehr wie das, was sie behauptet; haben wir das Recht, dem Stoizismus eine Theorie der Geschichte zuzuschreiben, die implizit in ihr enthalten ist, über die sie aber nur selten nachdenkt?

Um über sie nachdenken zu können, muß der Stoizismus seine kynische Utopie einer reformierten Republik vergessen; vor allem muß der unter Rom vereinheitlichte Gang der Geschichte die Einheit eines majestätischen Dramas annehmen, von dem Seneca besessen ist: der Caesarismus als Besieger der Freiheit. Vor der römischen Eroberung gab es unzählige »Geschichten«: Die Welt der Nachfolger Alexanders des Großen, in der der Stoizismus seine Verbreitung fand, war ein Mosaik aus verfeindeten Königreichen und immer zahlreicher werdenden Stadtstaaten, die, unabhängig oder autonom, Rivalen blieben oder jeder für sich einen überzogenen Lokalpatriotismus pflegten.[140] Es gab kaum einen Grund, über dieses Chaos zu philosophieren, außer um zu sagen, daß Geschichte ein Chaos sei.

Nach der römischen Eroberung änderte sich alles, als die »Freiheit«, das heißt die Oligarchie des Senats, sich dem Kaisertum beugen mußte; manche Senatoren, die sich auf den Stoizismus einließen, fragten sich, warum die Vorsehung nicht der richtigen Partei zum Sieg verholfen habe. »Die Götter haben die siegreiche Partei gewählt; der stoische Senator Cato hatte die besiegte Freiheit gewählt«, wird wenig später ein stoischer Dichter schreiben, der der Neffe Senecas war.

Zwei Erklärungen wurden vorgebracht: ein neues Austarieren der großen Kräfte durch die Vorsehung und das Fatum des kosmischen Alterns. Der jährliche Wechsel der Jahreszeiten entspricht einer Naturnotwendigkeit, auch wenn der Winter uns mißfällt. Denn was wir jetzt erleben, ist der große Winter des kosmischen Zyklus; zwar sträubt sich unsere eigene Natur dagegen, aber die Natur kann es nicht besser machen. Die Rivalitäten zwischen den Magnaten sowie die Bürgerkriege, aus denen die Kaiserherrschaft hervorgegangen ist, waren Symptome eines unvermeidlichen Alterns. In diesem Winter der Welt ist die Monarchie der Kaiser der Stock, der unserem Greisenalter zukommt. Seneca war überzeugter Monarchist.

Die andere Erklärung schloß sich an jene an, die Chrysipp für den Trojanischen Krieg gegeben hatte. Derselbe Seneca schrieb, daß eine Macht, die sich nicht zu beschränken weiß, unter der Last ihres eigenen Gewichts zusammenbricht und daß ein solcher Untergang der Vorsehung gemäß ist: »Was uns Unrecht zu tun scheint, dient der Erhaltung des Ganzen und erlaubt ihm, seine Aufgaben zu bewahren und zu sichern.«[141] Und im Hinblick auf seinen Neffen, den Dichter Lucan, setzt Seneca hinzu: »So wähle der Mensch denn alles, was der Gott gewählt hat.« Der Neffe war auch dieser Meinung – er, der unterstellt hatte, die Götter hätten die Bürgerkriege gewollt, um dem übermäßigen Wachstum der römischen Größe Einhalt zu gebieten und dadurch die Welt in ihrem Gleichgewicht zu erhalten.

Hatte nun Cato recht oder unrecht, als er die Freiheit wählte, während die Götter (was er nicht geahnt hatte) die andere Partei für besser erachtet hatten? Doch, er hatte recht; denn Vernunft und Wahrheit sind zweierlei.

7. Die Ereignisse, die großen wie die kleinen, scheinen nicht immer providentiell zu sein; viele sind die Frucht unserer Sünden, und andere, wie etwa die Bürgerkreige, waren gleichzeitig das schicksalhafte Gegenstück eines allgemeinen Gutes. An der Wirklichkeit der Vorsehung ist nicht zu zweifeln, und es gibt providentielle Ereignisse; aber welche? Wir können keines mit Gewißheit bestimmen; sogar eine Sünde wie die Bürgerkriege kann in den Plan des Ganzen eingehen, um etwas noch Schlimmeres zu verhüten. Aber das wissen nur die Götter, die im voraus das ganze Abspulen des Seiles überblicken, das sie geflochten haben. Cato war der Ansicht, daß der Caesarismus eine Sünde der Machtgier sei, und hat ihn bekämpft; er täuschte sich, und der Ausgang des Krieges hat ihm das nur allzu deutlich bewiesen; gleichwohl war und blieb Cato ein Weiser. Die providentielle Kausalität liegt nicht auf einer Ebene mit den menschlichen Akteuren; sie nimmt deren Entscheidungen und deren Fehler in ihren Gesamtplan mit hinein. Die Rationalität des Menschen ist

auf das beschränkt, was er kennt. Unwissend, wie wir in bezug auf die Zukunft sind, sagt die Abhandlung *Über die Wohltaten*, »haben wir die Pflicht, nach der Vernunft zu entscheiden und nicht nach der Wahrheit«, die allein der Gott kennt.[142]

Fazit: Wir müssen handeln, aber dabei »eine Ausnahme formulieren«, »einen Vorbehalt machen«: Das ist eine der großen stoischen Maximen. Sie ist leicht anzuwenden; man muß nur, wenn man irgend etwas unternimmt, sagen: »Wenn es wenigstens der Gott gutheißt«, *si dis placet*. Ist man Kandidat für ein Magistratsamt? Dann wird man sich sagen: »Ich will gewählt werden; aber nur, wenn das Schicksal es zuläßt.« Täuschen wir uns nicht über den Sinn dieser verbalen Vorsichtsmaßnahme! Weder versucht sie, das Unheil durch Beschwörung zu bannen, noch ist sie eine Formel der frommen Unterwerfung unter den Willen Gottes. Vielmehr bekundet sie die Vollkommenheit einer philosophisch ganz hellsichtigen Seele und erlaubt der Seele darüber hinaus, sich ein für allemal in die Hinnahme des Scheiterns und der Entscheidung des Schicksals einzuüben.[143]

Unterliegen wie Cato oder Schiffbruch erleiden wie so mancher treffliche Steuermann, der in einen Orkan geriet: Das ist gleichsam nur ein technischer Störfall.[144] Das Wichtige für jeden Menschen ist, daß es ihm gelingt, ein Weiser zu werden, und dazu bedarf es keiner technischen Erfolge: Es genügt, eine klare philosophische Anschauung von dem Zusammenhang zwischen menschlicher und providentieller Vernunft zu haben und gelassen hinnehmen zu können, daß die Vorsehung, die weiter sieht als wir, ihre Rationalität an die Stelle der unseren setzt. Nur war dies alles nicht so sehr evident als vielmehr paradox. Daß ein Christ demütig sagt: »Wenn es Gott gefällt«, hat nichts Überraschendes: man mißt sich nicht mit einem unendlichen Wesen. Der Weise aber ist, wiewohl sterblich, dem Gott ebenbürtig, und der Gott hat keine andere Vernunft als der Mensch. Daher mußte – mochte es auch Konsequenzen von unabsehbarer Tragweite haben – jede vernunftgemäße Handlung von Erfolg gekrönt sein; denn der Weise ist »in den Sinn der Vorsehung« gestellt, wenn ich so sagen darf! Wenn man »in den Sinn der Geschichte« gestellt ist, ist man sicher, die Zukunft auf seiner Seite zu haben. Die Stoiker aber sind sich dessen keineswegs sicher, und wir haben auch gesehen, warum: Der Mensch hat zwar dieselbe Vernunft wie der Gott, überblickt aber nicht wie dieser den gesamten Ablauf der Zeiten.

8. Es gibt bei Seneca viel Sensibilität für die Geschichte, oder viel-

mehr für die Politik – eine Sensibilität voller angespannter Bitterkeit. Wir erleben den Niedergang eines kosmischen Zyklus, wo die Natur auf dem Welttheater nur noch Akteure auftreten läßt, die alt und verbraucht sind oder ihre wahre Rolle nicht lernen wollen; wir sind zu alt für die Freiheit. Und es wird zu irgendeinem Zeitpunkt der Pegel der Übel den der Tugend übersteigen; die Zukunft ist ein Meer der Düsternis, das uns bis zur Kehle steigt. Man muß versuchen, den Kopf über Wasser zu halten, nicht zu verzweifeln, sich mit dieser zeitlosen traurigen Wirklichkeit abzufinden. Und nicht den Verfall zu bejammern.

9. Endlich gibt es bei Seneca einen Gedanken, den man nicht erwartet hätte: die Idee der Distanz zwischen Mittel und Zweck. Die Vorsehung läßt, wie wir gesehen haben, ihre ganze Vortrefflichkeit nicht in jedem einzelnen Augenblick walten, wie es ein rechthaberischer und verantwortungsloser Geist täte, der ausriefe: »Eher mag die Welt zugrunde gehen als ein Prinzip!« Sie läßt den Faktor Zeit in ihre Überlegungen eingehen und nutzt gegenwärtige Übel (den Trojanischen Krieg) als Mittel zu einem künftigen Zweck, der gut sein wird. Hier ist der Stoizismus keine Philosophie des Augenblicks mehr! Was der Gott dort tut, sind die Menschen ermächtigt, hier nachzuahmen, und Seneca kann ohne Zögern schreiben[145]: »Der Weise tut sogar Dinge, die er nicht billigt, um größeren Gütern den Weg zu ebnen; nicht verloren geben wird er die gute Sitte, sondern dulden, daß sie der Zeit sich anbequemt; doch nicht wird er, wie so viele andere, eigenem Ruhm und eigener Lust solches dienen lassen: er wird es tun, um seine Zwecke zu erreichen. Der Weise wird sogar tun, was die Wollüstigen tun, was die Nichtswisser tun, aber nicht auf ihre Art und nicht in ihrem Sinn.« Ein ganzes Buch ersetzen diese erstaunlichen Zeilen, geschrieben vom Lehrer und Freund Neros, dieses wollüstigen und unerfahrenen Princeps, der ein oder bald zwei Jahrfünfte lang zu den größten Hoffnungen berechtigte.

Ein Monarchist wird seinem Fürsten so lange treu sein, wie es ihm nur möglich ist; nicht weniger treu wird er dem monarchischen Prinzip sein, er wird sogar, aus Rücksicht auf die legitime Dynastie, einen schlechten Princeps stützen. Seneca unterstellt der Vorsehung dieselbe Treue; auf einer bestürzenden Seite der Abhandlung *Über die Wohltaten* fragt er sich, wie die Vorsehung es hat zulassen können, daß das Ungeheuer Caligula den Thron bestieg, und kommt zu folgender Vermutung: Die Vorsehung hatte vielleicht eine Schuld gegen seine Dynastie zu begleichen; sie hatte die Pflicht, die ausnehmenden Tugenden von Caligulas Vater in seinem Sohn zu begleichen. Der Vater war der Prinz Germanicus gewesen, der zur Verzweiflung aller Bewohner des Reiches gestorben war, bevor er die Macht antreten konnte.

Und Nero? Nero war durch seine Mutter Agrippina der Enkel des Germanicus.

Anmerkungen

1 Zenon von Kition (Zypern), nicht Zenon von Elea.

2 Über die Sicherheit bei Seneca: I. Hadot, *Seelenleitung*, S. 126–135; R. J. Newman, *Theory and Practice of the meditatio in Imperial Stoicism*, in *Aufstieg und Niedergang der römischen Welt* XXXVII, 3, S. 1495: »dieser Zustand der Sicherheit, den Seneca mit Tugend und Weisheit gleichsetzt.«

3 Herodot, *Historien*, I, 30. Zitieren wir auch Xenophon, *Agesilaos*, 22: »Agesilaos war überzeugt, daß jene, die ein Leben im Wohlstand führen, noch nicht glücklich seien, sondern daß die wahre Glückseligkeit jenen gehöre, die ruhmreich tot sind.«

4 Platon, *Gesetze*, 840c, 661d, 733a, 662a.

5 M. Windelband, *Einführung in die Philosophie*, Berlin 1914, S. 265–267.

6 Der Natur folgen heißt, sich den natürlichen Bedürfnissen und Funktionen anpassen; man soll essen, um am Leben zu bleiben, und nicht aus Lust an der Feinschmeckerei; man soll den Geschlechtsverkehr ausüben, um Kinder zu bekommen. Was übrigens dieses letztere Thema betrifft, so müssen wir dem neugierigen Leser mitteilen, daß er enttäuscht sein wird: Seneca spricht sehr wenig von der Liebe, und diese »stoische Askese«, wie man sie nennen könnte, war keineswegs belastet von Sünden des Fleisches. Das Altertum ist die Zeit der »Liebesfreuden« (*aphrodisia*) gewesen, nicht die Zeit des christlichen »Fleisches«, dieser fintenreichsten und hartnäckigsten aller Versuchungen. Auch war es nicht die Zeit der modernen »Sexualität« als des unzerbrechlichen Kerns der Nacht, der durch seine Irrationalität ängstigt. Demgegenüber sind die »Liebesfreuden« etwas Einfaches wie der Appetit und können sich selbst leiten.

7 Sexus Empiricus, *Gegen die Dogmatiker*, V, 149; *Grundzüge der pyrrhonischen Philosophie*, I, 29; II, 237; V, 156.

8 Der Gedanke, daß die Natur dem Menschen wohl will und für ihn gemacht ist, hielt sich lange; noch für Voltaire war das furchtbare Erdbeben von Lissabon ein metaphysisches Skandalon. In den zwanziger Jahren des 19. Jahrhunderts wurde er völlig umgekehrt: In Shelleys *Triumph of Life*, in Leopardis *Zibaldone* und bei Schopenhauer erscheint die Natur als furchtbare Gewalt, gleichgültig gegen den Menschen, als Mörderin und Ursache alles Leidens.

9 Cicero, *Academica priora*, 38, 120; Porphyrios, *De abstinentia*, III, 20.

10 Leopardi, *Zibaldone*, 4229 und 4525.

11 Jean Piaget, *La représentation du monde chez l'enfant*, S. 192 und 302.

12 H. von Arnim, *Stoicorum veterum fragmenta*, Bd. III, Nr. 188 und 514.

13 Plotin, *Enneaden*, I, 4, 7.

14 Seneca und die anderen stoischen Philosophen sind in diesem Punkt recht unklar und geben ihren Kommentatoren manche Rätsel auf; der interessierte Leser studiere E. Bréhier, *Chrysippe*, S. 247f.; I. Hadot, *Seneca und die Seelenleitung*, S. 134, 150, 183 und 132, Anm. 41, und S. 91f.; J. M. Rist in *Aufstieg und Niedergang*, Bd. XXXVII, Teil 3, S. 2000; Brad Inwood, *Ethics and Human Action in Early Stoicism*, S. 175–181 und 272, Anm. 193.

15 Arnim, *Stoicorum fragmenta*, Bd. II, Nr. 278; Bd. III, Nr. 473 und 548.

16 Wir greifen hier eine Anregung J. M. Rists in seiner *Stoic Philosophy*, S. 88, auf.

17 *An Lucilius*, 82, 5–6.

18 Der zentrale Text ist der 120. Brief an Lucilius (§ 4 ff.), wo Seneca das griechische Wort *analogia* gebraucht; dieser Text fehlt bedauerlicherweise in den *Stoicorum fragmenta*, wo er seinen Platz in Bd. II, Nr. 229–236, hätte.

19 Das nennt man *katechesis* oder *divulgatio famae* (*Stoicorum fragmenta*, Bd. III, Nr. 229). Hierauf bezieht sich diese Skizze einer soziologischen Analyse.

20 Ein Vergleich zwischen Seneca, Brief 115, 11, wo von »zarten Seelen« die Rede ist, und Cicero, *De legibus*, I, 47, der von »zarten, unwissenden Kindern« spricht, läßt vermuten, daß das implizite Argument auf die Gründer der Stoa zurückgeht.

21 Das ist der sehr einfache Sinn der Worte »es genügt, es zu wollen«; kein vernünftiger Leser wird hierüber gestolpert sein, doch hat Pohlenz gemeint, hier irgendeinen »sehr römischen« Voluntarismus bei Seneca sehen zu müssen; freilich bringt Pohlenz allerhand Phrasen über die Nationalcharaktere, den »römischen Genius« Senecas oder den »semitischen Charakter« Zenons von Kition; siehe Rist, *Stoic Philosophy*, S. 224. Sein Pech ist nur, daß Zenon lediglich Sokrates fortsetzte und daß Seneca ein getreuer Schüler Zenons ist. Man macht sich eine sehr falsche Vorstellung vom »römischen« Reich, wenn man übersieht, daß seine Kultur griechisch war.

22 »Ita fac, mi Lucili, uindica te tibi«; Rosenbach übersetzt: »So handle, mein Lucilius: nimm dich für dich selbst in Anspruch.« [A. d. Ü.]

23 Wir sind hier wieder bei dem Problem, von dem wir S. 78, Anm. 14, gesprochen haben. Wie Rist sagt, führt Seneca statt der »psychosomatischen« Konzeption des Chrysipp (für die Zeitgenossen waren Urteil und Leib die beiden Aspekte ein und desselben Vorgangs) eine mehr »aristotelische« Beschreibung ein: Der Vorgang verteilt sich über die Zeit, indem auf einen ersten Impuls eine Bewegung des Einhaltens folgt. In den abstrakteren Teilen seiner Lehre (Ontologie, Logik) ist Seneca ein bemühter Amateur, der nicht die Virtuosität des Profis hat; den Nutzen davon hat die Psychologie. Siehe J. M. Rist in *Aufstieg und Niedergang*, Bd. XXXVII, Teil 3, S. 2000.

24 Brad Inwood, *Ethics and Human Action in Early Stoicism*, S. 190.

25 *Stoicorum fragmenta*, Bd. III, S. 278 und 510.

26 Lukian, *Hermotimos*, 4–7.

27 I. Hadot, *Seneca und die Seelenleitung*, S. 156f.; Seneca, *Über die Standhaftigkeit des Weisen* XIV, 1; *Trostschrift an die Mutter Helvia*, XVI–XVII; *Trostschrift an Marcia*, I und XVI.

28 *Stoicorum fragmenta*, III, Nr. 657, 662, 658, 668.

29 Columella XI, 1, 11.

30 Diogenes von Seleukia (»der Babylonier«) in *Stoicorum fragmenta*, Bd. III, S. 216, Nr. 32.

31 Siehe auch *Stoicorum fragmenta*, III, Nr. 539.

32 Musonius, Fragment XVII Hense.

33 Tatsächlich mag das genannte Paradoxon einen anderen Sinn gehabt haben als den, an welchen Seneca denkt; es besagte vielleicht, daß jedes einzelne Laster alle anderen mit ins Spiel brachte, so wie der Besitz – der unveräußerliche Besitz – einer einzigen Tugend bedeutete, sie alle zu besitzen, weil jede von ihnen das Bewähren der drei anderen in sich schloß (*Stoicorum fragmenta*, III, Nr. 255, 275, 280); man kann nicht »mutig« sein, ohne »Klugheit« oder Unterscheidungsvermögen zu besitzen (um zu wissen, daß und wann der Mut eine Tugend ist), »Mäßigung« zu beweisen (die zwischen Mut und Tollkühnheit unterscheidet) und »Gerechtigkeit« zu üben (um zu wissen, gegen wen oder was es gilt, mutig zu sein). In diesem Sinne hat alle Laster, wer ein Laster hat; der Gottlose läßt es an Gerechtigkeit gegen die Götter fehlen (*Stoicorum fragmenta*, III, Nr. 660), die Tugend der Gerechtigkeit aber impliziert auch die anderen Tugenden, so daß Gottlosigkeit bedeutet, sämtlicher Tugenden zu ermangeln. Ebenso lebt der Narr in Unkenntnis von allem (III, Nr. 657–658). Am Ende steht also immer ein »Alles oder nichts«.

34 Wäre es anders, hätte Kant von etwas gesprochen, was es in Wirklichkeit nicht gibt: Er hätte einen frommen Wunsch artikuliert, eine Traumwelt beschrieben, eine moralisierende Predigt gehalten. In der Tat floriert unter dem Namen »Philosophie« ein abgeschmacktes literarisches Genre, das die Wirklichkeit mit dem verwechselt, was zu glauben der Menschheit frommen würde; man hält die Philosophie häufig für eine Art von Froher Botschaft mit dem Auftrag, »den Menschen von heute zu verkünden, was nottut«, und ihnen zu predigen, was sie tun müssen, um glauben zu können.

35 Pierre Hadot, *Exercices spirituels et philosophie antique*, 2. Aufl., S. 19.

36 Panaitios, Fragment 116 van Straaten.

37 *Stoicorum fragmenta*, III, Nr. 501.

38 Griechisch *meleté*, lateinisch *meditatio*.

39 Dieses vorgreifende Bedenken des Übels geht auf Chrysipp zurück (*Stoicorum fragmenta*, III, 482).

40 Cicero, *Tusculanae disputationes*, IV, 5, 9.

41 *Briefe an Lucilius*, 76, 4.

42 Seneca, *Briefe an Lucilius*, 56, 6; vgl. auch 100, 8; *Stoicorum fragmenta*, III, 111: »eine wohlgeregelte Spannung«, *eutaktos hesychia*.

43 Dieser Gedanke ist in der Phänomenologie gang und gäbe geworden; ihr zufolge ist das Gemüt eine Form der Intentionalität. Aber schon G. Simmel hatte ihn seiner Philosophie der Liebe zugrunde gelegt: »In Wirklichkeit aber ist der zunächst objektiv Angeschaute ein ganz anderer als der, den wir lieben.« (»Philosophie der Landschaft«, in: Georg Simmel, *Brücke und Tor*, Stuttgart 1957, S. 150) Dieselbe Überlegung im Hinblick auf den Tod findet sich bei René Char:

»Der Tod im Leben: das ist unvereinbar, das ist empörend; der Tod mit dem Tode: das ist nachvollziehbar, das ist nichts, ein furchtsamer Leib, der ohne Zittern dahinsiecht.« (*Retour amont*, Pléiade, S. 435). Anders ausgedrückt: Den Tod als schreckenerregend oder eine Frau als begehrenswert ansehen und dann eine objektivere (kataleptischere) Sichtweise einnehmen, bedeutet nicht, angesichts ein und desselben Objekts vom Irrtum zur Wahrheit überzugehen; es bedeutet vielmehr, in zwei verschiedene Richtungen zu blicken und infolgedessen am Ende des Fernglases jeweils etwas anderes zu sehen; diese Richtungsänderung ist nicht eine Berichtigung des Urteils, sondern eine Änderung der Einstellung: von der Liebe zur Indifferenz, oder vom Tod als der je-meinigen Zukunft zum Tod als einem Gegenstand abstrakter Spekulation, die den Leib nicht berührt.

44 G. W. F. Hegel, *Phänomenologie des Geistes*, Hamburg 1952, S. 154.

45 *Briefe an Lucilius*, 92, 11.

46 *Stoicorum fragmenta*, Bd. I, Nr. 246, und Bd. IX, Sachwortregister unter *asteîos;* Bd. III, Nr. 514: Der Weise wäscht sich und parfümiert sich (das heißt, er geht ins Bad: das römische Schwitzbad war ein altehrwürdiger Brauch).

47 Zum folgenden vgl. *Stoicorum fragmenta*, Bd. III, S. 768.

48 Derselbe Einwand gilt in bezug auf den Reichtum: Warum erträgt der Weise nicht stoisch seine Armut? Warum nimmt er die Geschenke des Königs entgegen? Chrysipp kannte diesen Einwand nicht (Diogenes Laertios, VII, 189).

49 Zur Ideengeschichte dieser Vorstellung von der Stufenleiter des Seins siehe Arthur O. Lovejoy, *The Great Chain of Being: A Study of the History of an Idea*, Harvard 1964.

50 Der Architekt Vitruv empfiehlt seinen Kollegen, auch ein wenig Philosophie zu treiben, damit sie nicht allzu unbescheidene Honorare fordern; Seneca selbst schreibt (*Über die Seelenruhe*, XI, 2), daß ein »gewissenhafter und integrer Mann [*religiosus homo sanctusque*] zu bewahren pflegt, was man ihm anvertraut«. In der Tat bediente man sich der Tempel und ihrer Sakristane als Depositenkassen.

51 Der Vergleich mit der Wirtschaft ist durchaus ernst gemeint; man vergleiche das Wort »Wert« (*axia*) in den *Stoicorum fragmenta*, Bd. III, S. 124f., und den Kommentar M. Forschners: »Das Gute und die Güter«, in *Entretien sur l'antiquité classique* (Fondation Hardt), XXXII, 1985.

52 Cicero, *Tusculanae disputationes*, V, 84.

53 *Stoicorum fragmenta*, III, 494, 496, 501; vgl. I, S. 83, Nr. 361.

54 An dieser Stelle ist ein philosophiegeschichtlicher Exkurs angebracht, da der interessierte Leser Gefahr läuft, in älteren Büchern eine irrige Version der Funktionen und des rechten Handelns anzutreffen. Rekapitulieren wir: Jedes lebendige Wesen hat Aufgaben, Funktionen und Pflichten (auf griechisch *kathêkonta*) zu erfüllen. Immer, wenn eines dieser Wesen eine dieser Pflichten korrekt erfüllt, vollzieht er eine korrekte Handlung, eine »rechte Handlung« (*katorthôma*). Soweit ist alles klar: auf der einen Seite die Dinge, die getan werden müssen, auf der anderen Seite die mehr oder weniger korrekten Vollzüge der zu erfüllenden Pflichten; bei Seneca findet man diesen Sachverhalt allenthalben, und man findet nichts, was darüber hinausgeht. Doch war in der ersten Hälfte des 20. Jahrhun-

derts lange Zeit eine Theorie im Schwange, die dies alles auf den Kopf stellte: Man hat behauptet, die Funktionen oder *kathêkonta* seien mittlere Pflichten gewesen, zugänglich auch der großen Mehrheit der einfachen Menschen, während die *katorthômata* Pflichten von größerer Strenge und Vollkommenheit waren, die den nach Weisheit Strebenden vorbehalten blieben. Der Stoizismus hätte demnach zwei Moralen gehabt: die Elite-Moral der *katorthômata* und die mittlere Moral der *kathêkonta*. Diese Theorie kam übrigens auf deutschen Universitäten dem Wunsch bestimmter Professoren entgegen, der Masse ihrer Studenten eine anspruchslose, zuverlässige, ein wenig konformistische Moral mit auf den Weg zu geben und dem Stoizismus den Charakter einer aristokratischen Moral zu nehmen. Diese Theorie ist trotzdem in zweifacher Hinsicht falsch. Erstens ist ein *katorthôma* keine zu erfüllende Pflicht (ob elitär oder nicht), sondern eine der unzähligen Handlungen, mit denen diese Pflicht korrekt erfüllt worden ist. Zweitens ist das *kathêkon*, die Pflicht, selbst für alle Menschen verbindlich, ob diese nun einfache Leute oder nach Weisheit Strebende sind; es gibt nur eine Moral. Es ist einfach so, daß die meisten Leute ihre Pflichten schlecht erfüllen oder es versäumen, sie zu erfüllen, was offensichtlich ein Fehler (*hamartêma*), aber kein rechtes Handeln ist (*Stoicorum fragmenta*, III, 500). Man kann also sagen, daß jede Pflicht der Stoff (*hylè*, III, 491) zu rechtem Handeln ist; die Pflicht ist ein Material, an welchem man, gut oder schlecht, die entsprechenden Handlungen vollzieht. Daraus folgt, daß die Pflichten »mittlere«, wertneutrale Güter sind: Ihr Material erlaubt eine eindeutig gute Handlung, wenn diese Handlung recht ist. Es kommt sogar vor (III, 559), daß ein Törichter eine Pflicht rein zufällig korrekt erfüllt, so wie ein ungeübter Bogenschütze, der aus reinem Zufall ins Schwarze trifft.

55 *Stoicorum fragmenta*, III, 500.

56 III, 510.

57 Vgl. *Stoicorum fragmenta*, III, 513. Für Kant dagegen muß man ein anvertrautes Gut immer zurückerstatten; denn würde man die Praxis der Nichtrückerstattung verallgemeinern, so vernichtete man damit die Idee des anvertrauten Gutes selbst.

58 Cicero, *De officiis*, III, 90.

59 *Stoicorum fragmenta*, III, 499; vgl. Brad Inwood, S. 204.

60 *Stoicorum fragmenta*, III, 491, Seneca spricht oft von *materia*: »Stoff«, »Anlaß«.

61 *Stoicorum fragmenta*, III, 672, eine wichtige Stelle zu dem Wort »mittlere Vorteile« (*mesa*), das eine entscheidende Rolle in der Diskussion über die *kathêkonta* als den Pflichten einer vermeintlichen mittleren Weisheit spielt; vgl. unsere Anmerkung 54, S. 201. Zu den »mittleren« Gütern vgl. *Stoicorum fragmenta*, III, 165.

62 *Stoicorum fragmenta*, III; zu *tous arithmous* im Sinne von »die Summe der Tugenden« siehe Bd. IV, Register, unter *arithmos*. Die lateinische Übersetzung findet sich bei Seneca wieder: *Briefe an Lucilius*, 71, 16 (*habet numeros suos*); anscheinend handelte es sich um einen Fachausdruck aus der Musik: »die Fülle der Harmonie« (A. A. Long und D. N. Sedley, *The Hellenistic Philosophers*, Cambridge 1987, Bd. II, S. 361).

63 Der wissenschaftliche Grund dafür, nicht zu stehlen, ist der, daß man aus Habsucht stiehlt, daß Habsucht eine Leidenschaft ist und daß jede Leidenschaft (auch wenn sie das Ziel ihrer Wünsche erreicht) unglücklich macht, weil sie – leidenschaftlich ist, weil sie die Seele stört und weil das wahre Glück die Seelenruhe ist. Der wissenschaftliche Grund dafür, nicht zu töten, ist der, daß die Natur das Überleben der menschlichen Gattung will und daß man nur glücklich sein kann, wenn man alle Dinge aus dem Blickwinkel der Natur, Gottes und des Kosmos ansieht. Andernfalls wird man sich darüber empören, bei einem Sturm oder Erdbeben zu sterben, anstatt sich zu sagen, daß die Natur nicht anders handeln konnte.

64 H. Reiner, »Der Streit um die stoische Ethik«, in *Zeitschrift für philosophische Forschung*, XX (1967), S. 261.

65 Seneca, *Briefe an Lucilius*, 75, 9, zu vergleichen mit *Stoicorum fragmenta* III, 539 Ende; siehe auch Brief 71, 4.

66 Plotin, I, 4, 10.

67 Aulus Gellius, XIX, 1.

68 Zum folgenden vgl. *Stoicorum fragmenta*, III, 439 und 574; Epiktet, Fragment 180 Schweighäuser (bei Aulus Gellius, XIX, 1).

69 Man hat den Eindruck, daß diese allzu elliptischen lateinischen Wörter einen griechischen Fachausdruck nachahmen, ich denke mir *ta exôthen dyschrêstêmata*.

70 Zitiert von Plutarch: »Widersprüche der Stoiker«, 26 (*Moralia*, 10 D) und »Allgemeinbegriffe«, 8, (1062 A). Zur Analyse der Urteilsakte, des Spannungsverlustes und der Voraffekte siehe E. Bréhier, *Chrysippe*, S. 247–254. Wenn wir dem Geiz nachgeben, was ist zuerst da: der Voraffekt der Begehrlichkeit oder das Schwächerwerden der Spannung? Weder das eine noch das andere, sondern die Gewohnheit, das »Laster«: Man gibt dem Geiz nach, weil man geizig *ist* (das ist der *habitus*), aber man ist es geworden, weil bestimmte Fehlurteile über die Gewinnsucht sich in der Seele festgesetzt und zu einer Gewohnheit, einer Krankheit, einem Laster verwandelt haben, was einen definitiven Spannungsverlust nach sich zieht (außer nach langer Entwöhnung vom Laster).

71 I. Hadot, *Seelenleitung*, S. 133 ff. und 183.

72 I. Hadot, *Seelenleitung*, S. 94.

73 Leider berichtete ein französischer Widerstandskämpfer aus der Zeit der Résistance (1941/44): »Auf der Folter haben manche geredet, die gar nicht wußten, daß sie geredet hatten.«

74 *Briefe an Lucilius*, 6, 1–3; zu dieser Verwandlung siehe auch *Stoicorum fragmenta*, III, 459; das Ereignis ist neu, »plötzlich«, als Seneca diesen Brief schreibt; es ist eine unerwartete Freude: Seneca ist dem Hafen nahe, alles wird leicht.

75 Man hat diesen Gedanken der Verwandlung auf den unvermeidlichen Poseidonios zurückführen wollen (E. Bickel in *Rheinisches Museum*, Bd. 100 [1957], S. 98); aber Seneca selbst nennt ja seine Quelle: Ariston! Der Gedanke einer Veränderung der Form entspricht im übrigen stoischer Physik und Ontologie.

76 In der Abhandlung *Über die Seelenruhe*, die diesem Brief 87 zeitlich vorangeht, gibt es eine ganz ähnliche Anekdote: Man empfindet Erschütterung, Ekel, das

Gefühl, nichts erreicht zu haben, wenn man darauf verzichtet hat, sich mit großem Gefolge in Rom zu zeigen, und dann doch etwas wie Bedauern fühlt, wenn man auf das Gefolge eines großen Herrn trifft.

77 Der Mann von Wert ist der zur Vortrefflichkeit voranschreitende Mensch, wie Chrysipp ihn malt (*Stoicorum fragmenta*, III, 510): »Wer zum summum voranschreitet« (vgl. Brief 71, 28: *ad summa procedens*, oder 20, 6: *perduceris ad summum*), »erfüllt unfehlbar alle Aufgaben und versäumt keine. Doch ist sein Leben nicht glücklich zu nennen; die Glückseligkeit wird er erst besitzen, wenn die mittleren [aber nach Absicht und Seelenzustand nicht vollkommenen] Handlungen, die er begeht, zusätzlich die Festigkeit und den Zustand der *hexis* [oder *habitus*] besitzen und die ihnen zukommende Art der Verfestigung angenommen haben werden.«

78 Oder sogar eine moderne Haltung: »Erfahrung, so groß wie möglich, zu Bewußtsein transformieren« (Malraux). Vgl. Georg Simmel, *Einleitung in die Moralwissenschaft*, Frankfurt/Main 1989, Bd. I, S. 341 f.: »Allein mit dieser Konsequenz scheint der Eudämonismus einer zweifellos vorhandenen Empfindung gerade der edleren Geister zu widerstreiten. Ein reichbewegtes Leben, das jede Art und jeden Grad von Schmerz und Lust empfunden hat, dem nichts Menschliches, sei es in Höhen oder in Tiefen, fern geblieben ist, erregt uns die Vorstellung eines höheren objektiven Werthes als ein stabileres, das das mittlere Empfindungsniveau nie wesentlich überschritten hat.« – »Es liegt nahe, hier zu bemerken, dass ein solches Schicksal ein Gefühl von Bedeutsamkeit und Erweiterung der eigenen Persönlichkeit verschafft, welches für den, der es einmal gekostet, so werthvoll, so schwer entbehrlich ist, dass alle einzelnen Leiden, die seinen Preis bilden, dagegen nicht in's Gewicht fallen.« Ein goethischer, faustischer Gedanke.

79 I. Hadot, *Seelenleitung*, S. 119, Anm. 103. Seneca spricht oft vom Ruhm; man hat darin etwas »echt Römisches« gesehen. Dabei übersieht man, daß die Griechen keineswegs schlaffe Ästheten waren, sondern ein kriegerisches Volk und verliebt in den Ruhm, den Ehrgeiz, das Kräftemessen, den Wettkampf.

80 *Stoic Philosophy*, S. 231–255.

81 Wie es R. Hirzel macht: »Der Selbstmord«, in *Archiv für Religionswissenschaft* XI (1908).

82 Senecas dramatisches Schrifttum besteht nicht aus Thesenstücken; gleichwohl offenbart er darin eine bedrückende, absurde Vision der Welt und des Menschen, die man als rhetorisch, geschraubt, barock, expressionistisch eingestuft hat. Die Gegenstände verlieren darin ihre Zweckhaftigkeit, ihre Bedeutung für den Menschen, und haben nur noch eine lastende Schwere: Der menschliche Körper ist Fleisch, das zerlegt wird, wie bei Caravaggio. Diese Welt ist erfüllt von wuchtig niederdrückenden Realitäten, deren Bewegungen die oft ruchlose Logik ihrer Trägheit aufnehmen: Der Mord wird zur Fortsetzung einer Schwerfälligkeit. Der Blick fällt vom Himmel, ja von den Sternen auf die Erde, aber er hat nichts Ätherisches, im Gegenteil: Der Zusammenprall von astronomischen Größenordnungen und menschlichem Maßstab entmenschlicht diese unbewohnbare Erde. Die Gedanken kleben an sich selbst wie beim Sartreschen »en-soi«; es sind die Gedanken

eines Schizophrenen, eines Insekts, Gedanken, die in ihrer Dichte und Notwendigkeit undenkbar sind; Feindschaften haben die Beharrlichkeit eines Körpers. Vor dieser Welt ohne Gesicht hebt sich die immer neue Tapferkeit des Herkules ab; dieser Heros der Stoiker triumphiert über alles, was Erde, Himmel und Meer an »Schreckenerregendem, Unheilvollem, Verderblichem, Dunklem und Wildem« bergen. Er triumphiert darüber, aber nur zeitweilig, bis zu seinem freiwilligen Feuertod, dem einzigen wahren Triumph.

83 Simplicius in seinem Kommentar zu den *Kategorien* des Aristoteles (Stoicorum fragmenta, II, 456). Die betreffenden griechischen Wörter lauten *schêma* (Form) und *tasis* (Spannung).

84 Obsession, Ritualisierung, Überkompensation, Narzißmus, Abwehrmechanismus, politische Opposition, *contemptus mundi*, Pflichtgefühl, pantheistischer Eifer, Eskapismus, ethischer Konformismus, Masochismus...

85 Jean-Jacques Rousseau, *Bekenntnisse* (deutsch von Ernst Hardt), Frankfurt/Main 1985, S. 500.

86 Vgl. Nietzsche, *Werke in drei Bänden* (Hrsg. K. Schlechta), Bd. III, 1966 (»Aus dem Nachlaß der Achtzigerjahre«), S. 901: »Es ist zu zeigen, wie sehr alles Bewußte auf der Oberfläche bleibt: [...] die Unergründlichkeit jeder Handlung [...]«

87 Malebranche, *Recherche de la vérité*, Buch II, 3. Teil, Kap. 4.

88 E. Bréhier, *Chrysippe*, S. 198.

89 L. Wittgenstein, *Lectures and Conversations on Aesthetics Psychology and Religions Belief*, Oxford 1966.

90 J.-B. Pontalis, *Après Freud*, S. 266: In den messianischen Erwartungen kommt es nicht auf das künftige Erscheinen des Messias, sondern auf das gegenwärtige Gefühl der Hoffnung an, und dieses Wesentliche hat nur Bestand, wenn der Messias immer erst noch geboren werden muß. Übrigens wird diese Hoffnung alle Enttäuschungen überleben. Eine Sekte in den USA erwartete das Weltende und die Errettung der Gerechten für einen bestimmten, nicht mehr fernen Tag; sie hatte Vorbereitungen getroffen und einen Trinkwasservorrat in Panzerschränken angelegt. Als der ominöse Abend kam, versammelte sich die Sekte und wartete. Nichts geschah. Die Herzen der Gläubigen irritierte das kaum; man fand eine Erklärung für diese Enttäuschung, und die Sekte blühte und gedieh weiter.

91 Wer so spricht, kann durchaus kein Platoniker sein: Bei Platon darf der Mensch aus Gehorsam gegen die Götter nicht durch Selbstmord seinen Posten verlassen.

92 *Briefe an Lucilius*, 102, 21.

93 Über die Meinung Senecas zur Unsterblichkeit der Seele siehe R. Hoven, *Stoïcisme et stoïciens face au problème de l'au-delà*, Lüttich und Paris 1971. Ich bin nach wie vor der Ansicht, daß der gewandte und einfühlsame Brief 102 mit einem Zweifel und einer Verschiebung des Problems schließt: Seneca wollte einfach seinem Schüler den schönen Traum mit einer Nutzanweisung weitergeben und ihm auch zeigen, daß es auf die Größe der Seele und nicht auf ihre Unsterblichkeit ankommt.

94 *Naturales quaestiones*, VI, 2, gegen Ende.

95 *Briefe an Lucilius*, 53, 1–4.
96 *Über die Muße*, IV.
97 I. Hadot, *Seelenleitung*, S. 56, Anm. 94, rückt eine Stelle bei Seneca – *Über die Wohltaten*, VII, 1, 6 – neben Epikurs vierfache Arznei, S. 69, 17 Usener. Siehe ferner *Briefe an Lucilius* 75, 17.
98 Selbst das platonische Gute ist nicht das moralische Gute, der Wert, wie heute noch manchmal gesagt wird; eine solche Interpretation führt, Heidegger zufolge, aus dem griechischen Denken heraus (Heidegger, *Platons Lehre von der Wahrheit*, Bern 1947, S. 36 ff.).
99 M. Pohlenz, *Die Stoa. Geschichte einer geistigen Bewegung*, Bd. I, S. 134.
100 *Stoicorum fragmenta*, III, 228, 264 Ende (der Instinkt ist von Natur aus recht; daraus kann man schließen, daß er durch Erziehung, bei der ursprünglichen Verkehrtheit des Menschen, irregeleitet werden kann); III, 311, 342–343; II, 1152; Cicero, *De officiis*, I, 22; Seneca, *Briefe an Lucilius*, 97, 15–16 und 108, 8 (ein wichtiger Text: Es ist die einzige Stelle, wo Seneca von den »Keimzellen« spricht). Der Gott wacht über das Heil der Gattung. Cicero, *De natura deorum*, II, 164.
101 *Stoicorum fragmenta*, III, 689; Epiktet, II, 4–8; vgl. *Stoicorum fragmenta*, III, 729 und I, 244.
102 *Stoicorum fragmenta*, III, 611; vgl. I, 271; III, 494, 690, 694 ff.
103 *Stoicorum fragmenta*, III, 314–326; 495.
104 J. M. Rist in *The Stoics* (Hrsg. J. M. Rist), University of California, S. 263.
105 *Stoicorum fragmenta*, I, Nr. 263.
106 E. Bréhier, *Chrysippe et l'Ancien Stoïcisme*, S. 219.
107 Victor Goldschmidt, *La doctrine d'Epicure et le droit.*
108 Es ist unmöglich, in zehn Zeilen eine Diskussion zusammenzufassen, die ganze Bände füllen würde; man kann lediglich die allgemeine Linie bezeichnen, und auch die ist eher falsch als allgemein. Sobald eine Diskussion die Züge einer »Generaldebatte« angenommen hat, kann man von vornherein sicher sein, daß sie die Realität verfehlt. Verabreichen wir wenigstens das Gegengift! Senecas 109. Brief, über die Freundschaft, ist nicht weit entfernt von Aristoteles, nach welchem der Gott »keiner Freunde bedurfte. Doch für den Menschen die schlimmste Weise, dem Gott nachzueifern, wäre es, sich der Freunde zu enthalten. Die wahre Art ist es, Freunde zu haben, die durch ihre Kommunikation seine Endlichkeit aufwiegen.« (P. Aubenque, *Le problème de l'être chez Aristote*, S. 501, Anm. 1.)
109 J. M. Rist in *The Stoics*, S. 265.
110 Über die Seelengröße siehe U. Knoche, *Magnitudo animi, ein römischer Wertgedanke*, 1935, und vor allem R. A. Gauthier, *Magnanimité, l'idéal de la grandeur dans la philosophie païenne et la théologie chrétienne*, 1951; P. Hadot, *Exercices spirituels et philosophie antique*, S. 126 ff.; Hadot, *Seelenleitung*, S. 128. Eine der schönsten Stellen beim hl. Thomas von Aquin ist ein transzendenter Lobgesang, den er auf die Seelengröße anstimmt (*Summa theologica*, Secunda secundae, qu. 129, art. 3, diff. 5).
111 »Übrigens ist das Problem der Freiheit ein modernes; die Stoiker haben es sich

nicht gestellt« (J. J. Duhot, *La conception stoïcienne de la causalité*, S. 246); die Freiheit ist etwas intuitiv Gewisses und versteht sich von selbst.

112 Zur Tugend der Menschlichkeit vgl. P. Veyne in *L'homme romain* (Hrsg. A. Giardina), Editions du Seuil 1991.

113 *Stoicorum fragmenta*, III, 351; über die körperliche Arbeit freier Männer III, 357. Siehe auch die vorige Anmerkung und unseren Beitrag in der Zeitschrift *Latomus*, 1989, S. 571.

114 Kolosser 3, 22 (Übersetzung: Leander van Eß).

115 Seneca, *Über die Wohltaten*, III, 20–21.

116 *Stoicorum fragmenta*, III, 352; zu den Verträgen I, 375.

117 In diesen Begriffen formuliert Seneca das Problem und mit ihm das gesamte Altertum. Der Arzt und Philosoph Galen spricht mit diesen Worten über einen seiner Erzieher, der auf das Philosophieren hatte verzichten müssen: »Er hatte dazu nicht mehr die Muße, weil seine Mitbürger ihn mehr oder weniger gezwungen hatten, ein öffentliches Amt in seiner Vaterstadt zu übernehmen; sahen sie in ihm doch einen gerechten, unbestechlichen, freundlichen und zugänglichen Mann.« (*Opera*, Bd. 5, S. 41 Kühn.)

118 *Stoicorum fragmenta*, I, 208 und 222.

119 J.-L. Ferrary in den *Mélanges de l'Ecole française de Rome*, 1974, S. 763. – Wenn man sich über die politischen Vorstellungen eines antiken Schriftstellers unterrichten will, ist es schwierig, ihm die Fragen zu stellen, die wirklich die seinen waren; man ist versucht, ihm Fragen zu stellen, die entweder die unseren sind (»Ist Juvenal ein Linker oder ein Rechter?«) oder zu weit greifen (»Waren die Stoiker für oder gegen den römischen Imperialismus?«). Wenn etwa der Stoiker Poseidonios heftig gegen den »Demagogen« wettert, der 87 v. u. Z. Athen von der römischen Vorherrschaft zu befreien suchte, so verabscheut er in dieser »Demagogie« die innere und äußere »Zuchtlosigkeit«: Er vermag über seinen Moralismus nicht hinauszusehen. Und wenn die Stoiker (im Umkreis des Kleomenes oder der Gracchen) die Umverteilung des Bodens zu Lasten der Großgrundbesitzer fordern, dann agieren sie nicht als »Revolutionäre«, sondern eher aus dem Geist der Tugend, des Bürgersinns und des Spartanertums: Was sie wollen, ist die Rückkehr zum alten Schlichten.

120 *Briefe an Lucilius*, 96, 30–31.

121 Papyrus eines anonymen Kommentars zum *Theaitet*, zitiert in Long und Sedley, *The Hellenistic Philosophers*, Bd. I, S. 350, und Bd. II, S. 348.

122 Herbert Grassl, *Sozialökonomische Vorstellungen in der kaiserzeitlichen griechischen Literatur*, Wiesbaden 1982.

123 K. H. Schwarte, »Salus Augusti publica«, in *Bonner Festgabe für Johannes Straub*, Bonn 1977, S. 229.

124 Olof Gigon in *Entretiens sur l'antiquité classique*, Fondation Hardt, XXXII (1985). Über diesen Poseidonios ist viel diskutiert worden; dem, was Pohlenz über ihn gesagt hat, schenkt man kaum noch Glauben; die Wende in der Einschätzung bewirkte H. Strassburger im *Journal of Roman Studies*, 1985.

125 *Über die Wohltaten*, III, 33, 3.

126 *Über die Wohltaten*, III, 23, 2.
127 *Über die Kürze des Lebens*, XVIII, 3.
128 *Trostschrift an Marcia*, XIV, 3.
129 *Trostschrift an die Mutter Helvia*, IX, 7.
130 Einzig Karneades wagte es, über eine vergleichbare Stelle (Cicero, De republica, III, 24) zu spotten: Falls das Wort »Gerechtigkeit« auf Erden überhaupt einen Sinn hatte, hatte man die Pflicht, die Eroberungen, die man verherrlichte, zu verurteilen. Karneades tadelt hier nicht den Imperialismus, sondern deckt die Hohlheit der großen Worte auf. Siehe im übrigen J.-L. Ferrary, *Philhellénisme et impérialisme*, S. 359.
131 *Briefe an Lucilius*, 66, 13.
132 Dieser Stolz auf die eigene Geschichte ist nicht mit einheimischem Patriotismus zu verwechseln. Nachdem die Römer Karthago und Korinth zerstört hatten, errichteten sie an ihrer Stelle italienische Kolonien. In der Kaiserzeit machten sich die Nachfahren dieser Pflanzsiedler den Glanz der alten historischen Namen, des griechischen Korinth und des phönizischen Karthago, zu eigen, als deren Träger sie sich noch immer empfanden.
133 *Über den Zorn*, I, XI, 7.
134 Die einschlägigen Nachweise haben wir in dem Beitrag »La Providence stoïcienne intervient-elle dans l'histoire?« in der Zeitschrift *Latomus* (1989) mitgeteilt.
135 Mir scheint dieses Wort kein sehr stoischer Begriff, der stoische Gott nicht unendlich zu sein; die Welt ist nicht unendlich, und er hat die Welt nicht geschaffen: Die Welt und ihr göttliches Gehirn, ihr göttliches Gestaltungsprinzip, existieren seit aller Ewigkeit nebeneinander. Die Welt ist ein riesiges lebendiges Tier, ausgesetzt in alle Ewigkeit in einer selber unendlichen Leere. Von der biblischen Schöpfungsgeschichte bis zu den Dummheiten, die gewisse Physiker heutzutage über den »Urknall« von sich geben, ist die Vorstellung eines Schöpfergottes allein dem Christentum eigen; im Weltmaßstab ist es eine sehr »provinzielle« Idee.
136 *Briefe an Lucilius*, 110, 2.
137 Diese Stelle in Brief 95, 50 gehört neben *Stoicorum fragmenta*, II, 1176, wo das *pote* Chrysipps dem *interim* bei Seneca entspricht; Senecas Text bedarf also keiner Korrektur. Wir haben ihn wiederhergestellt.
138 *Stoicorum fragmenta*, II, 937 und III, 191; I. Hadot, *Seelenleitung*, S. 100.
139 J.-J. Duhot, *La conception stoïcienne de la causalité*, besonders S. 262 ff.
140 Es wird häufig behauptet, der Stoizismus sei eine Reaktion des Individuums gewesen, das sich in der nach den Eroberungen Alexanders zu groß gewordenen Welt verloren gefühlt habe. Das ist eine historisch falsche Sicht dieser sehr parzellierten Welt und eine recht summarische Vorstellung von der psycho-soziologischen Kausalität. Ferner kann »Individualismus« alles oder nichts heißen. Und schließlich könnte man diese Argumentation auch leicht umkehren: das erstickende System der kleinen griechischen Stadtstaaten mußte schließlich eine individualistische Fluchtbewegung aus sich erzeugen...
141 Seneca spricht hier vom Untergang großer Reiche, denkt aber auch an eine physikalische Theorie der Stoiker: das von der Vorsehung garantierte Gleichgewicht

der vier Elemente ist unablässig bedroht; eines Tages wird das mächtigste unter ihnen, das Feuer, den Sieg davontragen (siehe die Vulkane, die bereits...) und die drei anderen, anders gesagt den Kosmos, zerstören; damit wird wieder ein kosmischer Zyklus sein Ende gefunden haben. Aber der unzerstörbare Gott (er ist aus einem »feinen« Feuer, das heißt, es ist feiner und unfaßbarer als unser Feuer) wird aus den Elementen einen neuen Kosmos gestalten und einen neuen Zyklus der Ewigen Wiederkehr beginnen lassen; er wird ihn nach einem Plan gestalten, der identisch mit dem vorigen ist, weil es ihm nicht einfällt, einen Plan zu ändern, der so vollkommen wie nur möglich war. – Der Leser wird sich fragen, welcher Zusammenhang zwischen dieser Physik eines Gleichgewichts der Elemente und einer Politik des Gleichgewichts der menschlichen Völker bestehen mag. In unseren Augen offensichtlich keiner, außer der metaphorischen Analogie. Aber gerade die Strenge des stoischen Denkens ist häufig verbal; das Monolithische an ihm, »die geschlossene, aber unscharfe Konzeption« (J. J. Duhot), rührt davon her, daß er Gewichte stemmt, die oft bloße Metaphern sind. Siehe Duhot, *Causalité stoïcienne*, S. 130–133.

142 Die in Rede stehende Wahrheit opponiert unserer Vernunft, unserer Urteilsfähigkeit, die durch unsere alleinige Kenntnis der Gegenwart beschränkt ist: Es ist die Wahrheit, die sich auf die Zukunft erstreckt, wo der Plan der Vorsehung offenbar werden wird. Diese Art der Äquivalenz von »Wahrheit« und »Zukunft« geht, wie ich vermute, auf das aristotelische Problem der »kontingenten Zukünfte« zurück (kann eine Aussage, die sich auf eine künftige Realität bezieht, jetzt schon wahr sein, auch wenn diese Zukunft kontingent ist?).

143 Darum wird der Weise, der diese Vorbehalte gemacht hat, niemals enttäuscht sein, mag er scheitern oder Erfolg haben (Brad Inwood, *Human Action*, S. 214).

144 Der Steuermann scheitert, weil gewisse Übel (zum Beispiel der Sturm) die Kehrseite eines Gutes sind (die Winde reinigen die Atmosphäre, um Epidemien zu vertreiben). Cato scheitert, weil es von der Vorsehung gewollt ist, der gealterten Menschheit die Krücke der caesarischen Monarchie an die Hand zu geben.

145 Seneca, Fragmente 19–20 Haase.

III. EPILOG

Letztes Zeugnis und Befreiung im Tod

(63–65 u. Z.)

Von 62 oder 63 bis zum Ende seines Lebens vertieft sich Seneca in sein Werk und die philosophische Meditation. Er diktiert seinen Sekretären (wie man das damals tat) die *Briefe an Lucilius* und veröffentlicht höchstwahrscheinlich deren erste Bände. Seine letzten Jahre sind die eines Schriftstellers, der mit dem Schreiben nicht nachkommt, eines Meditierenden, der sich in sein Inneres versenkt, eines Untertanen Neros, der weiß, daß sein Leben in Gefahr ist, und eines Staatsbürgers, dem das politische Drama vor seiner Tür eine Stellungnahme abverlangt. Seneca schließt sich in seiner Einsamkeit und seiner literarischen »Muße« ein, um sein politisches Handeln mit anderen Mitteln fortzusetzen: durch die Verbreitung der Weisheit und das Zeugnis von ihr, das ein Denker durch seine Haltung oder sein beredtes Schweigen ablegen kann. Seneca weiß, daß er mit den *Briefen an Lucilius* sein Lebenswerk in Händen hält; und so, wie ein Dichter der Schönen, die er besingt, die Unsterblichkeit verspricht, läßt er Lucilius wissen, daß er ihrer beider Namen unsterblich machen werde. Er fühlt, daß er, nicht zuletzt dank seines Alters, beachtliche Fortschritte auf dem Weg zur Weisheit gemacht hat, daß er dabei ist, sich »läuternd zu verwandeln«, und daß er (man erinnert sich) gewappnet ist, dem Tod mit festem Schritt entgegenzugehen, und alles in seinen letzten Auftritt setzen kann. Was die Haltung betrifft, die er gegenüber Nero einzunehmen hat, so wird er sich Rat bei seiner Philosophie holen. Das politische Problem, das sich damals stellte, war nicht einfach. Es hat äußerlich Ähnlichkeit mit jenen Problemen, die wir im 20. Jahrhundert erlebt haben; man kann in ihnen andeutungsweise dieselben ethischen Optionen und dieselben kollektiven Reaktionen wiedererkennen. Aber die Gegebenheiten und die auf dem Spiel stehenden Einsätze waren doch andere.

Wo beginnt das politisch Unerträgliche? In einem Regime, das politische Programme ebenso zuläßt wie eine Opposition und einen Machtwechsel, kann es sehr früh beginnen, noch früher bei einem Regime, das man von Haus aus für illegitim hält, bei einer Diktatur. Das Kaisertum duldete keine Opposition, es beschränkte sich darauf, die Ereignisse zu verwalten, anstatt sie zu gestalten, und wehrte nicht dem Kampf von Klüngeln und Cliquen um die Teilhabe an Ämtern und Einfluß. Trotzdem war das Kaisertum in den Augen Senecas nicht eo ipso illegitim; im Gegenteil, in der Abhandlung *Über die Wohltaten* wiederholt unser Autor unter Nero das, was er zu Beginn von dessen Herrschaft in *Über die Milde* geschrieben hatte: In dem herrschenden Winter der Welt ist »die beste Herrschaftsform die, unter einem gerechten König zu leben«.[1] Der Emporkömmling aus Corduba hätte es vorgezogen, zur Zeit der republikanischen Freiheit zu leben, ohne freilich die Sehnsucht nach dieser Republik, die einer abgelebten Zeit angehörte, in sich zu nähren; er ähnelt darin nicht Tacitus, diesem Emporkömmling aus der Provence, der die nostalgischen Feinde des Kaisertums an der Nase herumführt wie nachmals Saint-Simon, der erst als frischgebackener Herzog vor Richelieu die antike Freiheit des Adels preist. Bei aller Wertschätzung des Senats hat Seneca niemals dieser stoischen Opposition angehört, die unter dem Deckmantel der Philosophie ihren Adelshochmut, ihre Sehnsucht nach der Republik und ihre heimliche Kaiserfeindschaft verbarg. Seneca verwahrt sich ausdrücklich gegen diese Haltung und diese Politik, wie wir noch sehen werden, bleibt aber dennoch den Angehörigen dieser Gruppe in der gemeinsamen Feindschaft gegen Nero und in gemeinsamer Ohnmacht verbunden; noch 63, vier Jahre nach der Ermordung Agrippinas, zur Zeit der heftigsten Tyrannei, hat der mutigste Vertreter der stoischen Opposition, Thrasea, keinen größeren Wunsch, als durch Vermittlung Senecas mit Nero ausgesöhnt zu werden.[2]

Nicht ohne Grund: Trotz des irreführenden Ausdrucks »stoische Opposition« waren die Philosophen von nun an kaum imstande, als »Widerstandskämpfer« zu handeln, sondern sie waren potentielle Verfolgte und mußten sich in acht nehmen vor dem Zorn Neros, der jeden haßte, der nicht so dachte wie er, und dem mißtraute, was die Philosophen über ihn denken mochten.

Wenn Seneca auch nicht grundsätzlich ein Feind des Kaisertums ist, so ist er doch in seinem Herzen zum Feind Neros geworden. Wann hat für ihn das Unerträgliche begonnen? Nicht schon mit der Ermordung Agrippinas, die er, anders als Thrasea, zumindest durch sein Schweigen gedeckt hat, was die Nachwelt ihm bald zum Vorwurf machen sollte. Thrasea handelte in seiner Rolle als würdiger Senator; er war weder Großwesir wie Burrus noch enger Berater des Princeps wie Seneca. Diese beiden verständigten sich auf ein anderes Kriterium: Dieser Muttermord war ein privates Verbrechen und ein böses charakterliches Symptom, aber er ließ noch Raum für die Hoffnung, den jungen Princeps beeinflussen zu können, und er machte diese Einflußnahme nur um so notwendiger. Eine solche Option war eine Wette auf die Zukunft; Seneca und Burrus verpfändeten ihren Kopf und ihre Ehre für das Gelingen oder Scheitern ihrer politischen Entscheidung. Leider war Seneca auch Philosoph, und so wird man ihm eines Tages vorwerfen, was Burrus vorzuwerfen niemandem einfällt, nämlich Nero gegenüber nicht jene Einstellung gezeigt zu haben, die man von ihm erwartete: daß der Weise auch im Angesicht der Mächtigen furchtlos Zeugnis ablegen würde von der überragenden Würde der philosophischen Berufung (denn man hatte eher das philosophische Priesteramt im Sinn als generell die Würde des Gewissens: Den Philosophen schrieb man eigene Pflichten zu, die ihnen aus ihrer Berufung erwuchsen). Seneca zahlte den Preis für seine Vielseitigkeit: Von dem Philosophen, der er war, erwartete man eine »Gesinnungsethik«; als Berater des Princeps aber ließ er sich von einer »Verantwortungsethik« leiten.[3]

Grundprinzip der antiken Politik war, daß ein Herrschender das Gewissen der Beherrschten nur achtet, wenn er sich selber achtet; dem mörderischen Haß gegen seine Mutter freien Lauf lassend, hatte Nero das Gewissen seiner Untertanen beleidigt. Die Tyrannei, die sich dann entwickelte, vergriff sich an Gewissen und Leben der Untertanen; Nero hatte zunächst nur die Absicht, ihnen vermöge ihrer Untertänigkeit seine Person und seinen Ruhm aufzuzwingen; er legte zu diesem Zweck eine Freigebigkeit an den Tag, die die Staatskassen leerte, dann ließ er den fiskalischen Schrecken regieren, was der Opposition Auftrieb gab und seinen Thron gefährdete, so daß er endlich Zuflucht nahm zum physischen Schrecken. Jede Hoffnung war dahin, daß seine Berater diese Dynamik würden aushalten können.

Die Rolle Senecas wird dadurch einfacher: Künftig wird er nur noch Philosoph sein. Er meidet geflissentlich das öffentliche Leben; er verschließt sein Haus den Klienten, er steht ihnen nicht länger vor Gericht bei, auf dem Forum, er hat auf jeglichen Einfluß verzichtet, um nicht als potentieller Oppositionsherd zu erscheinen, und er schreibt, daß er den Senat und das Forum aufgegeben habe, um sich einer größeren Aufgabe zu widmen.[4] Er wird die Rolle des Zeugen spielen, die man von einem Philosophen erwartet.

Er wird weiter Politik treiben, mit dem einzigen ihm verbliebenen Mittel, zu dem auch so viele Oppositionelle in den Ostblockländern vor 1989 zurückgegriffen haben: Er wird mit der Kraft des Gedankens die Flamme der Wahrheit hochhalten. Er schreibt es selbst, in einem Text, den jeder lesen konnte, sogar Nero und seine Polizei, in seinem 14. Brief: »Aber später werden wir sehen, ob der Weise seine Mühe der Politik widmen muß: unterdessen verweise ich auf die Stoiker« (mit diesem Plural der Bescheidenheit meint Seneca sich selbst), »die, aus der Politik ausgeschlossen« (oder: aus der Politik ausgeschieden – der lateinische Text ist hier bewußt zweideutig), »sich zurückgezogen haben« (*secesserunt*), »um das Leben zu kultivieren und für das Menschengeschlecht sittliche Gesetze zu begründen, ohne eines Mächtigeren Beleidigung«[5] und ohne dem Despoten und seiner Polizei zum Opfer zu fallen. Es war das Verhalten, das er selbst in der Abhandlung *Über die Seelenruhe* dem Sokrates zugeschrieben hatte: Unter der oligarchischen Diktatur der Dreißig Tyrannen, als niemand Abhilfe sah und alle zitterten, ging Sokrates umher, predigte Mut und Vortrefflichkeit und bot »das erhabene Vorbild eines Bürgers, der es wagte, unter den Augen der Tyrannen frei zu wandeln«. Seneca tut so, als merke er nicht den aktuellen politischen Bezug, und dennoch schreibt er mit einer Offenheit und Ungezwungenheit, die den Tyrannen und seine Drohungen zu ignorieren scheinen; die Tugend predigt er nicht, um sie dem herrschenden Despotismus entgegenzuhalten, aber er will das Licht der Wahrheit nicht länger unter den Scheffel stellen, den Prinzipien nicht untreu werden.

Das ist das Geheimnis der *Briefe* entschlüsselt, und man hat nicht genügend hervorgehoben, daß sie unter den gegebenen Umständen eine oppositionelle Schrift waren. Es gab kaum einen anderen möglichen Ausweg als ihren stummen Einspruch. Auf seiten der Beherrschten wäre es Unbotmäßigkeit gewesen, eine eigene Meinung zu haben, ihre Stimme erheben zu wollen; die aktive Politik war das Vorrecht der sechs- oder siebenhundert Mitglieder der herrschenden Schicht; außerdem hatten sie keine persönliche Meinung zu haben, sondern die Politik des Princeps zu befolgen. Das Ganze glich der Einheitspartei in den Diktaturen unseres Jahrhunderts. Es genügte nicht, die Regierung regieren zu lassen; man mußte ihr auch lebhaft zustimmen, da Schweigen für Mißbilligung gehalten wurde.

Wir sind nun gerüstet, den Schlüsseltext der letzten Lebensjahre Senecas zu erörtern, nämlich den 73. Brief an Lucilius, der in Wirklichkeit ein Offener Brief an die Adresse Neros ist. Beim ersten Durchlesen wirkt er enttäuschend, schockierend, skandalös; man liest da, daß Nero Friede und Freiheit herrschen lasse und daß die Philosophen, die Freunde einer gebildeten Muße, die ergebensten Staatsbürger seien. Ein rumänischer Historiker hat sich nur allzu gut imstande gesehen, ein gerechteres Urteil zu fällen; in einem Buch, das 1972 in Leyden erschien, schreibt er: »Seneca wünscht Nero davon zu überzeugen, daß sein Rückzug nicht mit irgendeiner Form von Opposition in Zusammenhang gebracht werden dürfe. Hinter den niedrigen Schmeicheleien oder Ergebenheits- und Billigungsbekundungen an die Adresse Neros ahnen wir Absichten, die erkennen lassen, daß Seneca sich nicht in die vom neronischen Regime verfolgte neue Politik einzumischen wünscht.«[6] Besser kann man es nicht sagen, daß man bei der Lektüre dieses Briefes zwischen den Zeilen lesen muß.

Zunächst jedoch eine Anekdote, die authentisch zu sein scheint und uns in das geistige Klima jener Jahre versetzen soll. Zwei vornehme Reisende aus Griechenland treffen in Rom ein[7]; »die Wache am Stadttor stellte ihnen keine Fragen, sondern war beeindruckt und voller Achtung vor ihrer Kleidung; denn sie wirkten wie Priester und keineswegs wie Landstreicher. Sie stiegen in einer Herberge beim Stadttor ab und waren gerade beim Essen, als ein Mensch in festlichem Aufzug hereinkam, der eine schöne Stimme besaß; Lieder von Nero singend, zog er durch Rom und verdiente sich so seinen Lebensunterhalt. Als sie seinem Gesang keine besondere Aufmerksamkeit schenkten, zieh er sie der Majestätsbeleidigung und der Feindschaft gegen die göttliche Stimme Neros.« Und nun zurück zu Brief 73!

1. Seneca kommt sofort zur Sache: »Zu irren scheinen mir, die meinen, der Philosophie treu Ergebene seien halsstarrig und widersetzlich, seien Verächter der Beamten oder Könige oder derer, die den Staat verwalten. Im Gegenteil nämlich ist niemand ihnen gegenüber dankbarer.«[8] Verbündete man sich also mit Nero, wenn man bestritt, sein Feind zu sein? Das wäre der Fall, wenn die Entscheidung bei den Philosophen gelegen hätte; sie hing aber allein von der Polizei ab, die sie für verdächtig hielt. Schon immer war nach allgemeiner Meinung der Denker ein Mensch, der der Obrigkeit zu trotzen vermochte, was die einen mit Bewunderung, die anderen mit Empörung quittierten; seit dem Tode des

Burrus im Jahre 62 beäugte der neue Großwesir die Sekte der Stoiker und ihren »Hochmut« mit besonderem Argwohn. Grenzt Seneca sich an dieser Stelle gegen die hochmütige »stoische Opposition« ab? Nein; er leugnet vielmehr, daß es eine solche gebe, er dementiert die These der Polizei und erkennt der Philosophie ihr Existenzrecht zu – was darauf hinausläuft, dem Neronismus das angestrebte ideologische Monopol zu bestreiten.

2. Da Nero der eigentliche Adressat dieses Briefes ist, wird die Botschaft zwangsläufig in einem staatstragenden Jargon abgefaßt sein; auch Thrasea machte es nicht anders, als er sich an den Princeps wandte, mochte er auch grundsätzlichen Widerspruch anmelden; eines Tages wurde er dessen müde, und Nero ließ ihn zum Tode verurteilen.[9] Kurzum, den staatstragenden Jargon der Schmeichelei zu reden war damals ebensowenig ehrenrührig, wie es heute für die Opponenten die Heimlichkeit ist, in der sie der Polizei entkommen, anstatt sie bei hellichtem Tag herauszufordern.

Endlich gilt es, die fragliche Sprache zu dechiffrieren. Seneca feiert »Frieden und Freiheit«, deren die Bürger sich gegenwärtig erfreuen;[10] mit diesem Slogan, der in den letzten zweitausend Jahren seinen Sinn verändert hat, beschwor man damals feierlich den Patriotismus und die Loyalität der Basis gegenüber dem Staat und dem Princeps, über die Parteigrenzen hinweg. Diese Freiheit war nichts anderes als die »öffentliche Freiheit des römischen Volkes«, das heißt die nationale Unabhängigkeit; mit »Friede« war gemeint, daß diese Freiheit sich nicht durch einen Feind bedroht sah. Die Philosophen machen keine Politik, sie kennen nur das Vaterland. Diese Reduktion der gesamten Politik auf das alleinige Überleben der eigenen nationalen Gruppe ist so konventionell, daß sie in bezug auf dieses Riesenreich, dessen Grenzen von Berufsheeren geschützt wurden, ans Irreale grenzt: die Philosophen, schreibt Seneca, stünden vor dem Dilemma, entweder die Obrigkeit zu achten, um in Frieden leben zu können, oder von der öffentlichen Notwendigkeit gerufen zu werden »zu den Waffen, den Wachdienst einzuhalten, die Mauern zu bewachen«.[11] Friede und Freiheit, diese antike Formel zur Erpressung der Untertanen zum Patriotismus, werden ein Jahr nach Senecas Tod dazu herhalten müssen, Thrasea zum Tode zu verurteilen, diesen Undankbaren, der eine Sektenopposition gegen einen Nero betreibt, der dem Vaterland eine von keinem Feind bedrohte Unabhängigkeit garantiert.[12] Die Formel bedeutete, sehr konkrete Klagegründe in einem sehr allgemeinen Anliegen zu verwässern.

3. Aber Seneca macht es ebenso; er verwässert den scheinbaren Auf-

ruf, sich um Nero zu scharen, in einer generellen Loyalität gegenüber der Staatsgewalt und wendet so die Waffe der staatstragenden Sprache gegen den Neronismus. Er spricht nicht von dem, was Nero am meisten am Herzen lag, nämlich Nero selbst, der kein Kaiser wie andere ist. Seneca erklärt seine Loyalität gegenüber einem anonymen Souverän, der zwar keine »göttliche Stimme« besitzt, aber das Vaterland verteidigt.

4. Die Philosophen sind dem Souverän dankbar, wer er auch sei, weil sie nur den Ehrgeiz haben, dank des herrschenden Friedens ihrer gebildeten Muße zu obliegen. Das ist aber nicht alles: die Philosophen sind noch dankbarer als die übrigen Bürger; Seneca insistiert mit Nachdruck auf dieser Abstufung, und er sagt auch, warum: weil die Muße der Philosophen kostbarer ist als die anderer Menschen, da sie sie dem Studium der Weisheit widmen, die das größte Gut von allen ist. So jubelt er dem Künstler Nero, dem Feind der Philosophen, ein Loblied der Philosophie unter. Der sterbende Seneca wird erklären, seine Sprache gegen Nero sei immer eher offen als schmeichlerisch gewesen; es wird nicht geprahlt sein.

5. Zwei Jahre vor diesem Brief hatte Nero dem Philosophen den Wunsch versagt, den Ehrentitel »Freund des Princeps« zurückzugeben, und angedeutet, wer nicht mehr für ihn sei, werde sein Feind sein. Der 73. Brief betont, daß man nicht ein Freund Neros sein muß, ohne gleich sein Feind zu sein, und daß es einen dritten Weg gibt, den der Philosophen, die sich allein um ihre eigenen Angelegenheiten kümmern.

6. Was Seneca wohlweislich verschweigt, ist, daß die Philosophen, wenn sie sich dieserart um ihr inneres Leben kümmern, damit gleichzeitig die Angelegenheiten des ganzen Menschengeschlechts im Sinn haben und daß ihr Wirken nicht auf den Elfenbeinturm beschränkt ist. Alles in allem versteht es Seneca in Brief 73 (mit einer Würde freilich, die den Erfolg mehr als fraglich machte), die Feindschaft Neros abzuwehren, um die Hände frei zu haben und trotz der ideologischen Despotie den Samen der Wahrheit auszustreuen.

Den Tyrannen nicht provozieren, aber auch nicht das Licht der Wahrheit unter den Scheffel stellen: Das ist es, was Seneca in seinem öffentlichen Briefwechsel mit Lucilius *tut*; mehr noch: Er *erklärt*, daß er es getan hat, und sorgt dafür, daß man sein Spiel durchschaut, damit niemand sich täusche.

Das ist es, was die Biographen Senecas bisher nicht hinreichend unterstrichen haben: Die *Briefe an Lucilius* sind ein oppositioneller Text, und zwar in doppelter Hinsicht. Eine seltsame Art, einen Herrn nicht zu provozieren, indem man ihm sagt, daß man davon absieht, es zu tun!

Man hat bisher vor allem das Äußerliche untersucht, die Anspielungen auf Nero. Von ihnen gibt es wenige; Seneca wollte nicht provozieren, und er wollte die Philosophie nicht auf das Niveau einer Schmähschrift herabbringen; die *Briefe an Lucilius* sind von der aktuellen Realität weit entfernt. Kein Wort über den Brand Roms; dafür schreibt Seneca kurz nach diesem Unglück trostreiche Seiten über einen anderen Brand, der Lyon in Schutt und Asche gelegt und einen dortigen Freund tief betrübt hatte. Muß man Anspielungen in Schweigen hüllen? In Neapel, wohin Seneca seinem Kaiser ohne Zweifel hatte folgen müssen, hatte er, wie erinnerlich, die Leidenschaften beobachten können, welche die Musikwettbewerbe im Theater aufwühlten; was er verschweigt, ist, daß auch Nero an den Wettbewerben teilnahm! Warum es erwähnen? Nero ist nur ein Einzelfall[13]: Die Gesellschaft insgesamt ist von ursprünglicher Verkehrtheit. Allein durch ihre Existenz sind die Briefe an Lucilius eine einzige Anspielung auf den universellen Irrtum, den zu präzisieren und beim Namen zu nennen unnötig war, wollte man nicht in die Satire verfallen. Hätte man Seneca gefragt, was er über Nero denke, so hätte er wohl auf Brief 114 verwiesen, wo er in allgemeinen Begriffen das häufige Phänomen erörtert, daß das Laster Proselyten macht: Die Seelen, deren Lenkung sich als Tyrann gebärdet und nicht als guter König, geben fremden Begierden Nahrung, um sich in ihrer Vorstellung an ihnen zu weiden, wenn die eigenen Begierden gesättigt sind.

Als zeitlose Botschaft der Wahrheit sind die *Briefe an Lucilius* ein Epigramm gegen ihre eigene Zeit neronischer Prägung, die den Irrtum zur offiziellen Ideologie erhoben hat; die einzige bewußte Aktualität der Briefe besteht in der Entwicklung einer Strategie, die sich dem herrschenden Despotismus anpaßt und selber auf philosophischen Grundlagen steht: sich aus dem öffentlichen Leben zurückziehen, der Menschheit durch Schreiben dienen, den Tyrannen nicht provozieren, ihn nicht länger fürchten – und es sagen.

1. Es gibt unterschiedliche Arten der Zeugenschaft. Rom kannte die philosophisch-soziale Erscheinung der »Straßen-Kyniker«, die die Passanten in Gespräche über die Laster der Zeit, der Könige und der Reichen verwickelten; einer von ihnen, Isidoros, las Nero in aller Öffentlichkeit

die Leviten und warf ihm vor, zwar gut zu singen, aber schlecht zu handeln. Eines Tages wird man Mönche und Derwische sehen, die öffentlich den Zaren und Paschas den Spiegel vorhalten. Die Kyniker bezahlten ihren Wagemut oft mit dem Tod. Seneca verurteilt ihren unangebrachten Eifer und ihr nutzloses Heldentum: Es gibt andere Mittel, um die Gewissen wachzurütteln. »Daher wird der Weise niemals der Mächtigen Zorn herausfordern, im Gegenteil ihn meiden, nicht anders als auf einer Seereise einen Sturm«; mehr noch: »Ebenso handelt der Weise: mit Schaden drohende Macht meidet er, dafür zuerst sorgend, daß er nicht den Eindruck erweckt, sie zu meiden. Ein Teil nämlich der Sicherheit besteht auch darin, nicht nach eigenem Eingeständnis nach ihr zu streben, weil einer, was er flieht, verurteilt.«[14] Das ist umsichtige Klugheit; unklug ist es, ausdrücklich zu *sagen*, daß man dafür sorgt, nicht den Eindruck zu erwecken, etc. In Wirklichkeit ist für den Stoiker die umsichtige Klugheit nicht dasselbe wie Furcht, ja sie ist das Gegenteil davon.

Überlegen wir also! Es gibt, wie wir wissen, »vorzuziehende« Güter, und eines von diesen vorzuziehenden Gütern ist das Leben, das besser ist als der Tod; keines unserer Prinzipien verpflichtet uns, dem Wolf in den Rachen zu springen. Als Klugheit oder »Vor-sicht« werden wir jenen Teil der Tugend ansprechen, der uns lehrt, Hindernisse vorherzusehen und zu vermeiden; sie unterscheidet sich offenkundig von der Furcht, die ein Affekt ist, und Affekte sind nur nutzlose Nebenerscheinungen. Trotzdem wissen wir, daß die vorzuziehenden Güter »wertneutral« sind: Im letztgenannten Beispiel kann allein die Tugend entscheiden, ob in Anbetracht der Umstände das Leben wirklich besser ist als ein nützlicher und heldenmütiger Tod. Nützlich deshalb, weil die Tugend darin besteht, ihre Aufgaben zu erfüllen und anderen Menschen dadurch beizustehen, daß sie sich selbst beisteht. Die wahre umsichtige Klugheit ist daher das Gegenteil von Feigheit: Sie besteht nicht darin, die Faust in der Tasche zu ballen. Der Dichter Horaz hat gesagt: »Ein gerechter und starker Mensch fürchtet nicht das drohende Antlitz des Tyrannen, und er bliebe ungerührt, stürzte gleich das All zusammen«, das heißt am Ende eines kosmischen Zyklus. Die tugendhafte Klugheit provoziert die Tyrannen nicht, aber sie weicht auch nicht zurück; Seneca stimmt letztlich besser, als es scheinen mochte, mit dem Bild vom Philosophen überein, das man sich in Epinal machte; er feiert das Beispiel des Theodoros von Kyrene, der – ganz Theoretiker der Lust, der er war – stolz den Drohungen eines Diktators und seiner Henker die Stirn bot. Mitunter streift Senecas Sprache das Tollkühne: »›Dreißig Tyrannen‹, sagst du, ›umstanden den Sokrates und konnten seine Seele nicht zerbrechen.‹ Was macht es einen Unterschied, wie viele Herrscher es sind?«[15] Man kann sich leicht vorstellen, daß unter Nero allein das Wort »Tyrann« wie eine Bombe wirken mußte; in den *Briefen an Lucilius* explodiert es acht weitere Male.

2. Die Tugend ist ein Funktionalismus im Dienste des Nächsten, aber man kann dem Nächsten auf vielerlei Weise dienen; mehr noch, jedes tugendhafte Handeln, auch wenn es keine altruistische Funktion hat, leistet anderen Menschen einen Dienst. Es ist das eine stoische Theorie, die, wenn ich mich nicht irre, noch nicht bemerkt worden ist und ihren Ausdruck bei Epiktet findet: »Der Gott hat das Wesen des vernunftbegabten Tieres so eingerichtet, daß es sein eigenes Gut nicht suchen kann, ohne zum allgemeinen Nutzen beizutragen.«[16] Seneca meint das gleiche, wenn er umgekehrt verkündet: Wenn du nichts für den Nächsten tust, hast du überhaupt nichts getan. Diese Ideen sind keine späten Phantastereien, sondern gehen auf die alte Stoa zurück; denn sie liefern den Schlüssel zu einer emphatischen Aussage Chrysipps, die bisher rätselhaft blieb: »Ein einziger Weiser, der, wo auch immer, den Finger hebt, erweist allen Weisen auf der ganzen Erde etwas Gutes, vorausgesetzt, es geschah mit Urteilsvermögen.« Chrysipp war bekanntlich nicht der Mann, der davor zurückschrak, bis zum Äußersten zu gehen. Trotzdem schließen wir aus seinem Satz folgendes: Was immer man tut, ob man Politik treibt oder Bücher schreibt, man wirkt zum Wohl der Menschheit, sobald man mit Urteilsvermögen an die Sache herangeht.

3. Schließlich wissen wir, daß der Weise Anteil an den öffentlichen Angelegenheiten nehmen oder nicht nehmen wird, je nachdem, ob er dabei tugendhaft handeln kann oder nicht; wenn die Dinge so liegen, daß er mit der Einmischung in die Politik nur seine Zeit vertun oder sich kompromittieren würde, wird er sich in seine Muße einschließen, die er seinem eigenen Fortschritt in der Weisheit widmen wird.

4. Damit wird er jedoch, dem Theorem Chrysipps zufolge, nicht minder seinesgleichen dienen, und zwar durch das Vorbild, das ihnen, wenn er nicht schreibt, sein Verhalten, wenn er schreibt, seine Bücher geben werden. Die *Briefe an Lucilius* sagen es und wiederholen es: Es gibt gegenwärtig Besseres zu tun, als sich im Senat oder auf dem Forum aufzuhalten, man muß die Politik aufgeben, um das Menschengeschlecht zu unterweisen. Man verstößt nicht gegen den Grundsatz, als Handelnder zu leben und zu sterben, wenn man sich verbirgt und die Türen

schließt, heißt es auch im 8. Brief. Aber ich gehe, fügt Seneca hinzu, nicht nur meiner eigenen wissenschaftlichen Arbeit nach: »der Nachwelt Angelegenheiten betreibe ich«.[17]

Damit ging Seneca, der bereits den Verdacht Neros erregt hatte, dem die Überzeugungen seines Lehrers und Freundes nicht unbekannt waren und der als Stoiker auch von dem neuen Wesir mißtrauisch beäugt wurde, ein beträchtliches Risiko ein. Er wußte es so gut, daß der 70. Brief programmatisch den späteren Freitod ankündigt und die Begründung für ihn liefert. Um sich hiervon zu überzeugen, braucht man nur drei Texte nebeneinanderzustellen.

Was die meisten Menschen schreckt, sind die Eisen, die Henker, die Foltern, wovon, je nach Zeit und Gemeinwesen, das Volk, ein Senat oder ein oberster Herrscher Gebrauch macht: Diese Mächte soll man nicht herausfordern, lehrt der 14. Brief. Außerdem ist der körperliche Schmerz etwas »Nicht-Vorzuziehendes«, und es ist besser, nicht zu leiden, wenn man es einrichten kann, ohne die Vortrefflichkeit einzubüßen.

Um weniger zu leiden, zogen es die zum Tode verurteilten oder auch nur unter Anklage gestellten Senatoren vor, der Folter zuvorzukommen. Die Hinrichtung Verurteilter war erst kürzlich den Liktoren übertragen worden, die das Opfer zunächst mit Ruten in Form jenes Rutenbündels prügelten, das ihr Schulterabzeichen war; erst dann wurde das Opfer mit dem Beil enthauptet; in anderen Fällen wurde ein Offizier mit der Hinrichtung betraut und nahm mehr oder weniger geschickt die Enthauptung mit dem Schwert vor. Tacitus berichtet, daß die Folge Selbstmorde waren: »Denn solche Todesarten legten die Furcht vor dem Henker ebenso nahe wie die Tatsache, daß bei einer Verurteilung das Vermögen eingezogen und die Bestattung verweigert wurde, während diejenigen, die Selbstmord begingen, beerdigt wurden und deren Testamente gültig blieben, zum Lohn für ihre Eile.«[18]

Diese Überlegungen waren in diesem Frühling des Jahres 64, als Nero und Seneca in Neapel weilten, wieder aktuell geworden: Man hatte soeben von dem ersten Selbstmord eines Senators unter Nero gehört; es war

»Silanus, sur qui Claude avait jeté les yeux
Et qui comptait Auguste au rang des ses aïeux«,

wie Racine sagt; die Abstammung von Augustus setzte den Senator dem

Verdacht aus, einen unpopulär gewordenen Nero vom Thron verdrängen zu wollen; der Verschwörung angeklagt, hatte Silanus sich die Adern geöffnet. Er war innerhalb von dreißig Jahren mindestens der dritte seiner Familie, dem das augusteische Blut zum Verhängnis wurde.

Im Laufe jenes Frühlings verfaßt Seneca den 70. Brief, in dem er sich ausführlich mit der Frage befaßt, ob es heißt, vor einer kleinlichen Angst zurückweichen, wenn man der Todesstrafe zuvorkommt, anstatt ruhig zu warten, und ob es Aufgabe des Verurteilten ist, die Arbeit des Henkers zu verrichten; Sokrates hat gewartet, bis der Henker ihm den Schierlingsbecher reichte. Seneca antwortet, daß dies eine reine Frage des persönlichen Geschmacks sei und daß sich die öffentliche Meinung in sie nicht einzumischen habe. Zieht man den Säbel oder das Gift vor? Wem ein sanfterer Tod gefällt, nehme ihn vorweg. Man sieht, welche konkrete Eventualität Seneca im Sinn hat; der Schatten der wahrscheinlichen und baldigen Todesstrafe liegt über den *Briefen an Lucilius*.[19]

Mehr noch: Die Frage »Was werden die Leute sagen?« scheint Seneca in dieser Sache sehr zu beschäftigen; er hat ganz ersichtlich das postume Echo vorausgesehen, das sie in der Öffentlichkeit wecken würde. Er weiß genau, daß es immer Kritiker gibt, gleichgültig, welchen Abgang man wählt, Eisen oder Gift, Hinrichtung oder Selbstmord. Merkwürdigerweise scheint er anzunehmen, daß seine zukünftigen Kritiker an ihm vor allem seine Schwäche zu tadeln finden werden: »Jemand wird sagen, ich hätte zu wenig tapfer gehandelt, jemand, zu wenig überlegt, jemand, gegeben hätte es irgendeine beherztere Todesart.«[20] Alles sieht aus, als habe Seneca bei der Niederschrift dieses Briefes bereits beschlossen, einen sanften Tod zu wählen und dem Henker zuvorzukommen. Und so war es auch: Er hatte bereits den Schierling zubereiten lassen, wie man bald erkennen mußte. Im 70. Brief schreibt er im voraus die Verteidigung und Apologie seiner Selbsttötung.

Der Schierling also oder doch ein weniger schmerzhafter Tod als der von der Hand des Henkers; der 77. Brief, wenig später geschrieben, berichtete neidvoll von einem Selbstmörder, der »seine Kräfte allmählich schwinden fühlte – wie er sagte –, nicht ohne eine Art von Genuß, den zu vermitteln pflegt ein sanfteres Dahinschwinden, uns nicht unbekannt, die wir gelegentlich das Bewußtsein verlieren«.[21]

Bald sollte es soweit sein, wenn auch etwas anders.

Nero war ein atypischer Tyrann, zu sehr des politischen Instinkts ermangelnd, um aus Berechnung zu töten. Er verfolgte die Senatoren nicht als solche und verabscheute die stoische Opposition lange Zeit, ohne sie zu massakrieren. Noch 64 eliminierte er einen potentiellen Rivalen, aber keinen Gegner: nach Britannicus und dem einen Silanus einen anderen Silanus. Die Christenverfolgung war etwas anderes und hatte nichts spezifisch Neronisches an sich; sie war eine Maßnahme, die von allen Zeitgenossen gebilligt wurde; Marc Aurel wird wenig später das gleiche tun. Die Ermordung Agrippinas war kein politisches, sondern eher ein Freudsches Verbrechen. Bis 65 war Nero ein weniger blutrünstiger Despot als andere; die meisten seiner Opfer wurden wahrscheinlich vom Fiskus beseitigt, der tötete, um zu konfiszieren. Aber es gab die Verschwörung des Piso; Nero fiel darüber aus allen Wolken, und das Blut floß in Strömen. Seneca, der mit ihr nichts zu tun hatte, fiel ihr zum Opfer.

Da es zum Caesarismus nur die Alternative des Königsmordes gab, bildete sich Anfang 65 eine Verschwörung mit dem Ziel, Nero zu töten und, nach dem Verschwinden des letzten Nachfahren des Augustus, den liebenswürdigen Grandseigneur Piso auf den Thron zu heben, der mit seinen modernen Vorstellungen und seinem Kunstsinn die Masse der Nero-Begeisterten auf seine Seite gezogen hätte. Weder Seneca noch Thrasea gehörten zu der Verschwörung, die nichts Philosophisches hatte und hauptsächlich Senatoren, Adlige, Offiziere der kaiserlichen Wache und sogar einen der beiden Gardepräfekten vereinigte. Eine ernste Angelegenheit, wie man sieht; Nero sollte am 19. April 65 im vollbesetzten Zirkus, während der Wagenrennen, erdolcht werden. Aber die Verschwörer verloren Zeit, das Geheimnis sickerte durch; Nero verhängte den Belagerungszustand über Rom und nahm die Repression in die Hand; die Getreuen aus der Garde fungierten als politische Polizei. Im Laufe der Geständnisse fiel der Name Seneca; die Verschwörer hatten versucht, Verbindung zu ihm aufzunehmen, doch er, in seine Einsamkeit verschanzt, hatte sich ihnen entzogen – in Kenntnis oder in Unkenntnis dessen, was sich zusammenbraute. Man behauptete sogar, es habe ein Komplott im Komplott gegeben und einige Verschwörer hätten vorgehabt, sobald Nero aus dem Weg geräumt war, Piso selbst zu töten, um Seneca auf den Thron zu heben; ob dies eine Erfindung der Polizei oder Ränkespiel war, wie sie jede Heimlichkeit gebiert, weiß man nicht, aber den schönen Historikertraum eines Kaisers Seneca nimmt man wohl besser nicht zu ernst. Am glücklichsten war Nero, der nun den Vorwand für ein weiteres Freudsches Verbrechen hatte, nämlich den Mord an seinem alten Lehrer; Thrasea hingegen blieb unbehelligt.

Warum waren weder der eine noch der andere an der Verschwörung beteiligt? Vielleicht hatte man es nicht von ihnen erwartet, da eine Verschwörung nicht alle Kräfte guten Willens vereinigen kann; vielleicht verdachte man ihnen, daß sie Piso nicht in ihr Herz geschlossen hatten; vielleicht hatten sie sich geweigert. Seneca jedenfalls hatte vor dem Königsmord nicht den ebenso klugen wie hochmoralischen Abscheu eines Tacitus; er hatte in der Abhandlung *Über die Wohltaten* ausführlich das Recht der Untertanen verteidigt, sich eines Herrschers zu entledigen, der den Gesellschaftsvertrag nicht respektierte; die Pflichten gegen die Gemeinschaft, schrieb er, obsiegten über die Pflichten gegen einen einzelnen Menschen; wenn es keine Hoffnung mehr gibt, daß der Despot sich bessert, töte man ihn; »für Wesen dieser Art ist der Tod als Heilmittel zu betrachten: da dieser Mensch niemals mehr zu seiner geistigen Gesundheit finden wird, verschwinde er ein für allemal.«[22]

Bevor wir die dramatischen Tage schildern, die folgten, müssen wir den Todesplan erläutern, den Seneca sich zurechtgelegt hatte, weil das Ereignis diesen Plan teilweise vereitelte.

1. Der freiwillige Tod ist die Garantie unserer Freiheit und ihre höchste Manifestation; die Platoniker haben daher unrecht, wenn sie den Selbstmord verdammen, fügte der 70. Brief hinzu.

2. Unser Leben lang sollen wir den Tod bedenken, aber nicht, um uns nach Art der Platoniker davon zu überzeugen, daß unser sterblicher Leib ein Gefängnis der Seele ist, sondern um uns darauf vorzubereiten, mutig dieses Kap zu umschiffen, und um unsere Urteilskraft und unseren Mut zu üben.

3. Die Art unseres Sterbens, mutig oder feige, wird den Fortschritt bemessen, den wir bis dahin auf dem Weg zur Tugend gemacht haben: Das wird vor aller Augen die Probe auf die Wahrheit sein; wenn wir tugendhaft sterben, wird dies auch ein nützliches Beispiel sein, das wir anderen Menschen geben – dem Theorem Chrysipps zufolge.

4. Da die Urteilskraft verbietet, künftige Übel zu fürchten, solange sie noch nicht da sind, brauchen wir einer Verurteilung nicht zuvorzukommen, solange sie noch zweifelhaft ist: Das hieße, »aus Furcht vor dem Tode zu sterben«, wie derselbe Brief 70 sagt. Seneca dachte dabei an einen förmlichen Prozeß vor dem Senat[23], mit einer mehrtägigen Verhandlung und einem Urteilsspruch.

5. Man hat jedoch das Recht, dem physischen Schmerz der Todesstrafe zuvorzukommen. Seneca dachte dabei an den Besuch des Scharfrichters, der gekommen ist, das Urteil zu vollstrecken. In diesen beiden letzten Punkten hatte Seneca seine Zukunft schlecht vorausgesehen.

Das römische Strafrecht oder das, was man so nennt, hatte kaum den Ehrgeiz, rechtsförmig zu sein; seine breiteste Grundlage war die reine, schlichte Zwangsgewalt eines Magistrats, der sich weder um formelle Dinge noch um die Rechte der Verteidigung kümmerte und die Strafen verhängte, die nicht irgendein Gesetzbuch, sondern der Brauch mit seinen Launen vorschrieb. Als die Pisonische Verschwörung aufgedeckt war, überließ Nero als oberster Magistrat[24] die Führung dieses Verfahrens wegen Majestätsbeleidigung nicht dem Senat, sondern nahm selbst das Schicksal der Täter in die Hand; während des ganzen Verfahrens gab es polizeiliche Untersuchungen und militärische Repression. Nero schickte den Schuldigen entweder einen Offizier, der sie enthaupten mußte, oder ließ ihnen den kaiserlichen Befehl überbringen, ihrem Leben ein Ende zu setzen.

In Rom hatte die Garde alle wichtigen Punkte besetzt, berittene Kuriere sprengten durch die Straßen; man sah die Gefangenen in langen Reihen in ihren Ketten dahinziehen und wußte jetzt von der Verschwörung und von der Repression. Einer der Hauptangeklagten hatte gestanden, er habe den Auftrag gehabt, mit Seneca Kontakt aufzunehmen: Er hatte ihn aufgesucht und gebeten, seine Tür nicht länger dem Piso zu verschließen, sondern vielmehr Freundschaft mit ihm zu schließen; Seneca hatte abgelehnt und höflich hinzugesetzt, die Gesundheit Pisos liege ihm ebenso am Herzen wie seine eigene. Ein unbedeutendes Gespräch, aber man mußte seine Echtheit überprüfen; ein Offizier der Garde wird abgesandt, um Seneca zu fragen, ob er sich an den Inhalt der Antwort erinnern könne, die er dem Verschwörer gegeben habe.

Seneca hatte jedes Interesse, eine Antwort zu bestätigen, die ihn entlastete. Er speiste gerade mit seiner Frau Paulina und zwei Freunden, als der Offizier vor dem Landhaus erschien, in dem Seneca, sieben Kilometer vom Zentrum Roms entfernt, seine Einsamkeit pflegte. Er bestätigte, daß er sich in der Tat geweigert habe, dem Piso sein Haus zu öffnen, und daß er sich mit seiner schlechten Gesundheit und der Freude an seiner Zurückgezogenheit entschuldigt habe. Doch sagte er dem Offizier auch, er sehe nicht ein, warum er seine Ruhe der Laune eines anderen hätte opfern sollen, daß er von Natur aus nicht zu Schmeicheleien geneigt sei und daß Nero das sehr wohl wisse, der öfter Gelegenheit gehabt habe, seinen Freimut als seine Unterwürfigkeit kennenzulernen. Der Offizier meldete Nero und seinem Wesir diese bissige Bemerkung. Nero wollte dann von ihm wissen, ob es den Anschein gehabt habe, daß Seneca nach dieser nichts Gutes verheißenden Befragung die Selbstentleibung vorbereite; der Offizier erwiderte, Seneca habe auf ihn einen vollkommen ruhigen Eindruck gemacht, sein Gesicht habe weder Schrecken noch Verzweiflung erkennen lassen. Wie man sieht, griff Seneca, getreu seinem Plan, einem noch zweifelhaften Tod nicht vor... Nero befahl dem Offizier, zu der Villa zurückzukehren und Seneca seinen Tod anzukündigen. Geben wir nun bis auf einige Bemerkungen Tacitus das Wort.[25]

Seneca »verlangte unerschrocken die Schreibtafeln seines Testaments; und als der Zenturio ablehnte[26], wandte er sich an die Freunde und bekundete als letzten Willen: Da er gehindert werde, sich für ihre Verdienste dankbar zu erweisen, hinterlasse er ihnen das einzige und dennoch Schönste, was er besitze, nämlich das Bild seines Lebens[27]; wenn sie dieses in Erinnerung behielten, würden sie den Ruf einer sittlich einwandfreien Haltung als Frucht ihrer so beständigen Freundschaft einbringen. Zugleich suchte er sie von ihren Tränen bald durch Gespräch, bald eindringlicher im Ton des Tadels zu einer festen Haltung zurückzuführen mit der Frage, wo denn die Leitsätze der Philosophie geblieben seien, wo die so viele Jahre eingeübte Verhaltensweise gegenüber drohenden Gefahren? Wem sei denn Neros Grausamkeit unbekannt gewesen? Es bleibe ihm ja nichts anderes übrig nach dem Mutter- und Brudermord, als seines Erziehers und Lehrers Ermordung hinzuzufügen.

Nachdem er dies und Ähnliches gleichsam für die Allgemeinheit gesprochen hatte, umarmte er seine Gattin; entgegen seiner augenblicklichen Mannhaftigkeit ein wenig weicher geworden, bat er sie inständig, ihren Schmerz zu mäßigen, sich ihm nicht ewig hinzugeben, sondern in der Betrachtung seines in Tugend verbrachten Lebens die Sehnsucht nach dem Gatten durch die im sittlich Guten liegenden Trostmittel erträglich zu machen. Jene dagegen beteuert, auch ihr sei der Tod bestimmt, und verlangte nach der Hand, die ihr die Adern öffne.[28] Da wollte sich Seneca ihrem rühmlichen Entschluß nicht widersetzen und zugleich, von Liebe erfüllt, die von ihm einzig Geliebte nicht für Gewalttaten zurückzulassen, und er sagte: ›Mittel, das Leben zu erleichtern, hatte ich dir gezeigt, du ziehst einen ehrenvollen Tod vor: ich werde dir die vorbildliche Haltung nicht neiden. Mag bei diesem tapferen Lebensende die Seelenstärke bei uns beiden gleich sein, an glänzendem Ruhm überlegen ist *dein* Tod.‹ Danach öffneten sie sich mit demselben Schnitt des Messers die Pulsadern.

Weil Senecas greisenhafter und durch die karge Lebensweise geschwächter Körper dem Blut nur langsamen Abfluß ermöglichte, öffnete er auch an den Beinen und Kniekehlen die Adern; und durch die abscheulichen Qualen erschöpft, gab er, um nicht durch seinen Schmerz den Mut der Gattin zu brechen und selbst beim Anblick ihrer Martern der Schwäche anheimzufallen, ihr den Rat, sich in ein anderes Gemach zu begeben. Da ihm nun auch im letzten Augenblick noch die Redegabe erhalten blieb, ließ er Schreiber kommen und diktierte ihnen lange Ausführungen, die ich, da sie veröffentlicht sind, mit meinen Worten umzuformen mir erspare.[29]

Nero war jedoch frei von persönlichem Haß gegen Paulina, und um nicht die Empörung über seine Grausamkeit noch ansteigen zu lassen, befahl er, ihren Tod zu verhindern. Auf das Drängen der Soldaten verbanden ihr Sklaven und Freigelassene die Arme und stillten das Blut; offen bleibt, ob sie es bemerkte. Denn bei der Bereitschaft der Masse, das Schlimmere anzunehmen, fehlte es nicht an Leuten, die glaubten, sie habe nur, solange sie den unerbittlichen Nero fürchtete, nach dem Ruhm gestrebt, gemeinsam mit dem Gatten in den Tod zu gehen[30], sei dann aber, als sich die Hoffnung auf mildere Behandlung bot, den Verlockungen des Lebens erlegen. Sie brachte es anschließend noch einige Jahre in rühmlichen Gedanken an den Gatten hin, aber Gesicht und Gliedmaßen waren von einer solchen fahlen Blässe, daß es deutlich wurde, wieviel von ihrer Lebenskraft ausgeströmt war.

Inzwischen bat Seneca, da sich das Sterben noch weiter hinzog und nur langsam vor sich ging, Statius Annaeus, der sich ihm schon lange durch seine treue Freundschaft und seine ärztliche Kunst bewährt hatte, das längst vorbereitete Gift[31] zu holen, mit dem die vom Volksgericht der Athener Verurteilten hingerichtet wurden; als man es brachte, trank er es, aber ohne Folgen, da seine Glieder schon erkaltet waren und der Körper sich der Wirkung des Giftes verschloß. Endlich stieg er in ein Bassin mit heißem Wasser, wobei er die zunächststehenden Sklaven besprengte und hinzufügte, er weihe dieses Naß Jupiter, dem Befreier.[32] Dann in das Dampfbad gebracht und in dessen Qualm erstickt, wurde er ohne jede Leichenfeier verbrannt. So hatte er in seinem Testament verfügt, da er auch zu einem Zeitpunkt, als er noch im Vollbesitz seines Reichtums und auf der Höhe der Macht stand, für sein Ende vorsorgte.«

Hier endet der Bericht des Tacitus. Nero sollte Seneca um drei Jahre überleben. Gestürzt durch eine Revolte seiner Statthalter im mittleren Gallien, in Katalonien und Kastilien, Tunesien und Karthago, ließ er sich von einem seiner Freigelassenen jämmerlich erstechen – in einem abgelegenen Landhaus, sieben Kilometer von Rom. Er war dreißig Jahre alt.

Der Tod Senecas ist keine Nachahmung von Sokrates' Tod, wie man immer wieder sagt: er kommt aus dem Geist der stoischen Lehre. Sokrates starb mit dem Dank an Äskulap, daß er seine Seele aus seinem Körper befreit habe; Seneca stirbt mit dem Dank an den stoischen Gott, daß er ihm die geistigen Mittel verliehen hat, freiwillig zu sterben. Das einzig Gemeinsame ist alltäglich: Beide sind im philosophischen Gespräch mit Freunden gestorben; für die antike Philosophie galt es, durch sein Vorbild zu wirken, auch in auswegloser Lage.

Das Jahr 66 wird weiteres Blutvergießen sehen. Thrasea wird sich den Tod geben – auch er mit dem Dank an Jupiter Liberator auf den Lippen. Was Petronius betrifft, den boshaften und lüsternen Petronius, den Verfasser des *Satyricon* und alten Weggefährten auf den Eskapaden Neros, der ihn zum Muster der Eleganz genommen hatte, so wird auch er sich töten müssen, weil er mit einem der Verschwörer Pisos liiert war; in dessen Freundes- und Bekanntenkreis räumte der Wesir gründlich auf. Nun stand Petronius der Sekte der Epikureer nahe, wie aus verschiedenen Stellen seines Romans hervorgeht. Auch er öffnete sich die Adern, aber auf einem großen Abschiedsfest im Kreise seiner Freunde, bei dem er lose Reden führte und Spottverse vortrug, sorgsam darauf bedacht, kein Wort über Philosophie zu sagen oder von der Unsterblichkeit der Seele zu sprechen. Der Selbstmord des Petronius war eine parodistische Replik auf den stoischen Selbstmord Senecas: Das ist die Wahrheit.[33] Selbst der Tod setzte unter den Streit der philosophischen Sekten keinen Schlußpunkt.

Anmerkungen

1 Ein Wort zur stoischen Politik. Die Sekte als solche hatte keine ausgesprochene Vorliebe für eine bestimmte Herrschaftsform. Einst, dreihundert Jahre vor Seneca, vor der römischen Eroberung, zur Zeit der griechischen Stadtstaaten und des noch immer lebendigen spartanischen Traums, hatten Chrysipp und seine Anhänger die Verfassung von Sparta bevorzugt, weil sie streng und nüchtern und der Einfachheit der Natur nahe war und weil sie Adelsmonarchie und Demokratie in ihren Augen harmonisch verband (*Stoicorum fragmenta*, III, 700); daher die Zustimmung der Stoiker Sphairos und Blossios zu den Reformen des Kleomenes in Sparta und in Rom für die Gracchen, die die Rückkehr zur antiken Einfachheit durch den Aufbau eines Gemeinwesens auf der Grundlage der Agrarwirtschaft und der Umverteilung des Bodens an Staatsbürger versuchten. Das alles ist jedoch inzwischen Vergangenheit. Mittlerweile hat sich, vor dem Sieg des Kaisertums, das Ideal des guten Königs entwickelt, das praktisch allen Sekten Stoff zum Nachdenken, weniger eine politische Lehre im engeren Sinne, bietet. Doch dürfen wir die Vergangenheit nicht mechanisch nachkonstruieren, indem wir Gedankenspielereien oder Themen der Begriffsbildung schon für politische Thesen halten; ebensowenig dürfen wir einen schematischen und gedankenlosen Gebrauch vom Wort Ideologie machen: Die Philosophie begann erst nach der Etablierung des Kaisertums und als keine Alternative mehr sichtbar war, politischen Einfluß zu bekommen und das Kaisertum zu verteidigen (K. Bringmann in *Entretiens sur l'antiquité classique*, Fondation Hardt, Bd. XXXII, S. 280). Was die stoische Opposition im Senat betraf, so machte sie weniger eine politische Philosophie geltend als vielmehr die philosophisch verbrämte Nostalgie des Adels, der den alten Zeiten nachtrauerte (P. A. Brunt), und eine überhitzte Phantasie, überspannte Überzeugungen (A. Raaflaub, ebenso wie Brunt in der bibliographischen Orientierung zitiert).

2 Tacitus, *Annalen*, XV, 23.

3 Man wird ihm später auch vorhalten, Geschenke angenommen zu haben, die aus Neros Verteilung des Erbes des Britannicus anfielen, der angeblich an einer Krankheit gestorben war (Tacitus, *Annalen*, XIII, 18; wie erinnerlich, war es gängige Praxis in Rom, Legate unter seinen Freunden zu verteilen); in seiner Abhandlung *Über die Wohltaten* scheint Seneca an verschiedenen Stellen (I, 15, 6; II, 18, 6–7, II, 20–21) die Annahme dieser Geschenke rechtfertigen zu wollen. Doch der bewunderungswürdige Demetrius hat die Gaben eines Caligula abgelehnt (*Über die Wohltaten*, VII, 11, 1).

4 *Briefe an Lucilius*, 73, 4; Forum und Verteidigung vor Gericht: *Briefe* 8, 6 und 28, 6. Seneca ändert seine Lebensform (Tacitus, *Annalen*, XIV, 56 und XV, 45), wäh-

rend Thrasea weiterhin seinen Klienten zur Seite stand (XVI, 22). Im Jahre 62 ließ Nero, um seinen Thron zu sichern (Tacitus, *Annalen*, XIV, 57), zwei Verbannte umbringen, die im Verdacht standen, mögliche Unruheherde zu sein; denn der eine war ein arroganter Stoiker, und der andere mochte seine Intrigen hinter seinem scheinbaren Müßiggang verbergen.

5 *Briefe an Lucilius*, 14, 14.

6 Eugen Cizek, *L'époque de Néron et ses controverses idéologiques*, S. 155. Der 73. Brief datiert aus dem zweiten Drittel des Jahres 64, kurz vor dem Brand Roms: P. Grimal, *Seneca*, S. 225, 326.

7 Philostratos, *Apollonios*, IV, 39, unter dem Konsulat des Luccius Telesinus (im Jahre 66). Die Worte »in festlichem Aufzug« sollen ironisch besagen, daß der Mann eine Krone auf dem Kopf hatte, wie sie die Zecher, aber auch die Musiker trugen.

8 *Briefe an Lucilius*, 73, 1.

9 Tacitus, *Annalen*, XIV, 48 und XVI, 24. Die Schmeichelei ist unter einem »guten« Princeps (ja sogar, wie im Falle Trajans, unter dem »besten«, der offiziell als solcher proklamiert wurde) keine andere. Der Panegyrikus des Plinius auf Trajan ist ein »überragendes Meisterwerk heuchlerischer Schmeichelei, wie man es heute aus den totalitären Ländern kennt« (Gilbert Charles Picard, *La gloire des Sedatii*, Paris 1990, S. 100).

10 *Briefe an Lucilius*, 73, 8.

11 *Briefe an Lucilius*, 73, 9.

12 Tacitus, *Annalen*, XVI, 28. Dasselbe Loblied auf Nero als Garanten der nationalen Unabhängigkeit findet sich in den *Carmina Einsidlensia*; ein bis zwei Jahrhunderte später wird Celsus die Christen aufrufen, dem Kaiser bei der Verteidigung des Reiches zu Hilfe zu kommen (man fragt sich, wie die Christen das hätten anfangen können), anstatt Separatisten zu sein. Der Ursprung der Formel »Friede und Freiheit« ist ein religiöser: Die öffentlichen Priester erbaten von den Göttern diese Gunst für Rom. Senecas Verwendung des Demonstrativpronomens (*Briefe an Lucilius*, 73, 5: »dieses Friedens Wohltat«, die Wohltat des tatsächlich herrschenden Friedens) ist in dieser Phraseologie nicht weniger sakramental als das englische Demonstrativpronomen in *this country* (wo die staatstragende Sprache bei uns sagen würde: »dieses unser Land«); man sprach auch von der »Glückseligkeit dieser Herrschaft«, das heißt der gegenwärtigen Herrschaft.

13 Daß große Persönlichkeiten sich auf der Bühne produzierten, im Zirkus oder in der Arena, galt zwar in Rom als skandalös, wurde aber gleichwohl allmählich zur Gewohnheit, und Beispiele hierfür mehrten sich seit Sulla, das heißt seit anderthalb Jahrhunderten. Vergeblich versuchte der Gesetzgeber (beispielsweise durch Senatsdekret im Jahre 19), dieses Treiben zu verbieten oder ihm zu steuern; in Wahrheit handelte es sich weniger um einen Mißbrauch in bezug auf die geltende Norm als vielmehr um den Kampf der alten Norm mit einer moderneren Auffassung, die übrigens das Beispiel Griechenland für sich hatte, wo die Großen des Staates an Sport- und Musikwettbewerben teilnahmen (Cornelius Nepos, Vorwort, 5). Wie sehr dergleichen kein Skandal mehr war, beweist der Umstand, daß unter den Adli-

gen, die sich wie Nero auf der Bühne produzierten, auch Thrasea war, der Anführer der stoischen Opposition (Tacitus, *Annalen*, XVI, 21). Fazit: Was den Modernen höchst befremdlich zu sein scheint, nämlich ein auf der Bühne singender Kaiser, war in Rom nicht mehr befremdlich und für einen Teil der öffentlichen Meinung auch nicht skandalös. Das Problem lag anderswo; daß ein Adliger sich dem Publikum opferte, war demokratisch; daß der Kaiser persönlich es tat, war auf schlimme Weise tyrannisch: Er zwang sich der Bewunderung des Publikums auf.

14 *Briefe an Lucilius*, 14, 7–8; 29, 1; 103, 5. Zu Isidoros siehe Sueton, *Nero*, 39, 3. Zu den Straßenkynikern siehe M. Rostovtseff, *Gesellschaft und Wirtschaft im römischen Kaiserreich*, Bd. I, Leipzig 1929, S. 97ff.; D. R. Dudley, *A History of Cynicism*, London 1937, S. 143; J. Hahn, *Der Philosoph und die Gesellschaft*, Wiesbaden 1989, S. 25 und 172.

15 *Briefe an Lucilius*, 28, 8; über die Tugend der Vorsicht (*cautio, eulabeia*) siehe *Briefe an Lucilius* 22, 7–8; 28, 7; 85, 26. Horaz, *Oden*, III, 3. *Über die Seelenruhe*, XIV, 3. *Briefe an Lucilius*, 29, 8.

16 Epiktet, I, 19, 3; *Über die Seelenruhe*, IV, 7–8; Chrysipp, in *Stoicorum fragmenta*, III, 627; vgl. die *Briefe an Lucilius* 55, 5 und 85, 38 mit der entsprechenden Idee in Brief 94, 67; Grundprinzip: Es ist unmöglich, sich aus dem Kosmos zurückzuziehen (*Briefe an Lucilius* 68, 2).

17 *Briefe an Lucilius*, 8, 2.

18 Tacitus, *Annalen*, VI, 29; vgl. Mommsen, *Römisches Strafrecht*, S. 924, 934, 987 und 1009.

19 Sich zu töten, um einem Tyrannen zu entfliehen, war in den Augen der Stoiker ein gültiges Motiv für den Selbstmord (*Stoicorum fragmenta*, III, 768 Ende).

20 *Briefe an Lucilius*, 70, 13. Immer derselbe Realismus: Manchmal tötete sich ein Angeklagter, ohne das Todesurteil abzuwarten, das wahrscheinlich, aber nicht sicher war; dann sagte der Princeps, daß der Angeklagte, den er habe begnadigen wollen, vorschnell gehandelt habe. Übrigens beurteilte man einen Selbstmord als mutig oder als feige, je nach der gewählten Todesart (das Eisen war mutig, sich aus dem Fenster zu stürzen feige).

21 *Briefe an Lucilius*, 77, 9.

22 *Über die Wohltaten*, VII, 20; der Fall der Ermordung Caesars ist nicht vergleichbar (*Über die Wohltaten*, II, 19–20); über die stoische Lehre von den Bestrafungen siehe unsere Bemerkung zu der Abhandlung *Über die Milde*. Vgl. *Hercules Oetaeus*, 923; *Über die Wohltaten*, VII, 15, 2.

23 In der Praxis war der Senat das Oberste Tribunal für senatorische Verbrechen (Mommsen, *Strafrecht*, S. 252).

24 Mommsen, *Strafrecht*, S. 260–269.

25 Tacitus, *Annalen*, XV, 62–64.

26 Seneca wollte seinen Freunden Legate hinterlassen, wie es der Brauch war, aber der Offizier befürchtet, er wolle das Legat annullieren, das man stets dem Kaiser machte, oder er wolle seinem Testament Verwünschungen gegen Nero hinzusetzen, die dann bei der öffentlichen Verlesung des Testaments bekannt würden.

27 Ein Philosoph unterweist seine Schüler durch seine Belehrung und durch seine

eigene Lebensweise; das war eine gängige und feststehende Auffassung; Senecas Wendung hatte nicht Pompöses.

28 Paulina will, daß ein Freigelassener ihres Mannes sie töte.

29 Dieser Text ist nicht auf uns gekommen.

30 Dafür gab es illustre Beispiele. Nach dem Selbstmord des Brutus hatte sich dessen Frau, eine Tochter des Stoikers Cato, das Leben genommen, indem sie glühende Kohlen verschlang. Unter Tiberius begleiteten zwei Frauen von Senatoren, die der Majestätsbeleidigung angeklagt waren, ihre Männer in den freiwillig gewählten Tod (Tacitus, *Annalen*, VI, 29). Im Jahre 42 gibt die berühmte Arria ihrem Gatten das Beispiel des Selbstmords (Plinius, *Briefe*, III, 16); nach Senecas Tod wollte die Tochter dieser Arria, die keine andere war als die Frau Thraseas, mit diesem zusammen sterben (Tacitus, *Annalen*, XVI, 34).

31 Den Schierlingsbecher; so starb auch Sokrates.

32 Dieser Jupiter Liberator ist eine philosophische Interpretation, die Seneca einer der Funktionen des höchsten stoischen Gottes gibt, welchen die Philosophen selber häufig Jupiter nennen, aus Bequemlichkeit und als Verbeugung vor dem allgemeinen Sprachgebrauch. Der kosmische Gott, der den Menschen die Vernunft und die Keimzellen der Tugend geschenkt hat, öffnet ihnen damit den Weg zu ihrer Befreiung und erlaubt ihnen auch die Erkenntnis, daß sie, da der Tod nichts ist, ihre Freiheit auch im wohlüberlegten Selbstmord bekunden und erringen können. Es gab zwar in Griechenland und in Rom einen Jupiter Liberator, dem in bestimmten Städten ein öffentlicher Kult galt, aber dieser Jupiter braucht nur hier etwas zu tun: Er hatte eine Stadt von Feinden befreit, die sie versklaven wollten. Trotzdem waren die Stoiker überzeugt, daß die Götter des Volkes nur eine unvollkommene Darstellung der eigentlichen Götter sind, indes nicht jeder Wahrheit entbehren; sie dachten zum Beispiel, daß Neptun das unvollkommene Bild eines sekundären Gottes war, und zwar jenes, dem die Herrschaft über eines der vier Elemente, das Wasser, oblag; und daß Hera (die römische Juno) – die Luft war, wie ihr Name (*aer*) schon andeutete! Es ist daher wahrscheinlich, daß Seneca hier an den Jupiter Liberator des Volksglaubens denkt, indem er ihm seine wahre Natur zurückgibt: Es ist nicht der Gott, der irgendeine Stadt errettet hat, sondern der wahre Gott, der der ganzen Menschheit die Fähigkeit gibt, sich selbst dank der Weisheit zu befreien und diese Freiheit unter Umständen in einem freiwilligen oder heldenmütigen Tod zu beweisen.

33 A. D. Nock, *Conversion*, S. 297; Syme, *Tacitus*, S. 538. Den Selbstmord des Petronius hat Tacitus geschildert: *Annalen*, XVI, 18–19. Über den Epikureismus des Petronius siehe Veyne in *Revue des études anciennes* (1964), S. 446–450.

Bibliographische Orientierung

Es gibt keine allgemeingültige Regel; in den weniger bekannten Forschungsgebieten oder in solchen, die die traditionellen Fächergrenzen übergreifen, ist die auf Vollständigkeit bedachte Bibliographie die Krönung eines Gelehrtenlebens; auf einem häufiger beackerten Gebiet wie dem Stoizismus kommt es darauf an, dem Leser einen Überblick zu verschaffen; alle im folgenden zitierten Werke enthalten selber umfassende Bibliographien, deren Wiedergabe an dieser Stelle sinnlos wäre. Noch umfangreichere Listen finden sich im Zettelkasten aller großen Bibliotheken unter den Stichworten *L'année philologique* (ein Band pro Jahr) und *Aufstieg und Niedergang des römischen Reiches* (Jahrgang XXXVII, Band 3; je nach Beitrag auf deutsch, englisch, französisch oder italienisch). Als wichtig sind uns folgende Bücher erschienen:

Seneca, *Opera quae supersunt* (mit den Fragmenten), 3 Bände, Hrsg. Friedrich Haase, Leipzig (Teubner) 1872 (nur der lateinische Text).

Seneca, Werke auf lateinisch und auf französisch, in der Collection Guillaume Budé, éditions Les Belles Lettres, verschiedene Autoren (neueste Auflagen 1971–1989).

Seneca, *Epistulae ad Lucilium*, Hrsg. Otto Hense, Leipzig (Teubner) 1914 (nur der lateinische Text).

Die Werke Senecas in der Collection Loeb (20 Bände, The Loeb Classical Library, London [Heinemann] und Harvard University Press, neueste Auflagen 1967–1974, lateinischer Text mit englischer Übersetzung) sind weniger zuverlässig, was den lateinischen Text und die englische Übersetzung betrifft.

Auf deutsch:

Seneca, *Philosophische Schriften*, lateinischer Text der Collection Guillaume Budé, ins Deutsche übersetzt, eingeleitet und mit Anmerkungen versehen von Manfred Rosenbach, Darmstadt (Wissenschaftliche Buchgesellschaft), 5 Bände, neueste Auflage 1989–1991.

Die Fragmente der antiken Stoiker wurden durchweg zitiert nach der maßgeblichen Sammlung von

Hans von Arnim (Iohannes ab Arnim), *Stoicorum veterum fragmenta*, 4 Bände; letzte Auflage Stuttgart (Teubner) 1978–1979; die Texte sind auf lateinisch und griechisch, jedoch ohne Übersetzung.

Über Seneca drei Gesamtdarstellungen:

M. Rozelaar, *Seneca, eine Gesamtdarstellung*, Amsterdam 1976;

P. Grimal, *Sénèque ou la conscience de l'Empire*, Paris 1978 (gleichzeitig erschienen mit der vom Autor durchgesehenen und autorisierten deutschen Übersetzung von K. Abel: *Seneca. Macht und Ohnmacht des Geistes*, Darmstadt 1978).

G. Maurach, Seneca: *Leben und Werk*, Darmstadt 1991.

Die beiden eindringlichsten Studien behandeln das Leben Senecas:

Miriam T. Griffin, *Seneca, Philosopher in Politics*, Oxford (Clarendon) 1976, und sein Denken, und zwar unter einer Perspektive, die einer Gesamtdarstellung gleichkommt:

Ilsetraut Hadot, *Seneca und die griechisch-römische Tradition der Seelenleitung*, Berlin 1969.

Für den Leser, der sich für den Denker Seneca interessiert, ist die Auseinandersetzung mit dem Stoizismus insgesamt oft ergiebiger als die Lektüre von Monographien über Seneca. Hier ist unsere Auswahl einschlägiger Werke über das stoische Denken:

Der langjährige Klassiker, Max Pohlenz, *Die Stoa, Geschichte einer geistigen Bewegung* (letzte Auflage Göttingen 1980), 2 Bände, ist heute überholt; eine italienische Übersetzung ist bei Einaudi erschienen.

Die besten Arbeiten kommen aus dem angelsächsischen und französischen Raum:

Emile Bréhier, *Chrysippe et l'Ancien Stoïcisme*, Presses Universitaires de France, 1910 und 1950.

Emile Bréhier, *La théorie des incorporels dans l'Ancien Stoïcisme*; neueste Auflage Paris (Vrin) 1970.

Victor Goldschmidt, *Le système stoïcien et l'idée de temps*, Vrin 1953, neue Auflage 1990.

J. M. Rist, *Stoic Philosophy*, Cambridge 1969, neueste Auflage als Taschenbuch, Cambridge 1980.

A.-J. Voelke, *L'idée de volonté dans le stoïcisme*, Paris, Presses Universitaires de France, 1973.

J.-J. Duhot, La conception stoïcienne de la causalité, Paris (Vrin) 1989.

P. Grimal, *Sénèque et le stoïcisme romain*, in *Aufstieg und Niedergang der römischen Welt*, XXXVII, 3, S. 1962–1992.

Brad Inwood, *Ethics and Human Action in Early Stoicism*, Oxford 1985 (als Taschenbuch seit 1987).

The Stoics, von verschiedenen Autoren (Hrsg. J. M. Rist), Sammlung »Major Thinkers«, Band 1, University of California Press 1978.

Band XXXVII, 3 der großen Sammlung mit dem Titel *Aufstieg und Niedergang des römischen Reiches*, enthält eine Studie von Rist mit dem Titel »Seneca and Stoic Orthodoxy«, S. 1993 ff.

Zwei gute Bücher über die Herrschaftszeit Neros:

Miriam T. Griffin, *Nero, The End of a Dynasty*, London 1984, und
Eugen Cizek, *Néron*, Paris (Arthème Fayard) 1982.

Zur politischen Opposition einiger stoischer Senatoren:

P. A. Brunt, »Stoicism and the Principate«, in *Papers of the British School at Rome*, Bd. 43 (1975), S. 7–35.

Ferner K. A. Raaflaub, »Grundzüge, Ziele und Ideen der Opposition gegen die Kaiser«, in *Entretiens sur l'antiquité classique* (Fondation Hardt), Bd. 33 (1986), S. 1–63.

Es gibt eine vollständige, nach lateinischen Stichworten geordnete Seneca-Konkordanz: R. Busa und A. Zampoli, *Concordantiae Senecanae*, Hildesheim und New York (Olms) 1975.

Außer den nützlichen Bibliographien möchte der Leser vielleicht auch lebendige und persönliche Bücher kennenlernen – »mit Herzblut geschriebene«, wie man so sagt. Wir verweisen auf das Werk eines eigenbrötlerischen Denkers, der mit Recht berühmt ist; trotz seines Titels behandelt es das ganze stoische Denken:

Jean-Marie Guyau, *Manuel d'Epictète, avec une étude sur la philosophie d'Epictète*, Paris (Delagrave) 1975.

Einen allgemeinen Überblick über die griechisch-römische Philosophie verschafft Band I der *Histoire de la philosophie* in der Encyclopédie de la Pléiade und, vielleicht noch mehr, Band 1 der *Histoire de la philosophie* von Emile Bréhier (Presses Universitaires de France; neueste Auflage 1987). Man kann sich aber die ersten Informationen auf vergnügliche und seriöse Weise auch holen bei Lucien Jerphagnon, *Vivre et philosopher sous les Césars*, Edition Privat, 1980.

Die »Soziologie« der antiken Philosophie und ihrer Sekten und der Ort der Philosophie in Gesellschaft und Kultur sind seit L. Friedländer, *Sittengeschichte Roms*, 9. Auflage, Leipzig 1920, Band III, S. 243–297, kaum jemals systematisch untersucht worden; von diesem bedeutenden Werk existiert eine alte französische Übersetzung.

Philosophie

Jean Le Rond D'Alembert
Einleitung zur 'Enzyklopädie'
Günther Mensching (Hg.)
Band 6580

Jean Le Rond D'Alembert
Denis Diderot u.a.
Enzyklopädie
Eine Auswahl. Herausgegeben von
Günther Berger. Band 6584

Francis Bacon
Weisheit der Alten
Philipp Rippel (Hg.). Band 6588

Seyla Benhabib
Kritik, Norm und Utopie
Die normativen Grundlagen
der Kritischen Theorie. Band 10723

Henri Bergson
Die beiden Quellen
der Moral und der Religion
Band 11300

Petra Braitling,
Walter Reese-Schäfer (Hg.)
Universalismus, Nationalismus und
die neue Einheit der Deutschen
Philosophen und die Politik
Band 10963

Ernst Cassirer, Jean Starobinski,
Robert Darnton
Drei Vorschläge, Rousseau zu lesen
Band 6569

René Descartes
Ausgewählte Schriften
Ivo Frenzel (Hg.). Band 6549

Denis Diderot
Über die Natur
Jochen Köhler (Hg.). Band 6583

Hans-Georg Gadamer (Hg.)
Philosophisches Lesebuch
3 Bände: 6576/6577/6578

Horst Günther
Zeit der Geschichte
Welterfahrung und Zeitkategorien
in der Geschichtsphilosophie
Band 11472

Jens Heise
Traumdiskurse
Band 6585

Thomas Hobbes
Behemoth oder
Das Lange Parlament
Herfried Münkler (Hg.). Band 10038

Max Horkheimer (Hg.)
Zur Kritik der
instrumentellen Vernunft
Band 7355

Martin Jay
Dialektische Phantasie
Die Geschichte der Frankfurter
Schule und des Instituts für
Sozialforschung. Band 6546

Philosophie

Ralf Konersmann
Erstarrte Unruhe
Band 10962

Susanne K. Langer
Philosophie auf neuem Wege
Band 7344

Ludger Lütkehaus (Hg.)
„Dieses wahre innere Afrika"
Band 6582

Niccolò Machiavelli
Politische Schriften
Herfried Münkler (Hg.). Band 10248

Platon
Sokrates im Gespräch
Vier Dialoge. Band 6550

Jean-Jacques Rousseau
Schriften
Henning Ritter (Hg.)
2 Bände: 6567/6568

Bertrand Russell
Das ABC der Relativitätstheorie
Band 6579
Moral und Politik. *Band 6573*
Philosophie. Die Entwicklung meines Denkens. *Band 6572*

Rüdiger Safranski
Wieviel Wahrheit braucht der Mensch?
Über das Denkbare und das Lebbare. Band 10977

Joachim Schickel
Philosophie als Beruf. *Band 7315*

Hans Joachim Störig
Kleine Weltgeschichte der Philosophie. *Band 11142*

Bernhard H. F. Taureck (Hg.)
Psychoanalyse und Philosophie. Lacan in der Diskussion
Band 10911

Christoph Türcke
Kassensturz
Zur Lage der Theologie. Band 11249
Sexus und Geist
Philosophie im Geschlechterkampf. Band 7416
Der tolle Mensch
Nietzsche und der Wahnsinn der Vernunft. Band 6589

Paul Veyne
Weisheit und Altruismus
Eine Einführung in die Philosophie Senecas. Band 11473

Voltaire
Philosophische Briefe. *Band 10910*

Charles Whitney
Francis Bacon
Die Begründung der Moderne
Band 6571

Franz Wiedmann
Anstößige Denker. *Band 6587*

Pierre Chaunu, Georges Duby,
Jacques Le Goff, Michelle Perrot

Leben mit der Geschichte

Vier Selbstbeschreibungen

Herausgegeben und mit einem Vorwort
von Pierre Nora
Aus dem Französischen von Eva Moldenhauer
246 Seiten. Broschur

Aufbruchstimmungen, Momente, in denen Unvermutetes in anscheinend festgefügte Denkgewohnheiten und Lebensentwürfe einbricht, sind selten. Um so nachdrücklicher beschäftigen uns jene raren, tatsächlich ›bewegten‹ Zeiten, die auch im nachhinein noch als der Beginn einer neuen Epoche gewertet werden können. Von einem solchen Neubeginn berichten hier die weit über die Grenzen ihres Fachs hinaus renommierten Historiker Pierre Chaunu, Georges Duby, Jacques Le Goff und die Historikerin Michelle Perrot. In ihren autobiographischen Essays schildern sie nicht nur ihre Kindheit, ihre Jugend, die prägenden Zeitereignisse, sondern auch die überaus lebendige geistige und kulturelle Atmosphäre der Nachkriegsperiode. In der Erinnerung an die hitzigen Debatten zwischen Kommunisten, Katholiken, Sozialisten, Existentialisten und Libertären einerseits, an den politischen Widerstand gegen den Algerienkrieg, die Bestürzung über die Niederschlagung des Ungarn-Aufstands und die Revolte von 1968 andererseits wird der Erfahrungszusammenhang einer ganzen Generation von Intellektuellen heraufbeschworen: Lebensgeschichte als Zeitgeschichte.

S. Fischer

fi 1602 / 1

Alain Corbin, Arlette Farge,
Michelle Perrot u.a.

Geschlecht und Geschichte

Ist eine weibliche Geschichtsschreibung möglich?

Herausgegeben von Michelle Perrot
Aus dem Französischen von Wolfgang Kaiser
252 Seiten. Broschur

Die Historikerinnen und Historiker, die in diesem Band zu Wort kommen, brechen mit einer stillen, aber harten Konvention. Der Blick, der die Geschichtswissenschaft bislang bestimmt hat, war, von Ausnahmen abgesehen, stets ein Männerblick. Ihn, der sich, bewußt oder unbewußt, vor der Wirklichkeit des Anderen, insbesondere des anderen Geschlechts, verschließt, gilt es zu verändern, freilich nicht durch bloßen Blickwechsel, der die alte Parteilichkeit durch eine neue ersetzte, sondern vielmehr im Sinne einer Geschichtsschreibung, die von den beiden Geschlechtern gleich aufmerksam spräche, von ihren eigentümlichen Lebensverhältnissen, Handlungsformen, kulturellen, sozialen, politischen Einbildungskräften, genauer: von deren Wechselspiel und innerem Zusammenhang. Erst dann würde sichtbar, daß die großen historischen Ereignisse und Entwicklungen eine andere als die uns vertraute Bedeutung annehmen, wenn sie in der Perspektive derjenigen erscheinen, die nicht (oder wenig) von sich reden gemacht haben, die verschwiegen oder vergessen worden sind. Erst eine *ungeteilte Geschichtsschreibung* könnte mit Gründen von sich behaupten, der *unteilbaren Geschichte*, also der Geschichte aller Menschen, Gerechtigkeit widerfahren zu lassen.

Hayden White

Metahistory

Die historische Einbildungskraft im 19. Jahrhundert in Europa

Aus dem Amerikanischen von Peter Kohlhaas
591 Seiten. Geb.

»Wir erfassen die Vergangenheit und das Schauspiel der Geschichte im allgemeinen nach Maßgabe innerer Bedürfnisse und Bestrebungen, die etwas damit zu tun haben, wie wir uns selbst in der gesellschaftlichen Entwicklung wahrnehmen, mitsamt unseren Hoffnungen und Ängsten und mit dem Bild von Humanität, auf das wir für uns selbst setzen.« An den Werken der großen Historiographen und Geschichtstheoretiker (Michelet, Ranke, Tocqueville, Burckhardt einerseits, Marx, Nietzsche, Croce andererseits) entwickelt Hayden White ein neuartiges, ebenso scharfsinniges wie einleuchtendes Verfahren, ihre Texte als Geheimschrift der historischen Einbildungskraft zu entschlüsseln. Wir kennen keine andere als *gedeutete* Geschichte. Und nur wenn es gelingt, herauszufinden, welchen intimen Regeln, welchen Vorsätzen, Entwürfen und Ideen eine Deutung gehorcht, können wir ihren Erklärungswert und ihre Wirkung realistisch bemessen. White schlägt eine Lektüre der Geschichtswerke vor, die am »Stil« und an der Wahrnehmungsweise ihrer Urheber ansetzt. Für die Fruchtbarkeit dieses Ansatzes erbringt seine Monographie den überzeugenden Beweis – sie deckt die Bewegungsformen des Denkens und Schreibens über Geschichte an ihrem Entstehungsort auf: im interpretierenden Bewußtsein der Historiographen.